[수정판]
발명과 특허의 창출과 활용

머 리 말

특허를 중심으로 한 지식재산권 시스템이 오늘날 지식기반경제의 핵심이라는 것에는 이론의 여지가 없으며, 오늘날 대부분의 선진국은 거의 예외없이 많은 지식재산권을 창출·보호하고 있는 지식재산권 강국입니다. 1만년 전의 농업혁명, 18세기의 제조업에 의한 산업혁명에 이어 21세기 들어 지식정보사회로 진입하면서 제조기술에 앞서 창작활동의 성과로서 특허를 중심으로 한 지식재산권이 국가와 기업 경쟁력의 원천으로 떠오르고 있는 것입니다.

이 점을 단적으로 나타내는 것이 기업가치(enterprise value)에서 차지하는 유형자산과 무형자산의 비중 변화입니다. 1980년 미국 500대 대기업 자산의 대부분은 토지·건물·현금 등 유형자산이 차지하고 있었으나, 최근 이들 기업의 유형자산의 비중은 10%에 머물고 나머지 90% 이상의 자산은 특허권·영업비밀·브랜드가치 등 무형자산이 차지하고 있는 것으로 평가되고 있습니다.

최근 창의적 역량에 대한 중요성이 강조되고 창업에 관한 관심도 높아지고 있습니다. 그러나 창의적 아이디어 창출에 머물러서는 안되며 특허권 등 지식재산권으로 권리화하고 활용할 줄 알아야 합니다. 새로운 아이디어를 믿고 사업을 시작했는데 나의 아이디어를 모방하여 다른 사람이 같은 제품을 판매하는 경우 특허권이 없다면 이를 막을 수 있는 방법이 없습니다.

이러한 환경에서 우리나라도 특허를 비롯한 지식재산의 중요성을 이해하며, 이를 창출하고 활용할 줄 아는 지식재산 사회로의 변화가 절실하며, 대학에서의 지식재산 교육의 중요성이 여기에 있다고 할 수 있습니다.

이 책은 특허를 중심으로 지식재산 제도에 대한 소개에서부터 발명의 창출, 특허정보의 검색 및 분석, 명세서 작성과 전자출원 등 발명과 특허의 창출·활용에 관한 실무적 내용을 위주로 구성되어 있습니다. 이 책이 대학에서 실제 강의하고 있는 내용을 바탕으로 하여 대학생을 위한 교재로 발간되었지만, 특허와 지식재산에 관하여 공부하고자 하는 모든 사람들에게 도움이 될 수 있을 것으로 생각됩니다. 이 책을 통해 특허와 지식재산에 대한 이해를 넓히고, 앞으로 이 분야에 대한 더 큰 관심과 노력을 갖게 되기를 기대합니다.

2024년 11월 수정판을 내면서.

홍 정 표

목 차

1. 지식재산권 ······ 3
   1-1. 지식재산권 개요 ······ 4
   1-2. 산업재산권 ······ 6
   1-3. 저작권 ······ 14
   1-4. 신지식재산권 ······ 18

2. 특허제도의 이해 ······ 29
   2-1. 특허의 의의 및 특허받을 수 있는 발명 ······ 30
   2-2. 특허의 등록요건 ······ 34
   2-3. 특허출원·심사·심판·해외출원 제도 ······ 51
   2-4. 특허권 및 특허권의 침해 ······ 68

3. 발명의 창출 ······ 87
   3-1. 창의성과 아이디어 발상법 ······ 88
   3-2. 트리즈와 ASIT ······ 96
   3-3. 발명창출 프로세스 및 사례 ······ 107

4. 특허정보검색 ········· 121
4-1. 특허정보검색 개요 ········· 122
4-2. 키프리스검색 ········· 128
4-3. 위즈도메인 및 구글특허검색 ········· 144
4-4. 선행기술조사보고서 및 개량발명 도출 ········· 162
4-5. 특허정보분석 ········· 168

5. 특허출원서류 및 전자출원 ········· 173
5-1. 특허출원서류 ········· 174
5-2. 전자출원 ········· 196

수정판
발명과 특허의 창출과 활용

홍정표 · 著

제1장
지식재산권

01

1-1. 지식재산권 개요

지식재산권(intellectual property rights)[1]이란 "인간의 지적(정신적) 창작물 중에서 보호할 만한 가치가 있는 것에 대하여 법이 부여하는 권리"라고 간략히 정의할 수 있다. 지식재산권을 보호하는 목적은 뛰어난 창작활동의 성과를 보호하고 새로운 창작활동을 장려함으로써 산업발전과 문화융성을 달성하고자 하는 것이다.

지식재산권을 창작하거나 발명하기 위해서는 많은 시간과 노력이 투자되어야 하는 반면, 이를 복제하거나 모방하는 것은 상대적으로 훨씬 쉽다. 지식재산권을 보호해 주지 않는다면 굳이 많은 시간과 노력을 들여 새로운 창작과 발명을 하려 하지 않을 것이고, 새로운 창작과 발명을 하였더라도 이를 공개하지 않으려 할 것이다.

지식재산권은 부동산·동산 등 형체를 갖고 있는 유체재산권(有體財産權)과 달리 형체가 없는 무체재산권(無體財産權)이다. 그러나 사고팔고, 빌리고 빌려주며, 담보로 대출도 받을 수 있는 점에서는 유체재산권과 차이가 없다. 지식재산권은 관련된 많은 국제조약이 있고, 최근의 다자간 또는 양자간 무역협상에서 중요한 의제 중의 하나로 다루어지고 있으며,[2] UN 산하에 지식재산과 관련된 사항을 관장하는 기관으로 세계지식재산권기구(WIPO: World Intellectual Property Organization)가 있다.

지식재산권은 산업재산권, 저작권, 신지식재산권으로 크게 나뉜다. 산업재산권은 특허를 비롯하여 실용신안, 디자인 및 상표 등 산업경제와 관련이 깊은 지식재산권이고, 저작권은 인간의 사상 또는 감정을 표현한 도서, 음악, 미술, 연극, 건축, 영상, 사진, 컴퓨터프로그램 등에 부여되는 지식재산권을 말한다.

신지식재산권은 기술과 산업이 복잡해지고 다양해짐에 따라 새로이 대두된 지식재산권으로서, 영업비밀, 부정경쟁방지, 반도체집적회로배치설계, 컴퓨터프로그램, 데이터베이스, 인터넷도메인네임, 캐릭터, 식물신품종, 생명공학기술, 프랜차이징, 퍼블리시티권, 소리·냄새상표 등이 속한다.[3] 2022년 기준 산

---

[1] 지적재산권이라고도 하며 같은 의미이다.
[2] 예를 들면 우루과이 라운드 무역협상의 지식재산권분야 협상인 TRIPs(Trade Related Aspects of Intellectual Property) 타결로 인하여 지식재산권 제도의 국제적 통일화가 많이 진척되었으며, 한·미 FTA, 한·EU FTA에 의해 우리나라에서 저작권의 보호기간이 늘어나고(저자 사후 50년에서 70년으로), 소리상표·냄새상표가 도입되었으며 특허와 실용신안의 공지예외를 주장할 수 있는 기간(grace period)이 6개월에서 12개월로 늘어났다.
[3] 신지식재산권은 그 성격에 따라 산업재산권과 저작권에 포함되어 보호되기도 하고, 새로운 법령에 의하여 보호되기도 한다. 산업재산권과 신지식재산권 중 부정경쟁방지및영업비밀, 반도체집적회로배치설

업재산권 4권의 출원건수를 보면, 특허 237,633건, 실용신안 3,084건, 디자인 56,641건, 상표 259,078건이다.4)

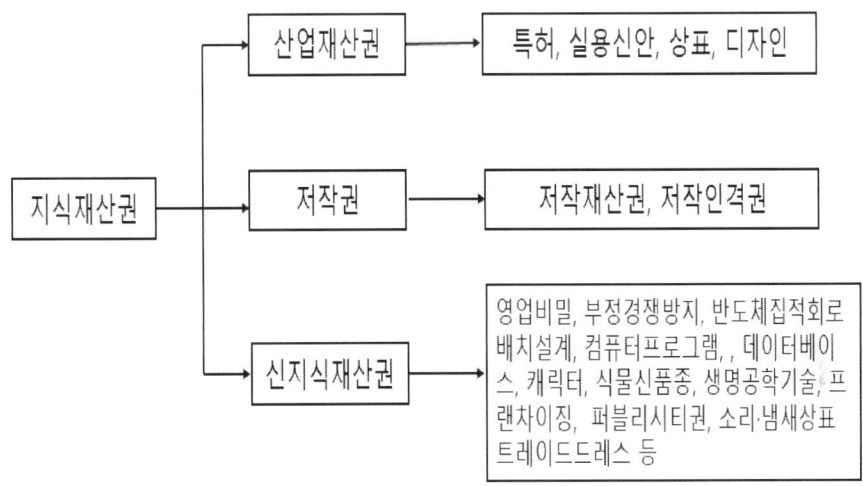

[지식재산권의 분류]

계 등의 소관부서는 특허청이고, 저작권은 문화체육관광부이며, 식물신품종은 농림수산식품부이다.
4) 출처: 특허청 홈페이지 온라인통계서비스(IPSS).

1-2. 산업재산권

1-2-1. 특허권

특허법 제1조는 특허제도의 목적을 "발명을 보호·장려하고 이용을 도모함으로써 기술의 발전을 촉진하여 산업발전에 이바지한다"고 기술하고 있으며, 이를 달성하기 위한 수단으로서 특허출원된 발명의 내용을 공개하는 대가로 특허권자에게 일정 기간의 독점권을 부여하고 있다.

특허법 제2조 제1호 '발명'의 정의에 따라 특허의 대상이 되는 발명은 "자연법칙을 이용한 기술적 사상의 창작으로서 고도한 것"이어야 한다. 자연법칙에 위배되거나 자연법칙을 이용하지 않은 단순한 정신활동(예: 경제법칙, 인위적인 결정, 영업방법 자체, 컴퓨터프로그램 자체), 개인의 숙련에 의해 달성될 수 있는 기능(예: 악기연주방법) 등은 특허의 대상이 아니다.

특허를 받기 위해서는 해당 발명이 종래기술에 비하여 새롭고(신규성), 진보된 것이어야 하며(진보성)[5], 산업상 이용할 수 있는 것이어야 한다는 등의 특허요건을 갖추어야 하며, 특허법령에 규정된 바에 따라 특허출원서에 명세서·도면·요약서를 첨부하여 특허청에 제출하여야 한다. 명세서는 특허출원한 발명의 내용을 구체적으로 기재하는 부분인 발명의 설명과, 발명의 설명에 기재한 내용중 구성을 위주로 보호를 받고자 하는 사항을 기재한 부분인 청구범위로 구성된다.

출원인이 제출한 특허출원에 대하여 특허청은 해당 분야를 전공한 심사관의 심사를 거쳐 등록결정 또는 거절결정을 하게 된다.[6] 출원인이 등록결정서를 받은 날부터 3개월 이내에 특허청에 최초 3년분의 특허료를 납부하면 설정등록이 되어 특허권이 발생한다. 특허권의 존속을 위해서는 4년차 이후 매년 연차등록료를 납부하여야 한다. 특허권의 존속기간은 설정등록한 날부터 출원일 후 20년이 되는 날까지이다.

특허권자는 자신의 특허발명을 침해하고 있는 타인의 실시행위를 금지시

---

[5] 진보성은 특허출원한 발명을 그 발명이 속하는 기술분야에서 통상의 지식을 가진 자(통상의 기술자)가 특허출원시를 기준으로 선행기술로부터 쉽게(용이하게) 발명할 수 있다면 특허를 받을 수 없다는 규정으로서(법 제29조 제2항), 심사과정에서 특허출원이 거절되는 주된 거절사유에 해당한다.
[6] 심사관이 거절결정을 하는 경우 거절이유를 기재한 거절이유통지서를 기간을 지정하여 출원인에게 통지하고, 출원인이 의견서 및 보정서를 제출할 수 있는 기회를 주어야 한다. 출원인은 거절결정을 받은 경우 그날부터 3개월 이내에 특허심판원에 거절결정을 불복하는 심판을 청구할 수 있다.

키거나(금지청구권), 그 침해행위로 입은 손해에 대한 손해배상을 청구할 수 있으며(손해배상청구권), 그 침해행위를 근거로 형사고소도 할 수 있다.[7] 특허권자는 또한 자신의 특허권을 팔거나, 빌려주며(실시권 부여) 수익을 창출할 수 있다.

특허에는 속지주의(屬地主義) 원칙[8]이 적용되는데, 이는 우리나라에서 특허권을 획득한 경우 우리나라에서만 독점·배타적인 권리를 가질 뿐 다른 나라에서는 그러한 권리가 없다는 의미이다. 그러므로 우리나라 뿐 아니라 타국에서도 그 발명에 대한 독점·배타적인 권리를 행사하기 위해서는 각 나라마다 특허출원하여 특허권을 획득해야 한다.

1-2-2. 실용신안권

특허법의 보호대상이 발명인데 대하여 실용신안법은 고안이다(법 제1조). 실용신안법은 고안을 "자연법칙을 이용한 기술적 사상의 창작"으로 정의하고 있어서 특허법의 발명과 대비하면 '고도한 것'이라는 용어가 없다는 점에서만 차이가 있다. 실용신안은 특허를 받기에는 다소 부족할 수 있는 소발명을 보호하기 위한 제도로서,[9] 기본적인 등록요건과 심사절차는 특허와 거의 차이가 없다. 성립성, 신규성, 진보성, 산업상이용가능성 등의 등록요건이 같고, 특허청에 제출하여야 하는 출원서·명세서·도면·요약서의 형식도 같으며, 같은 기술분야의 특허심사를 담당하는 심사관이 등록 여부를 결정한다.

실용신안과 특허는 아래의 몇 가지 점에서만 차이가 있다고 할 수 있다.
 (i) 실용신안으로 등록받을 수 있는 대상이 "물품의 형상·구조 또는 조합에 관한 것"[10]으로 한정되어 특허에 비하여 현저하게 좁다. 즉 구체적인 형상을 갖는 장치나 기기등 물건이 실용신안의 대상이고, 방법·조

---

[7] 타인의 특허권을 침해한 자에 대하여는 7년 이하의 징역 또는 1억원 이하의 벌금형에 처할 수 있다(특허법 제225조).
[8] 각국 특허독립의 원칙이라고도 하며, 파리조약의 3대 원칙 중 하나이다. 속지주의 원칙은 특허 뿐아니라 실용신안, 디자인, 상표 등 산업재산권 전체에 적용된다.
[9] 실용신안 제도는 비교적 산업화가 늦었던 독일이 1891년 산업정책상 소발명을 보호하기 위하여 세계 최초로 채택한 후 일본을 거쳐 우리나라에 도입되었다. 미국 등 실용신안 제도를 갖고 있지 않은 나라도 많다. 우리나라에서는 종래 특허와 함께 산업재산권 제도의 한 축을 담당하여 1988년까지는 그 출원 건수가 특허출원 건수를 상회하였으나('88년 특허출원 20,051건, 실용신안등록출원 22,677건), '89년 역전된 이후 현재는 그 출원 건수가 특허출원 건수의 1/40에도 미치지 못하고 있다.
[10] 실용신안법 제4조 제1항,

성물·식품·의약품·동식물·컴퓨터프로그램 등은 실용신안으로 등록받을 수 없다.

(ii) 실용신안법은 통상의 기술자가 "극히 쉽게 고안할 수 있는 고안은 진보성이 없다"11)고 하여, "쉽게 발명할 수 있는 발명은 진보성이 없다"는 특허법과는 '극히'라는 용어가 더 있다는 점에서 차이가 있다. 따라서 실용신안은 특허에 비하여 진보성의 문턱이 다소 낮다고 볼 수 있다.

(iii) 특허권의 존속기간이 설정등록한 날부터 출원일 후 20년이 되는 날까지인데 비하여, 실용신안권의 존속기간은 설정등록한 날부터 출원일 후 10년이 되는 날까지로 짧다.

위에 기재한 차이점 외에 등록요건, 출원·심사·심판절차, 실용신안권의 효력·실시권·침해 등에 있어서, 특허법의 규정이 거의 그대로 실용신안법에 적용된다.

1-2-3. 디자인권

디자인보호법상 디자인이란 "물품의 형상·모양·색채 또는 이들의 결합으로 시각을 통해 미감을 일으키게 하는 것을 말한다"(법 제2조 제1호). 즉 디자인은 물품성,12) 형태성,13) 시각성, 심미성을 성립요건으로 한다. 통상적으로 디자인이라고 할 때 건축디자인, 조형디자인, 광고포스터, 그래픽디자인, 산업디자인, 시각디자인, 환경디자인 등을 포함하는 개념이지만, 디자인보호법에서 보호하는 디자인은 물품의 미적 외관에 관한 산업디자인만을 말하는 좁은 개념이다.

디자인은 물품과 형태로 이루어진 것으로서, 물품을 떠나서는 존재할 수 없다. 예컨대, 하트 모양은 단순한 형태일 뿐 디자인이 아니지만, 하트 모양이 그려진 티셔츠는 디자인으로 인정될 수 있다. 또한 하트 형상의 지우개와 하트 형상의 사탕은 비록 형태는 동일하지만 물품이 다르기 때문에 서로 다른 디자인이다.

디자인보호법은 특허법이나 실용신안법과 같이 창작을 보호하는 제도로서,

---
11) 실용신안법 제4조 제2항.
12) 디자인보호법상 물품이라 함은 독립성이 있는 유체동산으로서, 부동산 등 물품이 아닌 것은 제외된다(조립식 가옥 등은 물품으로 본다). 대법원 2001.4.27. 선고 98후2900 판결 등.
13) 형태란 형상·모양·색채 또는 이들의 결합을 말한다. 형상(shape)이란 물품이 공간을 점하고 있는 윤곽을 말하고, 모양(pattern)이란 물품을 평면적으로 파악하여 물품의 외관에 나타나는 선도·색구분·색흐림 등을 말한다.

법체계의 기본 골격은 특허법과 유사한 면이 많다. 디자인의 등록요건은 신규성, 창작비용이성,14) 공업상이용가능성 등이며, 디자인등록을 받기 위해서는 출원인이 디자인등록출원서에 디자인의 설명이 기재된 도면(사진·견본 대용 가능)을 첨부하여 특허청에 제출하여야 한다. 특허청 심사관으로부터 등록결정서를 받고 그날부터 3개월 이내에 특허청에 최초 3년분의 등록료를 납부하면 설정등록이 되어 디자인권이 발생한다.15) 디자인권의 존속기간은 특허와 마찬가지로 설정등록한 날부터 출원일 후 20년이 되는 날까지이다.

디자인권자는 자신의 등록디자인을 침해하고 있는 타인의 실시행위를 금지시키거나(금지청구권), 그 침해행위로 입은 손해에 대한 손해배상을 청구할 수 있으며(손해배상청구권), 그 침해행위를 근거로 형사고소도 할 수 있다. 또한 자신의 디자인권을 팔거나, 빌려주며(실시권 부여) 수익을 창출할 수 있다. 디자인 침해가 성립하려면 물품이 동일 또는 유사하고 그 물품에 표현된 디자인의 형태가 또한 동일하거나 유사해야 한다. 디자인은 유행성이 강하고, 모방과 창작의 경계가 애매모호하기 때문에 디자인권의 침해판단에는 디자인의 유사여부 판단이 중요하다.16)

디자인보호법은 특허·실용신안법에는 없는 몇 가지 제도를 갖고 있다. 동일한 물품류에 대하여 100개의 디자인까지 하나의 출원으로 청구할 수 있는 복수디자인제도, 물품의 부분에 대해서 디자인 출원을 할 수 있는 부분디자인제도, 기본디자인과만 유사한 디자인을 1년 이내에 출원할 수 있는 관련 디자인제도, 한 벌의 수저세트와 같이 함께 사용되는 물품을 같이 1출원으로 할 수 있는 한벌물품제도, 출원일부터 설정등록 후 3년까지 출원내용을 비밀로 유지할 수 있는 비밀디자인제도, 유행성이 강하고 수명주기가 짧은 의류·사무용품 등에 대하여 등록요건 일부만 심사하여 등록시키는 디자인일부심사등록제도 등이다.

1-2-4. 상표권

상표란 "상품을 생산·판매하는 자가 자기의 상품과 타인의 상품과 식별하

---
14) 특허법의 진보성에 해당한다. 디자인보호법 제33조 제2항.
15) 거절결정을 받은 경우 특허와 마찬가지로 그 날부터 3개월 이내에 특허심판원에 거절결정을 불복하는 심판을 청구할 수 있다.
16) 디자인의 유사 여부는 디자인을 구성하는 각 요소를 분리하여 개별적으로 대비할 것이 아니라 그 외관을 전체적으로 대비·관찰하여 보는 사람으로 하여금 상이한 심미감을 느끼게 하는지의 여부에 따라 판단하며, 그 지배적인 특징(요부)이 유사하다면 세부적인 점에서 다소 차이가 있을 지라도 유사한 것으로 본다. 대법원 2001.5.15. 선고 2000후129 판결, 2010.5.13. 선고 2010후265 판결등 참조.

기 위한 표장으로서, 문자·기호·도형·색채·입체적 형상·홀로그램·동작·소리·냄새 등으로 구성되어 상품의 출처를 나타내기 위하여 사용되는 모든 표시"를 말한다(법 제2조). 여기서 상표란 서비스 또는 서비스의 제공에 관련된 물건을 포함한다.17) 상표의 보호는 특허·디자인과 같은 새로운 창작활동이 아니라, 영업상의 신용과 그에 따른 공정한 경쟁질서의 유지를 목적으로 한다.

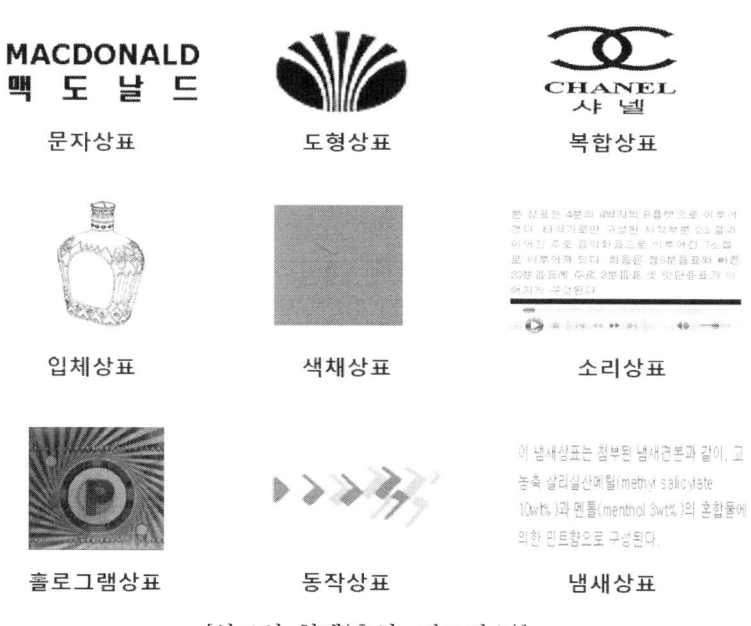

[상표의 형태(출처: 키프리스)]

상표로 등록될 수 있는 기본적인 형태는 문자(한글, 영문, 외국어), 도형, 색채 또는 이들의 결합으로 이루어진 로고 등 시각적으로 표현되는 2차원 형상이다. 그러나 최근 기술이 발달하고 광고방법이 다양해지면서 2차원적 방식을 벗어나 3차원 형상의 입체상표, 홀로그램·동작상표 및 색채상표·소리상표·냄새상표18) 등도 상표법상 등록될 수 있는 상표로 인정받고 있다.

---

17) 서비스표는 서비스업(광고업, 통신업, 은행업, 운송업, 요식업 등 용역의 제공업무)을 영위하는 자가 자기의 서비스업을 타인의 서비스업과 식별되도록 하기 위하여 사용하는 표장을 말한다. 2016년 개정 법에서 서비스표의 개념을 상표에 통합하였다.

18) 소리상표, 냄새상표는 한미 FTA 협정에 의해 도입되었다(2012년). 소리상표, 냄새상표는 그 상표를 시각적으로 인식하고 특정할 수 있도록 문자 등으로 작성한 '시각적 표현'과 소리파일 또는 냄새견본을 상표출원서에 첨부하여 제출하여야 한다. 일반상표와 달리 (색채만으로 이루어진) 색채상표, 소리상표, 냄새상표 등이 등록받기 위해서는 출원 전에 일정기간 사용되어 일반 소비자 사이에서 식별력이 있는 것으로 인정되어야 한다.

상표를 등록받기 위해서는 출원된 상표를 표시한 상품이 거래자나 일반 수요자로 하여금 누구의 상품인지를 알 수 있도록 인식시켜 주는 출처표시기능 즉 '식별력'이 있어야 한다. 식별력이 없는 상표로는 보통명칭상표[19], 관용상표[20], 성질표시상표(descriptive mark)[21], 현저한 지리적 명칭(New York, KOREA, 백두산 등), 흔한 성(姓) 또는 명칭, 간단하고 흔한 상표(123, AK 등), 기타 식별력 없는 상표가 있다.[22]

식별력을 구비한 상표라도 공익 또는 사익을 침해할 우려가 있는 부등록사유에 해당할 때에는 등록을 받을 수 없다. 예를 들면 국기·국장, 공익단체의 표장, 박람회의 상패 등과 동일·유사한 상표, 공서양속(公序良俗)에 반하는 상표, 타인의 선출원·선등록상표와 동일·유사한 상표, 저명한 타인의 성명·예명 등을 사용하는 상표, 상품의 품질을 오인하게 하거나 수요자를 기만할 우려가 있는 상표 등이다.[23]

출원인이 상품류 및 지정상품 등을 기재한 출원서에 상표견본을 첨부하여 상표등록출원을 하면, 특허청 심사관이 심사를 하여 등록결정[24] 또는 거절결정을 하게 된다.[25] 출원인이 등록결정서를 받고 그날부터 2개월 이내에 특허청에 등록료를 납부하면 설정등록이 되어 상표권이 발생한다. 상표권의 존속기간은 설정등록이 있는 날부터 10년간이나, 존속기간연장신청에 의해 계속 연장할 수 있기 때문에 거의 영구적이다.

상표권자는 자신의 상표권을 침해하고 있는 타인의 실시행위를 금지시키거나(금지청구권), 그 침해행위로 입은 손해에 대한 손해배상을 청구할 수 있으며(손해배상청구권), 그 침해행위를 근거로 형사고소도 할 수 있다. 또한 자신의 상표권을 팔거나, 빌려주며(사용권 부여) 수익을 창출할 수 있다. 상표권

---

[19] 보통명칭상표는 상표가 수요자 사이에 그 상품을 일반적으로 지칭하는 것으로 사용되고 인식되어 있는 상표를 말한다[예: CAR(자동차), 호두과자(과자), YOGURT(유산균 발효유)]
[20] 관용상표는 수요자까지는 아니더라도 동업자들 사이에 그 상품을 지칭하는 것으로 관용적으로 사용되어 식별력을 상실한 상표를 말하며, 정종(청주), 나폴레온(꼬냑), 깡(과자), TEX(직물) 등을 예로 들 수 있다.
[21] 성질표시 상표는 상품의 산지·품질·원재료·효능·용도·수량·형상·가격·생산방법·가공방법·사용방법 또는 시기를 보통으로 사용하는 방법으로 표시한 것을 말한다. 예를 들면 특급, 우수, 명품, 소형, 대구(사과), 콩(두부), 잘나(약품), 원예(비료), 수제(구두) 등이다.
[22] 식별력이 없는 성질표시상표, 현저한 지리적 명칭, 흔한 성(姓) 또는 명칭, 간단하고 흔한 표장이 오래 사용되어 수요자 간에 특정인의 상품에 관한 출처를 표시하는 것으로 식별할 수 있게 된 때에는 상표등록을 받을 수 있다(예컨대 SUPERIOR, K2, SK, LG 등).
[23] 상표법 제34조에는 이 외에도 여러 부(不)등록사유가 열거되어 있다.
[24] 상표의 경우에는 심사관이 출원상표에 대한 거절이유를 발견하지 못하였더라도 바로 등록결정을 하는 것이 아니라, 출원공고결정을 하고 2개월간 공보에 게재하여 일반 공중이 거절이유가 있음을 이유로 이의신청을 할 수 있는 기간을 거친 후에 등록결정을 하게 된다.
[25] 특허·디자인등록출원 심사의 경우와 마찬가지로 거절결정을 하기 전에 거절이유를 기재한 거절이유통지서를 출원인에게 발송하여 출원인에게 의견서 및 보정서를 제출할 수 있는 기회를 주어야 하며, 상표등록출원이 거절되면 출원인은 이에 불복하여 특허심판원에 거절결정불복심판을 청구할 수 있다.

침해는 정당한 권한이 없는 제3자가 등록상표와 동일 또는 유사한 상표를 지정상품과 동일 또는 유사한 상품에 '사용'26)하는 경우에 성립한다.

상표권의 침해판단에는 '상표의 유사' 여부가 매우 중요하다. 상표의 유사는 양 상표의 외관·호칭·관념을 대비하여 수요자로 하여금 출처의 혼동을 일으킬 우려가 있는 지의 여부로 판단한다. 예를 들어 스타벅스와 스타프레아 상표 분쟁 판결27)를 보면, 양 상표의 문자가 'STARBUCKS'와 'STARPREYA'로 서로 다르고, 로고에 등장하는 여신의 외관이 다르다는 등의 이유로 양 상표는 유사상표로 볼 수 없다고 판단하였다.

 vs.

[스타벅스와 스타프레아 상표(출처: 키프리스)]

상표법상의 상표는 상품의 식별표지인데 대하여 상법상의 '상호'는 상인이 영업상 자기를 표시하는 명칭이라는 점에서 상이한 개념이다. 그러나 기업이미지 통일화전략(Corporate Identification)에 따라 기업이 상호를 상표에 사용하는 경우가 많다(예: 농심 새우깡, '농심 신라면). 이와는 반대로 상표가 상호가 되기도 하는데, 조선맥주주식회사가 상호를 하이트로 바꾼 경우를 예로 들 수 있다. 하이트라는 상표의 맥주가 큰 성공을 거둠으로서 회사의 상호까지 바꾼 것이다.

---

26) 상표의 사용이란 상품 또는 상품의 포장에 상표를 표시하는 행위와 이렇게 표시한 것을 양도·인도하는 행위 등을 말한다(법 제2조 제11호).
27) 대법원 2007.1.11. 선고 2005후926 판결, 특허법원 2005.3.18. 선고 2004허7043 판결(원심).

특허 원천·핵심기술
- 엔진제어시스템
- ABS브레이크 시스템
- 지능형현가 시스템
- 변속기 시스템

실용신안 소발명, 주변 개량기술
- 백미러
- 컵홀더
- 자동차 도어
- 의자 높낮이 조정

디자인 물품의 외관
- 차체 형상
- 의자 형상
- 전방램프 형상
- 리어 스포일러 형상

상표 상품의 명칭
- 자동차 명칭
  (무쏘, 그랜저, 레간자, 카니발 등)
- 제작사 명칭
  (현대, SM, GM)

[산업재산권 4권의 비교(예: 자동차)]

1-3. 저작권

1-3-1. 저작물의 의의 및 저작권의 특징

저작권법상 저작물이란 "인간의 사상 또는 감정을 표현한 창작물을 말하고"(법 제2조제1호), 저작권이란 이러한 저작물에 대하여 부여되는 권리이다. 저작물은 인간의 사상·감정을 표현한 것이어야 하므로 객관적 사실만을 적시한 것(예: 식당의 메뉴판, 열차시간표, 단순한 역사적 사실을 나열한 것)은 저작물이라고 할 수 없다.

저작권법은 보호하는 저작물로 어문(語文)저작물, 음악저작물, 연극저작물, 미술저작물, 건축저작물, 사진저작물, 영상저작물, 도형저작물, 컴퓨터프로그램저작물 등 9가지를 예시하고 있다(법 제4조). 한편 원저작물을 번역·편곡·각색·영상제작 등으로 작성한 2차적 저작물은 원저작물과 별도로 보호된다.[28]

저작권은 산업재산권에 비해 보호받기 위한 요건이 간단하다. 신규성 및 진보성(디자인은 창작비용이성)을 요구하는 산업재산권과 달리 약간의 독창성(originality)만이 필요하며, 타인의 저작물을 모방한 것이 아니라 저작자 스스로 창작한 것이라면 동일한 내용의 저작물이라도 별도로 보호받을 수 있다. 또한 예술성이나 품격이 떨어지더라도 보호받는 저작물이 될 수 있다.

저작권은 산업재산권과 달리 저작자가 창작한 때부터 발생하며 보호를 받기 위해서 별도의 출원이나 등록절차가 필요 없다.[29] 마찬가지로 베른조약(Berne Convention)에 의해 창작한 때부터 전 세계 180여 국가에서도 권리가 발생한다. 이를 무방식주의라 하며, 출원·등록 등 방식주의를 채택하고 있는 산업재산권과 구별된다.

한편 아이디어 자체를 보호하는 특허법 등과 달리 저작권의 보호는 표현에만 미치고 소재가 되는 아이디어 자체에는 미치지 않는다. 이를 아이디어/표현 이분법(idea-expression dichotomy)라 한다. 예를 들어 요리책을 복사하는 행위는 저작권법 위반이나, 요리책에 쓰여진 대로 요리를 하는 것은 저작권법 위반과는 관계가 없다.[30]

---

28) 예를 들어 독일어 원작을 영어로 번역한 것을 다시 한국어로 번역하고자 할 때는 독일어 원작자와 영어 번역자 모두의 허락을 받아야 한다.
29) 저작권은 저작물을 창작한 때부터 권리가 발생하며 어떠한 절차나 형식의 이행을 필요로 하지 아니한다(저작권법 제10조 제2항). 저작물도 한국저작권위원회에 등록할 수 있으나, 이는 창작일·공표일 인정 등의 효과를 얻기 위한 것이고 저작권의 발생과는 관계가 없다.

1-3-2. 저작권과 저작권의 제한

저작권은 저작자가 가지는 저작인격권과 저작재산권을 합친 것을 의미한다. 기타 저작권법에서 보호하고 있는 저작인접권(neighbouring rights), 배타적발행권, 출판권 등은 저작권이라기보다 저작권법에 의해 보호받는 권리라고 할 수 있다.

저작인격권은 저작자가 자기의 저작물에 대하여 가지는 인격적·정신적 권리를 말하며, 일신전속적 권리로서 타인에게 양도할 수 없다. 저작인격권에는 공표권, 성명표시권 및 동일성유지권이 있다. 공표권은 저작자가 그의 저작물을 공표하거나 공표하지 아니할 것을 결정할 권리이고, 성명표시권은 저작자가 저작물의 원본이나 그 복제물에 그의 실명 또는 이명을 표시할 권리를 말한다. 동일성유지권은 저작자가 그의 저작물의 내용·형식 및 제호의 동일성을 유지할 권리를 말한다.[31]

저작재산권은 소유권과 같은 배타적인 권리로서, 복제권, 공연권, 공중송신권, 전시권, 배포권, 대여권과 2차적저작물 작성권이 포함된다. 저작재산권의 보호기간은 별도의 규정이 있는 경우[32]를 제외하고는 저작자가 생존하는 동안과 사망후 70년간이다.

복제권이란 저작물을 인쇄·사진촬영·복사·녹음·녹화 등의 방법으로 유형물에 고정하거나 다시 제작할 수 있는 권리를 말한다.[33] 공연권은 저작물 또는 실연·음반·방송을 상연·연주·재생 등의 방법으로 공중에게 공개할 수 있는 권리이다. 공연에는 재생도 포함되므로 판매용 음반(또는 스트리밍)을 구입하거나 비디오테이프를 구입하여 음악감상실, 커피점, 음식점, 백화점, 체육시설 등에서 재생하여 고객들에게 들려주거나 보여주는 것도 공연에 해당한다.

공중송신권은 저작물 또는 실연·음반·방송을 무선 또는 유선통신의 방법에 의하여 공중에게 송신할 수 있는 권리를 말하며, 공중송신권에는 방송권, 전송권 및 디지털음성송신권이 있다. 배포권은 저작물 등의 원본 또는 그 복제물을 판매 등으로 거래에 제공할 수 있는 권리를 말하는데,[34] 저작물이 저작

---

30) 아이디어를 보호받는 방법으로는 특허를 받거나 영업비밀로 보호받는 방법이 있다.
31) 단순히 오자·탈자를 수정하거나 문법에 맞도록 교정하는 정도를 넘어 저작물의 내용이나 형식 및 제호가 무단으로 변경되어 동일성이 훼손되는 경우에 동일성유지권의 침해에 해당한다.
32) 업무상 저작물이나 영상저작물은 공표한 때부터 70년이고, 저작인접권은 실연 및 음반의 경우 실연 또는 음반고정한 때부터 70년간, 방송의 경우 그 방송을 한 때부터 50년간 보호된다.
33) 예를 들어 소설을 인쇄한다든가, 그림을 사진으로 찍는다거나, 음악을 CD에 고정하는 것에 미치는 권리이다. "저작권은 불법복제를 금지할 수 있는 권리"라는 말이 있듯이 복제권은 저작재산권 중 가장 기본이 되는 권리이다.
34) 저작물의 침해는 통상 복제물을 공중에 배포함으로써 이루어지며, 이때 복제를 하는 주체와 배포를 하는 주체가 다를 수 있다. 따라서 저작권자의 보호를 강화하기 위해 복제권과는 별도로 배포권을 부

권자의 허락을 받아 판매된 이후에는 저작권자의 배포권은 소멸된다. 이를 최초판매의 원칙(first sale doctrine)이라 한다.

전시권은 미술저작물등의 원본이나 그 복제물을 전시할 수 있는 권리이고, 대여권은 상업용 음반과 프로그램을 영리를 목적으로 대여할 권리를 말한다. 2차적 저작물 작성권은 원저작물을 번역·편곡·변형·각색·영상제작 등으로 새롭게 작성하여 창작할 수 있는 권리를 말한다.

저작권법은 공공의 이익을 위해 필요한 경우에는 저작재산권을 일부 제한하는 규정들을 두고 있다. 대표적으로 공공저작물의 자유이용[35], 학교교육 목적을 위한 이용, 시사보도를 위한 이용, 공표된 저작물의 인용[36], 영리를 목적으로 하지 아니하는 공연·방송, 사적 이용을 위한 복제[37], 도서관에서의 제한된 복제, 시험문제로서의 복제 등에는 저작재산권이 제한된다.

1-3-3. 저작재산권 침해 및 침해에 대한 구제

저작(재산)권 침해란 저작권자의 허락이나 정당한 권원없이 저작권의 보호대상인 저작물을 이용하는 것을 말한다. 이용허락을 받았더라도 그 범위를 벗어나 이용하는 경우에는 저작권 침해가 성립한다. 유효하게 존속하는 저작물에 대한 저작권 침해가 성립하기 위해서는, 주관적 요건인 '의거'(copying)와 객관적 요건인 침해자의 저작물과 원저작물 사이에 동일성 또는 '실질적 유사성(substantial similarity)'이 있을 것의 두 가지 요건이 충족되어야 한다.

첫 번째 요건인 의거는 침해자가 원저작물의 존재를 알고 이를 모방(copying)하여 원저작물을 이용하였어야 한다는 것이다. 저작권 침해소송에서 의거를 원고가 입증하는 것이 매우 곤란하기 때문에 법원은 피고가 원고의 저작물에 '접근'(access)한 사실과 양 저작물 사이의 '유사성'이라는 사실이 입증되면 의거를 추정한다. 피고의 저작물에서 먼저 창작된 원고의 저작물과 공통

여한 것이다.
35) 국가 또는 지방자치단체가 업무상 작성하여 공표한 저작물이나 계약에 따라 저작재산권을 보유한 저작물은 허락없이 이용할 수 있다. 저작권법 제24조의2.
36) 공표된 저작물은 보도·비평·교육·연구 등을 위하여 정당한 범위 안에서 공정한 관행에 합치되게 이를 인용할 수 있다(법 제28조). 이 규정에는 자신의 저작물에 타인의 저작물의 기재내용을 가져와 인용하는 경우가 포함되며, 저작물의 이용 상황에 따라 합리적이라고 인정되는 방법으로 출처의 표시를 반드시 명시하여야 한다.
37) 영리를 목적으로 하지 아니하고 개인적으로 이용하거나 가정 및 이에 준하는 한정된 범위 안에서 이용하는 경우에는 공표된 저작물을 복제하여 이용할 수 있다. 다만, 공중의 사용에 제공하기 위하여 설치된 복사기기 등에 의한 복제는 그러하지 아니하다. 저작권법 제30조.

되는 오류가 발견되면 그것으로써 의거가 추정될 수 있다. 저작권 침해의 두 번째 요건인 '실질적 유사성'의 판단은 원저작물에 있어서 아이디어는 제외하고 '표현이면서 창작성이 있는 부분'이 대상이 된다. 따라서 원저작물에서 표현이 아닌 아이디어만 이용한 경우에는 저작재산권 침해가 성립되지 아니한다.

저작권자는 자신의 저작권을 침해하고 있는 행위를 정지시키거나, 그 침해행위로 입은 손해에 대한 손해배상을 청구할 수 있으며, 그 침해행위를 근거로 형사고소도 할 수 있다. 저작권자는 또한 자신의 저작재산권을 양도하거나, 저작재산권에 대한 이용허락을 통해 수익을 창출할 수 있다. 그 밖에 저작인격권 및 실연자의 인격권 침해에 대하여는 별도로 명예회복에 필요한 조치 등의 청구가 가능하다.

1-4. 신지식재산권

1-4-1. 영업비밀

영업비밀은 기업이 영업활동을 함에 있어서 경쟁상의 우위를 확보하기 위하여 보유하고 있는 공공연히 알려지지 않고(비공지성), 독립적 경제적 가치를 가지는 것으로서(경제성), 합리적 노력에 의해 비밀로 유지된(비밀관리성) 생산방법, 판매방법, 기타 유용한 기술상, 경영상의 정보를 말한다.[38] 예를 들면 설계도면, 제조공정, 생산방법, 연구개발자료, 컴퓨터소프트웨어, 고객리스트, 경영관리기법, 원가계산표, 신제품 판매계획 등으로 매우 광범위하다.

노하우(knowhow)라는 용어가 기술상의 영업비밀을 일컫는 말로 혼용되어 쓰이기도 한다. 기업은 연구개발 과정이나 제품생산 과정에서 많은 노하우를 쌓아 축적하게 되는데, 통상 이중 일부만이 특허출원되어 특허공보로 공개된다. 따라서 핵심 노하우의 습득없이 특허공보나 논문 등 공개된 자료만을 통해서는 타사의 경쟁력있는 제품들을 모방하여 생산하는 것이 어려운 경우가 많다.

영업비밀은 특허와 비교하여 보호받을 수 있는 대상이 훨씬 광범위하고, 출원이나 등록 등의 절차가 필요 없으며, 비밀로 유지하고 관리하는 한 영구적으로 보호받을 수 있는 장점이 있다. 다만 비밀이 공개되거나 타인이 독자적으로 개발하는 경우에는 보호받을 수 없게 된다는 점은 유의할 필요가 있다.[39]

기업의 영업비밀이 유출되는 가장 흔한 경우는 직원들의 경쟁사로의 이직이며, 기업은 이에 대처하기 위하여 고용계약서에 비밀유지계약 및 퇴직 후 일정기간 경쟁회사로의 이직을 금지하는 계약을 체결해 두는 경우가 많다.[40] 영업비밀 침해행위에 대한 민사적 구제수단으로는 금지청구권, 손해배상청구권이 있고, 형사벌로 부정한 이익을 얻거나 영업비밀 보유자에게 손해를 입힐 목적으로 영업비밀을 취득·사용·공개하는 행위는 10년 이하의 징역이나 5억원 이하의 벌금(외국에서의 사용·공개에 대해서는 15년 이하 징역, 15억원 이하 벌금)에 처할 수 있다.

---

[38] 부정경쟁방지 및 영업비밀보호에 관한 법률 제2조 제2호. 영업비밀보호법은 부정경쟁방지법과 함께 묶여 "부정경쟁방지 및 영업비밀보호에 관한 법률"로 되어 있다.
[39] 역공정(reverse engineering)을 통해 그 기술내용을 파악하기가 쉬운 기계·기구 및 장치보다는 정확한 성분분석이 어려운 음료, 화장품 등이 영업비밀로 유지하기에 더 바람직할 수 있다(예: 코카콜라 제조방법).
[40] 퇴직 후 일정 기간의 경업 또는 전직을 금지하는 약정은, 그 기간이나 지역 등의 조건설정이 합리적이라면 경쟁 회사로의 취업을 제한할 수 있다.

구분	특허	영업비밀
보호대상	기술적 사상의 창작	경영정보 및 기술정보
출원·심사	필요	불필요
등록요건	신규성·진보성·선출원 등	비공지성, 경제성, 비밀관리성
보호기간	등록후 출원일부터 20년	비밀로 유지하는 한 영구적
침해요건	특허발명과 동일발명 실시	부정취득, 비밀유지의무 위반 등

[특허와 영업비밀의 비교]

1-4-2. 부정경쟁방지

국내에 널리 인식된[41] 타인의 성명, 상호, 상표, 상품의 용기·포장 등 타인의 상품이나 영업임을 표시하는 표지와 동일·유사한 것을 사용 또는 판매하여 타인의 상품 또는 영업활동을 혼동하게 하는 행위(출처혼동행위) 또는 식별력이나 명성을 손상하는 행위(희석화행위), 국내에 널리 인식된 타인의 성명, 상호, 상표등 표지와 동일하거나 유사한 도메인이름을 부정한 목적으로[42] 등록·보유·이전·사용하는 행위, 원산지나 품질의 오인야기 행위 등이 부정경쟁방지법에서 정한 부정경쟁행위이다.

부정경쟁방지법은 기본적으로 출처혼동의 방지를 통한 소비자의 보호와 기업의 재산적 이익의 보호라는 점에서 상표법과 일치한다. 그러나 상표법은 등록된 상표를 보호하는 것인데 대하여, 부정경쟁방지법은 국내에 널리 알려진 것을 요건으로 할 뿐 상표 등 지식재산권으로 등록되었는지 여부와는 관련이 없다는 점에서 차이가 있다.

부정경쟁방지법 위반행위에 대해서는 금지청구권, 손해배상청구권의 대상이 되고, 3년 이하의 징역 또는 3천만원 이하의 벌금의 형사처벌을 받을 수 있다.

---

[41] 이른바 '주지(周知)성'을 의미한다. 여기서 '주지성'은 국내 전역에 걸쳐 모든 사람에게 주지되어 있음을 요하는 것이 아니고, 국내에 일정한 지역적 범위 안에서 거래자 또는 수요자들 사이에 알려진 정도로서 족하다. 대법원 1997.4.24자 96마675 결정 참조.
[42] 판매하거나 대여할 목적, 정당한 권원이 있는 자의 도메인이름의 등록 및 사용을 방해할 목적, 그 밖에 상업적 이익을 얻을 목적을 말한다.

1-4-3. 반도체집적회로의 배치설계

반도체집적회로[43]의 '배치설계'란 반도체집적회로를 제조하기 위하여 여러 가지 회로소자 및 그들을 연결하는 도선을 평면적 또는 입체적으로 배치한 설계를 말한다(반도체집적회로의 배치설계에 관한 법률 제2조 제2호). 반도체집적회로 배치설계는 그 특성상 신규성·진보성을 등록요건으로 하는 특허법이나, 아이디어가 아닌 표현만을 보호하는 저작권법으로는 제대로 보호하기 어렵기 때문에[44] 배치설계 창작자의 권리를 보호하기 위하여 "반도체집적회로의 배치설계에 관한 법률"(반도체설계법)을 제정하여 보호하고 있다.

배치설계를 창작한 자 또는 그 승계인은 영리를 목적으로 그 배치설계를 최초로 이용한 날부터 2년 이내에 설정등록신청서에 배치설계파일 및 배치설계설명서 등을 첨부하여 온라인[45] 또는 오프라인으로 배치설계 설정등록신청을 할 수 있다. 설정등록신청서가 접수되면 특허청은 방식심사를 거쳐 배치설계 등록원부에 설정등록을 하고[46] 관보 등에 고시한다.

배치설계권자는 설정등록된 배치설계에 관하여 영리를 목적으로 이용하는 권리를 독점하기 때문에(법 제8조), 제3자가 영리를 목적으로 타인의 배치설계권을 이용하는 경우 침해가 성립하게 된다. 배치설계권자는 그의 배치설계권을 침해하고 있는 자에게 침해의 정지 또는 예방을 청구할 수 있고, 고의 또는 과실로 그 권리를 침해한 자에게 손해배상을 청구할 수 있으며, 형사고소를 통해 3년 이하의 징역 또는 3천만원 이하의 벌금에 처하게 할 수 있다. 또한 배치설계권의 설정등록을 받은 배치설계권자는 이를 타인에게 양도하거나 전용이용권 또는 통상이용권을 설정할 수 있다.

배치설계권은 특허권과 저작권의 중간적 성격을 지니며, 외국에서는 산업

---

[43] 반도체집적회로란 반도체 재료 또는 절연(絕緣) 재료의 표면이나 반도체 재료의 내부에 한 개 이상의 능동소자(能動素子)를 포함한 회로소자(回路素子)들과 그들을 연결하는 도선(導線)이 분리될 수 없는 상태로 동시에 형성되어 전자회로의 기능을 가지도록 제조된 중간 및 최종 단계의 제품을 말한다(법 제2조 제1호).

[44] 저작권법으로의 보호는 예를 들어 설계도를 복제하는 것이 아니라 시중에 나와 있는 반도체칩 자체를 모방하는 경우 저작권법으로 처벌하기 어렵다. 특허법으로 보호하기에도 회로소자의 배치에 대한 특허법의 신규성·진보성 판단이 어렵고, 기술적 사상을 보호하는 특허권의 보호범위로는 배치(layout)설계를 보호하는데 한계가 있기 때문이다. 윤선희, 지적재산권법(제19정판), 세창출판사, 2022, 644면.

[45] 특허·디자인등록출원 등의 경우와 마찬가지로 특허로(www.patent.go.kr)에서 특허고객번호를 부여받고 인증서를 등록하는 절차가 필요하다. 이후 특허로에서 서식을 작성하고 배치설계 파일등 첨부서류를 첨부하여 제출하면 신청절차가 완료된다.

[46] 이때 설정등록신청을 한 자는 소정의 설정등록료를 납부해야 한다. 최근 10년 동안('13년~'22년) 연평균 54건이 등록되었고, 대부분 국내의 대학교, 정부출연연구기관 및 중소기업의 등록이며 외국인과 국내 대기업의 등록건수는 최근 10년을 합쳐 각 수건에 불과하다(출처: 특허청홈페이지(www.kipo.go.kr)>책자/통계>지식재산동향>반도체배치설계권동향).

저작권(industrial copyright)이라고도 불리고 있다.47) 배치설계권의 존속기간은 설정등록일부터 10년이다(법 제7조).48)

1-4-4. 식물신품종보호

(1) 식물신품종보호제도의 의의

식물신품종이 특허법의 보호대상이기는 하나 식물신품종의 특성상 반복재현성 등의 특허요건을 충족시키기가 쉽지 않기 때문에, 육성자의 권리보호를 강화하기 위해 별도의 법률로 식물신품종보호법이 제정되었다. 식물신품종 보호제도는 각각의 식물품종 그 자체만을 보호대상으로 하며49), 일반적인 개념의 식물, 육종방법, 식물유전자 등의 식물 관련 기술은 특허제도에 의해서만 보호될 수 있다.

식물신품종보호법의 전반적인 체계는 특허법과 유사한 부분이 많으며,50) 특허법의 여러 규정들을 준용하고 있다. 특허법과 구별되는 주요한 특징으로는 형식적인 출원요건만 갖추어지면 출원공개가 이루어지고 출원인이 출원공개일부터 업(業)으로서 그 출원품종을 실시할 권리를 독점하는 임시보호의 권리가 발생하는 점, 등록요건이 신규성, 품종명칭51), 구별성, 균일성, 안정성 등이고, 이중 구별성, 균일성 및 안정성은 재배심사를 거쳐 심사하는 점 등을 들 수 있다.

(2) 출원 및 심사절차 등

품종보호를 받고자 하는 출원인은 육성자의 성명·주소, 품종의 명칭 등을 기재한 출원서에 품종육성과정에 관한 설명서, 사진 및 종자시료 등을 첨부하여

---

47) 보호기간을 10년으로 제한하고, 그 권리발생 요건으로 신청 및 등록하여야 하며, 보호범위가 배치설계를 이용하여 제조된 반도체집적회로 및 반도체집적회로가 내장된 최종제품까지 확장되는 것 등은 특허권적 성격을 갖고 있지만, 반면에 배치설계권의 일차적 보호대상은 일종의 설계도면이며 이에 대한 창작성 여부에 대한 실체심사는 없이 형식적 요건만을 심사하여 등록함으로써 권리가 발생한다는 점에서는 저작권적 성격을 갖고 있다. 윤선희, 앞의 책, 644-645면.
48) 다만 영리를 목적으로 그 배치설계를 최초로 이용한 날부터 10년 또는 그 배치설계의 창작일부터 15년을 초과할 수 없다.
49) 식물신품종으로 보호받기 위하여 출원되고 있는 품종의 종류는 식량작물, 채소류, 과수류, 화훼류, 특용작물, 사료작물, 버섯류, 산림식물 및 수산식물 등으로 다양하다(출처: 국립종자원 홈페이지(www.seed.go.kr)>품종보호>품종보호등록현황>보호출원과 등록현황).
50) 예를 들어 출원·심사·등록제도, 우선권제도, 무효심판제도, 통상실시권·전용실시권, 통상실시권 설정의 재정, 존속기간 등을 들 수 있다.
51) 품종보호를 받기 위하여 출원하는 품종은 1개의 고유한 품종명칭을 가져야 한다. 법 제106조 제1항.

농림축산식품부장관 또는 해양수산부장관에게 제출하여야 한다(법 제30조).52) 외국인이 타국에서 최초의 품종보호 출원을 한 날부터 1년 이내에 출원을 하면 우선권이 인정되어 선출원주의 등을 적용할 때 그 국가에서 출원한 날을 대한민국에 출원한 날로 본다(법 제31조).

품종보호 출원은 방식심사를 거쳐 품종보호출원 등록부에 등록되고 출원인·품종명칭·품종특성·사진 등을 품종보호 공보에 게재하여 출원공개되며, 출원공개일부터 출원인은 업으로서 그 출원품종을 실시할 권리를 독점하는데 이를 임시보호의 권리라 한다(법 제38조).53) 품종보호 출원은 심사관이 서면심사에 의해 신규성54)이 있다고 인정되면, 재배심사에 의해 구별성55), 균일성56) 및 안정성57) 등을 심사하게 된다. 심사관은 등록요건 등에 대한 심사를 거쳐 품종보호결정 또는 거절결정을 하며, 거절결정을 하는 경우 출원인에게 거절이유를 통지하여 출원인이 의견서 및 보정서를 제출할 수 있는 기회를 주어야 한다. 거절결정에 대하여 출원인은 품종보호심판위원회에 불복하는 심판청구를 할 수 있다(법 제91조).

(3) 품종보호권과 침해 등

출원인이 심사관으로부터 품종보호결정의 등본을 받은 날부터 1개월 이내에 품종보호료를 납부하면58) 품종보호권이 설정된다. 품종보호권자는 그 보호품종을 실시할 권리를 독점하며, 자신의 허락없이 도용된 종자를 이용하여 업으로서 수확한 수확물이나 그 수확물로부터 직접 제조된 산물에 대해서도 실시할 권리를 독점한다(법 제56조).59) 다만 영리 외 자가소비를 위한 실시, 실

---

52) 품종보호 대상작물을 농업용, 산림용, 해조류로 구분하여 농업용은 국립종자원, 산림용은 국립산림품종관리센터, 해조류는 수산식품품종관리센터가 출원·심사 등 업무를 담당하고 있다. 2022년 기준 557건의 식물신품종이 출원되고 501건이 등록되었다(출처: 국립종자원 홈페이지(www.seed.go.kr)>품종보호>품종보호등록현황>보호출원과 등록현황).
53) 그러나 출원공개 후 품종보호 출원이 포기, 취하, 무효로 되거나 거절결정이 확정된 경우 임시보호의 권리는 처음부터 발생하지 아니한 것으로 본다. 따라서 품종보호 출원인이 임시 보호권을 행사한 경우에 품종보호 출원이 포기, 취하, 무효, 또는 거절결정되면 그 권리 행사로 인해 상대방에게 입힌 손해를 배상할 책임을 진다(법 제38조 제3항).
54) 국내에서 1년, 외국에서는 4년(과수, 임목 6년) 이상 해당 종자 또는 수확물이 이용을 목적으로 양도되지 아니한 것을 말한다(법 제17조).
55) 품종보호 출원일 이전까지 일반인에게 알려져 있는 품종과 한가지 이상의 특성이 명확히 구별되는 것을 말한다(법 제18조).
56) 품종의 본질적인 특성이 그 품종의 번식방법상 예상되는 변이를 고려한 상태에서 충분히 균일한 경우에는 그 품종은 균일성을 갖춘 것으로 본다(법 제19조).
57) 품종의 본질적인 특성이 그 품종이 반복적으로 증식된 후에도 변하지 아니하는 것을 말한다(법 제20조).
58) 2년차부터의 연차등록료는 설정등록일을 기준으로 하여 매년 1년분씩 그 전년도에 납부하여야 한다. 식물신품종 보호법에 따른 품종보호료 및 수수료 징수규칙 제4조.
59) 예를 들어, 쌀과자를 만들 때 쌀과자의 재료로 사용된 쌀이 품종보호권자의 허락 없이 도용된 품종의 종자로부터 수확되었다면 그 쌀과자에 대하여는 품종보호권자가 권리를 가지게 된다. 다만, 선의

험·연구를 위한 실시, 다른 품종의 육성을 위한 실시 등에는 품종보호권의 효력이 미치지 않는다(법 제57조).

품종보호권자는 그의 품종보호권을 침해[60]하거나 침해할 우려가 있는 자에게 침해의 금지 또는 예방을 청구할 수 있고, 고의 또는 과실로 그 권리를 침해한 자에게 손해배상을 청구할 수 있으며, 형사고소에 의해 7년 이하의 징역 또는 1억원 이하의 벌금에 처하게 할 수 있다. 또한 품종보호권자는 자신의 품종보호권을 양도하거나 전용실시권 또는 통상실시권을 허락할 수 있다.

품종보호에 관한 심판과 재심을 담당하는 기관으로 농림축산식품부에 품종보호심판위원회(심판위원회)가 있으며, 심판위원회는 심사관의 거절결정에 대한 불복심판, 품종보호권에 대한 취소심판[61] 및 이해관계인이나 심사관이 청구하는 무효심판에 관한 업무를 담당한다. 심판위원회의 심결 또는 결정에 대하여 불복하고자 하는 자는 그 심결 또는 결정의 등본을 송달받은 날부터 30일 이내에 특허법원에 소(訴)를 제기할 수 있다. 등록된 품종보호권의 존속기간은 품종보호권이 설정등록된 날부터 20년(과수 및 임목의 경우는 25년)이다.

1-4-5. 컴퓨터프로그램

(1) 컴퓨터프로그램 발명의 의의

컴퓨터프로그램은 "특정한 결과를 얻기 위하여 컴퓨터 등 정보처리능력을 가진 장치 내에서 직접 또는 간접으로 사용되는 일련의 지시·명령의 집합"[62]이라고 정의할 수 있다. 또한 컴퓨터프로그램과 혼용되어 소프트웨어라는 용어도 많이 쓰이는데, 소프트웨어는 컴퓨터프로그램 외에 기술서, 흐름도(flow-chart) 등 자료를 포함하는 다소 넓은 개념이라고 할 수 있다.[63]

의 제조업자를 보호하기 위하여 수확물에 관하여 정당한 권한이 없음을 알지 못하는 자가 직접 제조한 산물에 대하여는 예외를 인정하고 있다.
60) '침해'란 품종보호권자나 전용실시권자의 허락없이 타인의 보호품종을 업으로서 실시하는 행위를 말하며, '실시'의 의미는 보호품종의 종자를 증식·생산·조제(調製)·양도·대여·수출 또는 수입하거나 양도 또는 대여의 청약(양도 또는 대여를 위한 전시를 포함)을 하는 행위를 말한다(법 제84조 및 제2조 제7호).
61) 등록받은 품종보호권은 균일성·안정성 요건을 충족하지 못하거나, 보호품종의 본질적 특성의 유지의무(법 제82조)를 지키지 못한 경우 등에 취소될 수 있으며, 취소심판은 이러한 취소결정에 대한 불복심판을 말한다.
62) 저작권법 제2조 제16호.
63) 소프트웨어진흥법 제2조 제1호에서는 소프트웨어를 "컴퓨터, 통신, 자동화 등의 장비와 그 주변장치에 대하여 명령·제어·입력·처리·저장·출력·상호작용이 가능하게 하는 지시·명령(음성이나 영상정보 등을 포함한다)의 집합과 이를 작성하기 위하여 사용된 기술서(記述書)나 그 밖의 관련 자료를 말한다"고 정의하고 있다.

컴퓨터프로그램이 저작권법의 보호대상이기는 하지만,[64] 저작권법은 아이디어는 제외하고 표현만을 보호하기 때문에 저작권법에 의한 보호는 한계가 있다.[65] 컴퓨터프로그램이 특허의 대상인지에 대하여는 그간 많은 논란이 있었고, 우리나라에서 그 논란의 핵심은 컴퓨터프로그램이 특허를 받을 수 있는 발명, 즉 "자연법칙을 이용한 기술적 사상의 창작"에 해당하는 지의 여부이다.

컴퓨터프로그램 그 자체는 컴퓨터를 실행하는 지시·명령에 불과하기 때문에 자연법칙을 이용한 기술적 사상의 창작이 될 수 없다. 특허청의 심사기준에 따르면, 컴퓨터프로그램(소프트웨어)에 의한 정보처리가 하드웨어를 이용하여 구체적으로 실현되는 컴퓨터프로그램 관련 발명은 자연법칙을 이용한 기술적 창작에 해당되어 특허의 대상이 되는 것으로 보고 있다.[66]

소프트웨어에 의한 정보처리가 하드웨어를 이용하여 구체적으로 실현되고 있는 경우란, 소프트웨어가 컴퓨터등에 읽혀지는 것에 의해 소프트웨어와 하드웨어가 협동한 구체적 수단으로 특유의 정보의 연산 또는 가공을 실현함으로써 사용목적에 적합한 정보처리 장치(기계) 또는 그 동작방법이 구축되는 것을 말한다.[67] 컴퓨터프로그램과 실질적으로 동일하며 표현만 달리하는 애플리케이션(앱), 플랫폼, 운영체제(OS) 등도 컴퓨터프로그램과 동일하게 취급한다.

(2) 컴퓨터프로그램 관련 발명의 청구항 기재방법

컴퓨터프로그램 관련 발명은 기본적으로 알고리즘의 동작순서에 관하여 기능적이고 포괄적인 표현으로 특허청구범위에 적절히 서술하는 것이 중요하며, 명세서에 알고리즘의 소스코드(source code)를 기재할 필요는 없다. 컴퓨터프로그램 관련 발명은 방법의 발명 또는 물건의 발명으로서 아래와 같은 형식으로 청구항에 기재할 수 있다.[68]

① 방법의 청구항

소프트웨어에 의한 정보처리가 하드웨어를 이용하여 구체적으로 실현되는 경우를 시계열적으로 연결된 일련의 처리 또는 조작 단계로서 표현할 수

---

64) 컴퓨터프로그램은 1987년 이후 컴퓨터프로그램보호법으로 보호되어 오다가, 2009년 컴퓨터프로그램 보호법이 개정 저작권법에 통합되면서 저작권법에 의한 저작물로 보호를 받고 있다.
65) 예를 들면 알고리즘(algorithm) 자체는 기술적 사상, 즉 아이디어의 영역에 속하는 것이어서 저작권의 보호대상에서 제외되고, 알고리즘을 구체적으로 표현한 원시코드(source code)와 목적코드(object code)가 저작권의 보호대상이다.
66) 코드(code)로 작성된 컴퓨터프로그램은 저작권법상의 어문저작물과 유사하다고 볼 수 있으나, 컴퓨터프로그램은 컴퓨터 등 하드웨어에 장착되어 "유용한 동작"을 일으킨다는 점에서 어문저작물과 차이가 있다.
67) 특허청, 기술분야별 심사실무가이드의 기타(구기술분야별 심사기준) 제10장 컴퓨터관련 발명, 80면 (2019년 3월 추록).
68) 앞의 구기술분야별 심사기준, 68면.

있을 때 그 단계를 특정하는 방법의 발명으로 청구할 수 있다.

- (예) 단계 A, 단계 B, 단계 C, 단계 D를 포함하는 … 제어방법

② 소프트웨어에 의한 정보처리가 하드웨어를 이용하여 구체적으로 실현되는 경우 해당 소프트웨어와 협동하여 동작하는 정보처리장치(기계) 발명으로 청구할 수 있다.

- (예) 부품 A, 부품 B, 부품 C, 부품 D를 포함하고 … 동작을 수행하는 장치

③ 프로그램 기록매체 청구항

프로그램을 설치하고 실행하거나 유통하기 위한 "프로그램을 기록한 컴퓨터로 읽을 수 있는 매체" 형식의 청구항으로 기재할 수 있다.

- (예) 컴퓨터에 단계(수단) A, 단계(수단) B, 단계(수단) C, … 를 실행시키기 위한 프로그램을 기록한 컴퓨터로 읽을 수 있는 매체

④ 데이터 기록매체 청구항

기록된 데이터 구조로 말미암아 컴퓨터가 수행하는 처리내용이 특정되는 구조를 가진 "데이터를 기록한 컴퓨터로 읽을 수 있는 매체" 형식의 청구항으로 기재할 수 있다.

- (예) A 구조, B 구조, C 구조, … 를 가진 데이터를 기록한 컴퓨터로 읽을 수 있는 매체

⑤ 매체에 저장된 컴퓨터프로그램 청구항

하드웨어와 결합되어 특정과제를 해결하기 위하여 "매체에 저장된 컴퓨터프로그램" 형식의 청구항으로 기재할 수 있다.

- (예) 컴퓨터에 단계 A, 단계 B, 단계 C, … 를 실행시키기 위하여 매체에 저장된 컴퓨터프로그램

(3) 영업방법 발명과 인공지능 발명의 청구항 기재

영업방법(BM; Business Method) 발명은 영업방법 등 사업 아이디어를 컴퓨터·인터넷 등의 정보통신기술을 이용하여 구현한 새로운 비즈니스 방법 또는 시스템을 말한다. 영업방법 발명을 세부 기술별로 보면, 광고 및 홍보, 교육, 의료, 쇼핑몰, 거래시스템, 지불체계, 금융서비스, 물류 및 경영관리, 게임 및 오락 등으로 다양하다.[69] 영업방법 발명은 그 발명내용의 중심이 컴퓨

터프로그램이기 때문에 컴퓨터프로그램 관련 발명의 일종이라고 할 수 있으며, 컴퓨터프로그램 관련 발명에 관한 심사기준이 영업방법(BM) 발명에도 적용되어 아래와 같은 방법발명 또는 시스템발명으로 청구할 수 있다.

- (예) 단계 A, 단계 B, 단계 C, 단계 D를 포함하는 … 증강현실 기반의 광고방법
- (예) 구성요소 A, 구성요소 B, 구성요소 C, 구성요소 D를 포함하는 … 온라인 교육시스템

인공지능(AI) 관련 발명은 소프트웨어에 의한 정보처리에 기반을 두고 컴퓨터 등을 이용하여 구현하는 발명이므로, 원칙적으로 인공지능 관련 발명의 성립요건(특허의 대상인지)에 대한 판단기준은 컴퓨터프로그램 관련 발명의 성립요건 판단기준과 동일하다. 따라서 인공지능 관련 발명이 특허를 받기 위해서는, 소프트웨어에 의한 정보처리가 하드웨어를 이용하여 구체적으로 실현되어야 하며, 컴퓨터프로그램 관련 발명의 경우와 마찬가지로 해당 소프트웨어와 협동하여 동작하는 정보처리장치(기계), 그 동작방법, 해당 프로그램을 기록한 컴퓨터로 읽을 수 있는 매체, 매체에 저장된 컴퓨터프로그램으로 청구할 수 있다.[70]

(4) 컴퓨터프로그램 관련 청구항의 보호범위

우리나라에서 컴퓨터프로그램 관련 발명은 일련의 처리 또는 조작 단계를 특정하는 방법 청구항, 프로그램을 기록한 매체 청구항, 기록매체에 저장된 컴퓨터프로그램 청구항 등의 형식으로 청구할 수 있지만, 기록매체에 저장되지 않은 형태의 컴퓨터프로그램으로 청구하는 것은 허용되지 않고 있다.

그런데 '컴퓨터프로그램이 저장된 매체' 청구항 또는 '매체에 저장된 컴퓨터프로그램' 청구항의 경우, 해당 컴퓨터프로그램이 CD 등 기록매체가 아닌 온라인으로 전송된 경우 구성요소 완비의 원칙에 따라 직접침해에 해당된다고 보기 어렵다. 또한 방법 청구항의 경우에는 해당 컴퓨터프로그램을 온라인 전송한 자에 대하여 침해주장이 곤란하다는 점[71]에서 컴퓨터프로그램 특허의 보호를 강화하기 위한 제도 정비가 필요하다는 의견이 꾸준히 제기되어 왔다.

한편 외국의 경우 미국이나 유럽에서는 프로그램 프로덕트(program

---

[69] 특허청, BM특허 길라잡이, 2014, 5면.
[70] 특허청, 기술분야별 심사실무가이드(제1부 인공지능분야 심사실무가이드), 11면.
[71] 방법발명의 경우 해당 방법 청구항에 기재된 방법을 사용하여야 침해가 성립되는데, 실제 해당 방법을 사용하는 자는 온라인 전송을 받은 자이고 온라인 전송을 한 자는 단순한 소프트웨어 제공자로 볼 수 있다.

product) 형식의 청구항으로 등록이 되고 있으며, 특히 일본의 경우에는 2002년 컴퓨터프로그램 자체를 특허법상의 물건에 포함시키는 특허법 개정을 통해 기록매체를 배제하고 '컴퓨터프로그램'으로 청구하는 것을 허용하고 있다.

특허청은 온라인으로 컴퓨터프로그램을 전송하는 행위가 방법특허의 침해에 해당될 수 있도록 특허법 제2조를 개정하여 방법발명의 실시에 그 방법을 사용하는 행위 외에 "그 방법의 사용을 청약하는 행위"를 추가하였고(제3호 나목), 또한 선의의 온라인 전송자를 보호하기 위하여 특허법 제94조(특허권의 효력) 제2항에 "특허발명의 실시가 제2조 제3호 나목에 따른 방법의 사용을 청약하는 행위인 경우 특허권의 효력은 그 방법의 사용이 특허권 또는 전용실시권을 침해한다는 것을 알면서 그 방법의 사용을 청약하는 경우에만 미친다"는 규정을 신설하였다.[72]

---

[72] 온라인으로 전송하는 소프트웨어 침해행위를 차단하기 위하여 가장 효율적인 방법으로 일본과 같이 '컴퓨터프로그램'을 물건에 포함시키는 법개정을 하는 방안이 꾸준히 논의되어 왔으나, 이에 대한 반대의견도 많아서 성사되지는 못하였다.

학습 문제 - 1장

1. 아래 기사를 보면 말라리아 치료제가 60년만에 미국 FDA에서 허가를 받았다는 보도가 있다.

   말라리아는 오래된 질병으로서 매년 수억 명이 감염되어 수십만 명이 사망 질병임에도 불구하고 치료제 개발이 원활하지 않은 질병으로 꼽히고 있다. 지식재산권 측면에서 볼 때 그 이유가 무엇인가?

2. 케이스노트(casenote.kr)라는 사이트에서 판결문 번호나 키워드로 주요 판결문을 검색할 수 있다. 케이스노트에서 대법원 2012도12828 판결(2014.8.20. 선고)를 찾아 영업비밀의 성립요건에 대한 판결요지를 확인하여 보라.

3. 아래 사안들의 경우에 저작권법상 어떤 문제들이 발생할 수 있을 지에 대 기술하라.

   3-1) 청중으로부터 댓가를 받지 않는 비영리 공연의 경우 저작권법상 저작권이 제한된다(저작권법상 허용된다). 그렇다면 유명 가수가 자신이 주최한 자선공연에서 다른 가수의 노래를 부르는 경우는 어떨까.

   3-2) 인터넷에서 멋진 글자체를 발견하고 파일을 다운로드 받아 공개적으로 사용해도 될까.

   3-3) 사진관 주인이 홍보를 위해 자신이 찍은 일반인의 사진을 허락없이 건물 외부에서 창을 통해 볼 수 있도록 크게 걸어 놓아도 괜찮을까.

4. 갑은 카페 창업을 준비하면서 카페의 이름을 "바람의 나라"로 정하고 상표출원을 하려고 한다. 키프리스 사이트(http://www.kipris.or.kr)[73]에서 선출원·선등록 상표를 검색하여 상표등록을 받을 가능성이 높은 지를 알아보라.
    ※ "바람의 나라" 상표가 커피 관련업(상품류는 30류, 43류)에 지정상품으로 출원되거나 등록되어 있는지를 확인할 것

5. 지식재산권에 대한 다음 설명 중 맞지 않는 것은?
    ① 지식재산권은 인간의 정신적(지적) 창작물 중에서 보호받을 수 있는 것을 총칭하는 용어로서, 크게 산업재산권, 저작권 및 신지식재산권으로 나뉘어진다.
    ② 지식재산권은 형체가 없다는 점에서 무체재산권(無體財産權)이라고 불리기도 하며 통상의 재산권과 달리 점유(占有)할 수 없다.
    ③ 최근 지식정보화 시대에 들어서면서 지식재산권의 중요성은 더욱 커지고 있으며, 세계 주요 기업들의 자산에서 토지·건물·현금 등 유형자산 보다는 특허권·브랜드·영업비밀등 무형자산이 차지하는 비중이 훨씬 크다.
    ④ 통상 동일한 창작물에 대하여 하나의 지식재산권으로 보호받게 되면 다른 지식재산권으로는 보호받을 수 없다.
    ⑤ 지식재산권은 통상 일정한 존속기간을 가지며, 재산권의 범위가 명확하지 않다는 특징을 가지고 있다.

6. 다음 중 지식재산권으로 보호받을 수 없는 것은 어느 것인가?
    ① 새로운 자동차 엔진 기술   ② 원숭이가 자연경관을 촬영한 사진
    ③ 새롭게 개발한 요리법   ④ 유치원생이 작성한 산문
    ⑤ 일본 사람이 제작한 음란동영상

7. 다음 산업재산권과 저작권을 비교한 내용중에서 맞지 않는 것은?
    ① 산업재산권은 출원하고 등록을 받아야 권리가 발생하는데 비하여, 저작권 출원·등록절차 없이 창작한 때부터 권리가 발생한다.
    ② 산업재산권은 파리조약의 각국특허독립(속지주의) 원칙에 의하여 해외에서 권리행사를 하기 위해서는 각 국마다 출원하여 등록받아야 하는 반면에, 저작권은 창작한 순간 베른조약에 의해 해외에서도 보호를 받는다.
    ③ 컴퓨터프로그램에서 원시코드(source code)와 목적코드(object code)의 경우 특허권으로 보호되지만, 기술적 아이디어인 알고리즘(algorithm) 자체는 특허권으로 보호받을 수 없고 저작권법의 보호대상이다.

---

[73] 키프리스 검색DB에 관한 내용은 본 책의 4장을 참고할 것.

④ 산업재산권과 달리 저작권은 신규성이라는 개념이 없으며 약간의 독창성만 있으면 보호받을 수 있다.
⑤ 산업재산권의 보호기간은 통상 출원일부터 20년을 넘지 않는데 비하여 저작권의 보호기간은 통상 저작권의 생존기간 및 사후 70년까지이다.

8. 저작인격권에 관한 다음 설명 중 가장 부적합한 것은?
   ① 저작자는 그의 저작물을 공표하거나 공표하지 아니할 것을 결정할 권리가 있다.
   ② 저작자는 저작물에 그의 실명을 표시할 권리를 가진다.
   ③ 저작자는 저작물 내용 등의 동일성을 유지할 권리를 가진다.
   ④ 저작인격권은 타인에게 양도할 수 없다.
   ⑤ 저작재산권자와 저작인격권자는 항상 같은 사람이어야 한다.

9. 다음 중 심사나 등록 없이 발생하는 지식재산권은?
   ① 저작권　　② 특허권　　③ 디자인권
   ④ 상표권　　⑤ 반도체집적회로 배치설계

10. 신지식재산권에 대한 설명으로 맞지 않는 것은?
    ① 신지식재산권은 산업재산권과 저작권 외에 새로이 대두되고 있는 지식재산권을 총괄하는 용어이다.
    ② 한미 FTA에 의하여 소리상표, 냄새상표와 같은 신지식재산권이 상표제도에 도입되었다.
    ③ 반도체 집적회로 배치설계, 식물신품종은 신지식재산권의 일종이다.
    ④ 캐릭터는 저작권의 보호대상이며 다른 지식재산권으로는 보호를 받을 수 없다.
    ⑤ 컴퓨터프로그램은 신지식재산권에 속하며 저작권이나 특허권으로 보호받을 수 있다.

11. 다음 중 지식재산권과 그 보호기간이 잘못 연결된 것은?
    ① 실용신안권 : 10년　　② 특허권 : 20년
    ③ 디자인권 : 10년　　④ 상표권 : 10년(연장 가능)
    ⑤ 영업비밀 : 비밀로 유지되는 한 영구적

12. 영업비밀에 관한 다음 설명중 맞지 않는 것은?
    ① 영업비밀로 보호받기 위해서는 공연히 알려지지 않아야 한다.
    ② 영업비밀로 보호받기 위해서는 상당한 노력에 의하여 비밀로 관리되고

있어야 한다.
③ 영업비밀에는 고객리스트와 같은 경영상 정보는 포함되지 않는다.
④ 영업비밀은 보호받기 위하여 비공지성·경제성·비밀관리성 등을 요건으로 할 뿐 출원 및 등록과 같은 절차가 불필요하다.
⑤ 영업비밀은 비밀로 유지되는 한 그 존속기간에 제한이 없다.

13. 특허와 영업비밀을 비교한 다음 설명 중 잘못된 것은?
① 영업비밀은 경제적 가치를 가지는 영업정보 및 기술정보를 보호대상으로 한다.
② 특허로 보호받기 위해서는 출원·등록 등의 절차가 필요하다.
③ 특허의 보호기간은 20년이고, 영업비밀의 보호기간은 50년이다.
④ 영업비밀의 주요 요건은 비공지성, 경제적 유용성, 비밀관리성이다.
⑤ 영업비밀은 어떤 경로를 통해서든 공개되면 아무런 권리를 행사할 수 없는 단점이 있다.

제2장
특허제도의 이해

02

2-1. 특허의 의의 및 특허받을 수 있는 발명

2-1-1. 특허의 의의 및 기원

(1) 특허의 의의

특허란 발명자가 일정한 요건을 만족하는 발명을 공중에 공개하는 대가로 국가에서 일정 기간 동안 독점·배타적 권리를 부여하는 것으로서, 발명자와 국가 간의 계약에 기초한 것이라고 할 수 있다. 발명자의 입장에서는 독점적 실시를 통한 경제적·기술적 이익 도모가 가능함에 따라 새로운 발명을 하기 위한 커다란 동기부여를 갖게 되고,74) 국가에서는 그 발명을 공중(公衆)에 공개함으로써 제3자가 동일한 발명을 연구개발하는 것을 막고, 공개된 발명에 대한 개량발명을 유도함으로써 국가의 산업발전을 도모하고자 하는데 특허법의 목적이 있다.75)

특허에는 속지주의(屬地主義) 원칙76)이 적용되는데, 이는 우리나라에서 특허권을 획득한 경우 우리나라에서만 독점·배타적인 권리를 가질 뿐 다른 나라에서는 그러한 권리가 없다는 의미이다. 그러므로 우리나라 뿐 아니라 타국에서도 그 발명에 대한 독점·배타적인 권리를 행사하기 위해서는 각 나라마다 특허출원하여 특허권을 획득해야 한다.

(2) 특허의 기원

특허제도를 법령의 형태로 채택한 최초의 국가는 베니스(베네치아)로서, 1474년에 최초로 특허법을 제정하였고 15세기 중엽부터 16세기에 걸쳐 상당히 많은 특허가 부여된 사례가 기록되어 있으나, 그 후 중단되었다.77)

14세기에 영국은 당시 유럽대륙에 비하여 공업이 매우 뒤떨어져 있었기 때문에, 필요한 기술을 갖고 있는 대륙의 기술자가 길드(guild)에 의해 지배되고 있던 영국 내에서 안전하고 자유롭게 영업할 수 있도록 국왕이 특허장

---

74) 스스로 특허를 취득(미국 특허 제6469호)하기도 했던 아브라함 링컨은, "특허제도는 천재라는 불에 이익이라는 기름을 붓는 것이다(The patent system added the fuel of interest to the fire of genius)"라는 말을 남겼는데, 특허제도가 연구자나 기술자의 발명의욕을 강하게 자극하고 있음을 적절하게 표현한 말이라고 할 수 있다.
75) 특허법 제1조는 "이 법은 발명을 보호·장려하고 그 이용을 도모함으로써 기술의 발전을 촉진하여 산업발전에 이바지함을 목적으로 한다"고 규정하고 있다.
76) 각국 특허독립의 원칙이라고도 하며, 파리조약의 3대 원칙 중 하나이다.
77) 吉藤幸朔著·熊谷健一補訂·YOUME특허법률사무소譯, 特許法槪說(제13판), 대광서림, 2000, 34면.

(letters patent)78)을 주는 제도를 갖고 있었다. 그러나 엘리자베스 여왕 시대 (1558~1603)에 이르러 특허장이 충신에 대한 상이나 왕실의 수입을 늘리기 위한 목적으로 남용되자 국민과 의회의 저항으로 특허장 제도는 폐지되었고, 1624년 현대적인 특허법의 모태가 된 전매조례(Statute of Monopolies)가 제정되었다. 전매조례는 진정한 최초의 발명자(first and true inventor)에게 특허가 부여되고, 특허권자는 국내에서 독점 실시권을 가지며, 공익에 위반되는 발명은 특허대상에서 제외되고, 특허기간을 14년 이하로 한다는 등의 내용을 담고 있다. 이후 미국이 1790년, 프랑스가 1791년, 통일이 늦었던 독일은 1877년 특허법을 제정하였다.

한국의 특허제도의 역사는 이들에 비하면 매우 짧은 편이다. 1882년 지석영이 상소로 특허제도의 도입을 주장한 바 있고, 1908년(순종 2년)에 한국특허령이 칙령으로 공포·시행됨으로써 특허법이 처음으로 도입되었다.79) 해방 후 미군정에 의해 1946년 특허법이 제정·시행되었으며, 1961년 전면 개정된 새로운 특허법이 제정되면서 실용신안법과 의장법도 함께 제정되었다.80) 비록 특허제도의 도입은 늦었지만 한국은 세계에서 가장 특허출원 건수가 많은 IP5 국가81)에 속해 있다.

2-1-2. 특허받을 수 있는 발명

특허법 제2조 제1호 '발명'의 정의에 따라 특허의 대상이 되는 발명(발명의 성립요건)은 "자연법칙을 이용한 기술적 사상의 창작으로서 고도한 것"이어야 한다.82)

---

78) Patent의 어원은 '공개된 것'이라는 의미를 가진 라틴어 'patere'이다. Patent가 특허를 가리키는 용어가 된 것은, 특허장을 모든 사람이 읽을 수 있도록 "개봉된 서한(open letter)"이란 의미의 'letters patent'라 칭하던 데에서 유래한다. 박희섭·김원오, 특허법원론(제4판), 세창출판사, 2009, 46면 참조.
79) 이 법은 1908년 8월 16일부터 1910년 8월 29일까지 실시되었는데, 이 기간 동안 275건이 등록되었다. 등록된 건의 대부분을 일본인이 차지하였고, 한국인의 출원은 2건으로 모두 말총모자(등록번호 제133호)에 관한 것이었다. 특허청, 지식재산강국을 향한 도전 30년, 2007, 33면.
80) 1946년 특허법은 특허법 내에서 실용신안과 의장(디자인)을 함께 규정하고 있었다. 1961년법에서 비로소 우리나라는 1949년 제정된 상표법과 함께 공업소유권 4법 체계를 구축하게 되었다. 앞의 책, 50면.
81) 미국특허상표청, 유럽특허청(EPO), 일본특허청, 중국특허청, 한국특허청을 말한다.
82) 우리나라와 같이 특허법에서 발명에 대한 정의규정을 두고 있는 국가는 극히 적으며, 대부분의 국가는 이것을 판례 또는 학설에 맡기고 있다. 吉藤幸朔著·熊谷健一補訂·YOUME특허법률사무소譯, 앞의 책, 75면.

(1) 자연법칙의 이용

자연법칙 그 자체 또는 자연법칙에 반하거나(예: 영구기관) 자연법칙을 이용하지 아니한 것(예: 경제법칙, 수학공식, 인위적인 결정, 금융보험제도 자체, 영업방법 자체, 게임의 규칙 자체 등)은 특허의 대상이 되는 발명이 아니다. 또한 자연법칙을 이용한 발명이란 발명자 뿐 아니라 제3자도 일정한 확실성을 가지고 같은 결과를 반복할 수 있는 것이어야 하므로 반복하여 재현할 수 없는 발명은 특허를 받을 수 있는 발명이 아니다.[83]

(2) 기술적 사상(思想)

'기술'은 지식으로서 타인에게 전달가능한 객관성이 있는 것인데 비하여, 개인의 숙련에 의해서 달성될 수 있는 '기능'은 제3자에게 전달될 수 있는 객관성이 결여되어 있으므로 발명에 해당되지 않는다(예: 악기 연주방법, 야구공의 투구방법 등). 한편 발명은 특정한 제품이 아니라 '기술적 사상'이다. 예를 들어 특허청구범위가 "형상을 3각형으로 하는 연필"이라고 기재되어 있다면, 발명은 제품으로서의 3각형 연필이 아니라 크기·색채·재질 등을 불문하고 연필로서 형상을 3각형으로 한다는 사상이 발명이라고 해석해야 할 것이다.[84]

발명은 사상이기 때문에 어느 정도 추상적일 수 있지만 목적을 달성하기 위한 수단으로서의 구체성이 있어야 하며, 이러한 구체성이 결여된 미완성발명은 특허를 받을 수 없다. 미완성발명이란 과제해결을 위한 구체적인 수단이 결여되어 있거나, 또는 제시된 수단에 의해서는 과제해결이 명백히 불가능한 것을 말한다(2000허7038).

(3) 창작으로 고도한 것

'창작'은 자명하지 않은 새로운 것을 만들어 내는 것이라고 할 수 있으며, 발명은 그것이 만들어지기 전에는 존재하지 않았다는 점에서 발견과 구별된다. 그러나 '발견은 발명의 어머니'란 말이 있듯이 발견에 의해 발명이 이루어지는 경우가 많고, 발명이 발견을 촉진하는 예도 적지 않아서 양자의 관계는 극히 밀접하다고 할 수 있다. 자연계에 이미 존재하는 천연물(예: 광석)이나 자연현상 등을 찾아내는 단순 발견은 창작이 아니므로 발명에 해당하지 않지만, 천연물에 존재하는 특정 물질을 인위적으로 분리해내거나 이미 알려진 물질의 새

---

[83] 반복하여 재현할 때 성공확률이 낮다고 하여 특허성이 없는 것은 아니다. 항상 성공하지 않더라도 계속 실시해 보면 성공할 수 있는 발명은 반복재현성이 있는 발명이다(예: 성공율이 10% 이하인 인공진주양식방법).
[84] 吉藤幸朔著·熊谷健一補訂·YOUME특허법률사무소譯, 앞의 책, 81면.

로운 용도를 찾아내는 '용도발명'은 창작으로 보아 특허가 부여되고 있다.[85]
'고도(高度)'하다는 것은 특허법상의 발명과 실용신안법상의 고안의 차이를 나타내는 점에서 의의가 있다.

1980년 초 이래 특허의 대상은 크게 확대되었다. 현재는 특허요건을 만족한다면 물건, 장치, 방법, 식품, 약품, 인공 생명체(미생물, 동·식물), 컴퓨터프로그램, 영업방법 등이 모두 특허의 대상이다. 다만 컴퓨터프로그램과 영업방법 그 자체는 특허대상이 아니며, 컴퓨터프로그램에 의한 정보처리가 하드웨어(컴퓨터나 인터넷)를 이용하여 구체적으로 실현되는 발명이어야 특허대상이 될 수 있다.[86]

---

[85] 천연의 식물이나 흙에서 새로운 물질 또는 미생물을 분리해내거나, 이미 알려진 물질의 새로운 용도를 찾아내는 '용도발명'은 원래부터 존재하던 물질·미생물·특성(용도)를 발견한 것이라고 할 수 있다. 이와 같이 발견이라고 볼 수 있음에도 특허가 부여되는 사례들은 자명하지 않은 발명적 수고와 노력을 들인 경우이다. 용도발명의 예로 발기부전 치료제인 비아그라의 유효성분인 '구연산 실데나필 시트레이트'는 원래 협심증 치료제로 개발되었으나, 임상실험 과정에서 발기부전 치료 효과가 부작용으로 발견되어 '발기부전 치료'라는 용도발명으로 별개의 특허를 받았다.
[86] 예를 들어 "컴퓨터와 결합되어 ○단계, △단계를 실행시키는 기록매체에 저장된 컴퓨터프로그램"과 같은 청구범위로 특허받을 수 있다.

2-2. 특허의 등록요건

특허의 등록요건은 특허등록을 받을 수 있는 자여야 하는 주체적 요건, 출원의 형식 등을 갖추어야 한다는 절차적 요건 및 발명 자체가 특허법상의 등록요건을 갖추었는지에 관한 실체적 요건으로 나눌 수 있다.

2-2-1. 특허를 받을 수 있는 자(주체적 요건) 등

(1) 특허를 받을 수 있는 자

특허를 받을 수 있는 자는 해당 발명의 발명자 또는 승계인[87]이다(법 제33조). 발명자는 기술적 과제를 해결하기 위한 구체적 착상을 제시·부가·구체화하거나, 발명의 목적·효과 달성을 위한 구체적 수단이나 방법을 제공한 자이며, 단순한 과제나 아이디어의 제시자, 관리자, 보조자 및 후원자 등은 발명자가 될 수 없다. 외국인은 상호주의 원칙과 조약에 의거하여 그 자격이 결정된다(법 제25조).

발명자가 여러 사람인 공동발명의 경우에는 특허를 받을 수 있는 권리도 공유(共有)이므로, 공유자 전원이 출원인이 되어 특허출원을 하여야 한다(법 제44조). 여러 사람이 함께 발명을 한 후 일부 발명자를 빼놓고 특허출원을 하게 되면 해당 출원은 거절되거나 무효가 될 수 있다. 또한 특허를 받을 권리는 다른 공유자의 허락 없이는 타인에게 이전할 수 없다.

발명자 또는 승계인이 아닌 사람(무권리자)이 출원한 특허출원을 '모인(冒認)출원'이라 하며, 모인출원이라는 것이 입증되면 해당 출원은 거절되고 특허등록이 되었더라도 무효심판에 의해 무효된다. 이 때 거절결정이나 무효가 확정된 날로부터 30일 이내에 정당한 권리자가 동일한 발명을 출원하면, 무권리자가 출원한 날에 정당한 권리자가 출원한 것으로 본다(법 제34조·35조).

(2) 직무발명

직무발명이란 종업원[88]이 그 직무에 관하여 발명한 것이 사용자[89]의 업무

---

[87] 승계인이란 발명자로부터 특허를 받을 권리를 이전받은 사람을 말하며, 계약 또는 상속 기타의 일반승계에 의해 이전할 수 있고 특허출원의 전후를 불문하고 가능하다.
[88] 종업원이란 사용자와의 고용계약 등에 의해 타인의 사무에 종사하는 피용자를 말하며, 임시적으로 고용된 자, 고문이나 기능습득중인 양성공 및 수습공을 포괄하며, 상근·비상근·보수지급 유무 등을

범위에 속하고, 그 발명을 하게 된 행위가 종업원의 현재 또는 과거의 직무[90]에 속하는 발명을 말한다.[91] 직무발명제도는 연구개발을 통해 발명을 창출한 종업원과 그 발명을 하기까지 고용관계를 통해 자금과 연구시설을 지원한 사용자 간에 연구성과를 적절히 배분할 필요성에 의하여 만들어졌다.

직무발명에 대하여 종업원이 특허(실용신안등록·디자인등록 포함)을 받으면 사용자는 그 특허권에 대하여 법정 통상실시권을 갖게 된다. 그러나 계약이나 근무규정 등을 통해 종업원의 직무발명에 대하여 특허를 받을 권리를 사용자에게 예약승계하는 규정이 있는 경우에는 사용자가 승계인이 되어 사용자의 이름으로 출원할 수 있다(발명진흥법 제10조 제1항).[92]

종업원은 직무발명을 완성하면 그 사실을 사용자에게 문서로 통지하여야 하고, 사용자가 직무발명을 출원할 때까지 그 발명의 내용에 관해 비밀을 유지하여야 할 의무가 있다. 종업원으로부터 통지를 받은 사용자가 통지를 받은 날부터 4개월 이내에 승계하겠다는 의사를 문서로 발명자에게 알린 때에는 그때부터 그 발명에 대한 권리는 사용자에게 승계된 것으로 본다(발명진흥법 제13조제2항).

계약이나 근무규정에 따라 사용자가 직무발명을 승계한 경우 종업원은 '정당한 보상'을 받을 권리를 가진다. '정당한 보상'의 보상액은 직무발명에 의하여 사용자가 얻을 이익[93]과 그 발명의 완성에 사용자와 종업원이 공헌한 정도를 고려하여 결정되며, 이러한 기준에 따라 사용자와 종업원의 자율적 결정에 의해 보상액이 정해진 경우는 정당한 보상을 한 것으로 본다(발명진흥법 제15조).

불문하고 사용자와 고용관계에 있는 한 종업원이다. 조영선, 특허법(제5판), 박영사, 2015, 250면.
89) 사용자는 자연인(개인)뿐만 아니라 법인, 국가 및 지방자치단체도 포함하는 개념이다.
90) 기술직원이 담당 기술분야에서 행한 발명은 통상 직무에 포함될 것이나, 영업직·사무직 직원의 발통상 발명행위가 예정되거나 기대되지 않으므로 직무에 속하지 않을 것이다. 또한 연구·개발직에 종사하는 직원의 경우에도 그 자신이 맡은 연구·개발 분야와 전혀 다른 기술분야의 발명을 개인적인 흥미로 한 경우에는 직무에 속하지 않는다. 성창익, "직무해당성", 한국특허법학회(편), 직무발명제도 해설, 박영사, 2015, 146면.
91) 발명진흥법 제2조 제2호.
92) 직무발명 외의 종업원의 발명에 대하여 미리 사용자등에게 특허등을 받을 수 있는 권리나 특허권등을 승계시키거나 사용자를 위하여 전용실시권(專用實施權)을 설정하도록 하는 계약이나 근무규정의 조항은 무효이다. 발명진흥법 제10조제3항.
93) 사용자는 종업원으로부터 특허를 승계하지 않더라도 직무발명에 대하여 무상의 통상실시권을 가지므

구분		종업원	사용자
의무		발명완성신고, 비밀유지	통지받은후 4개월 내 승계여부 통지
권리	사용자의 승계통지	정당한 보상을 받을 권리	발명에 대한 권리
	사용자의 불승계통지	발명에 대한 권리	무상의 통상실시권
	사용자의 미통지	발명에 대한 권리	없음

[종업원ㆍ사용자의 권리와 의무]

2-2-2. 실체적 등록요건

(1) 산업상 이용가능성

특허법 제29조 제1항은 '산업상 이용할 수 있는 발명'이어야 특허를 받을 수 있다고 규정하고 있는데, 특허제도의 목적이 산업발전을 도모하기 위한 것이므로 산업적으로 이용될 수 없는 발명은 특허받을 수 없다. 예를 들어 개인적으로만 이용할 수 있는 발명, 현실적으로 명백히 실시할 수 없는 발명이 이에 해당한다.

특허법상 '산업'이 어떤 업(業)을 말하는 것인지에 대한 명문상의 규정은 없으나, 통상의 생산업 뿐 아니라 보험업, 금융업등 서비스업까지도 포함하는 최광의의 의미로 해석하고 있다.[94] 의료업에 해당하는 인간의 치료방법, 진단방법 및 수술방법 등은 전통적으로 산업상이용가능성(industrial applicability)이 없는 것으로 보며, 의약 및 바이오 분야에서는 자주 거절이유로 인용된다.[95]

산업상이용가능성은 실제로 즉시 이용될 필요는 없고 장래 이용가능성만 있으면 만족된다. 또한 기술적ㆍ경제적 불이익이나 일부 안전성이 결여되어 있는 발명이라도 산업상 이용가능성은 인정될 수 있다.[96] 통상의 특허출원이 산

로, '사용자가 얻을 이익'은 통상실시권을 넘어 직무발명을 배타적ㆍ독점적으로 실시할 수 있는 지위를 취득함으로써 얻을 이익을 의미한다.
94) 보험업, 금융업등 서비스업을 포함한 온라인 영업방법(BM)에도 특허가 부여되고 있다.
95) 치료ㆍ진단ㆍ수술 등에 이용되는 의료기기ㆍ의약품의 발명 등 물건의 발명은 산업상 이용가능성이 있으며, 사람으로부터 자연적으로 배출되거나 채취된 것(예: 소변ㆍ변ㆍ모발ㆍ혈액ㆍ피부ㆍ세포등)을 처리하는 방법과 특허청구범위에서 대상을 사람이 아닌 동물로 한정한 경우 등은 산업상이용가능성이 있다.
96) 기술적ㆍ경제적 불이익이나 일부 안전성의 결여는 후속의 개량발명에 의해 제거될 가능성이 있으며, 이렇게 부족한 부분이 있는 발명을 공개하고 특허를 부여하는 것에 의해 그에 대한 개량발명의 출현

업상 이용가능성이 없다고 하여 거절되는 경우는 드물다.

(2) 신규성

특허제도는 새로운 발명의 창출을 통해 산업발전을 도모한다는데 그 목적이 있으므로 출원전에 이미 공개된 발명과 동일한 발명에 대해서는 특허가 허여되지 않는다. 신규성 판단은 진보성과 함께 출원시간, 즉 시(時)를 기준으로 하는 점에서 날짜, 즉 일(日)을 기준으로 하는 선출원주의 및 확대된 선출원주의와 차이가 있다. 특허법 제29조 제1항은 아래의 발명을 신규성이 없는 발명으로 규정하고 있다.

1. 특허출원 전에 국내 또는 국외에서 공지(公知)되었거나 공연(公然)히 실시된 발명
2. 특허출원 전에 국내 또는 국외에서 반포된 간행물에 게재되었거나 전기통신회선을 통하여 공중(公衆)이 이용할 수 있게 된 발명

특허법 제29조 제1항에서 규정한 신규성이 없는 발명은 ① 공지(公知)되었거나 공연(公然)히 실시된 발명, ② 반포된 간행물에 게재된 발명, ③ 전기통신회선을 통하여 공중이 이용가능하게된 발명이다.

① 공지(公知)되었거나 공연(公然)히 실시된 발명

공지(公知)란 불특정인(비밀유지의무가 없는 자)에게 알려졌거나 알려질 수 있는 상태에 있는 것을 말한다. 예를 들어 판매되거나 TV에 방영되는 것이 공지(公知)[97]이다. 공연(公然) 실시란 불특정인에게 알려졌거나 알려질 수 있는 상태로 실시된 것을 말한다. 예를 들어 공장을 견학한 외부인에게 생산공정을 공개하는 것을 예로 들 수 있다.

② 반포된 간행물에 게재된 발명

간행물이란 공보·서적·잡지·신문·카탈로그·팸플릿·사용설명서·CD-ROM·마이크로필름과 같이 기계적 또는 전기적 인쇄물에 의하여 제작되어 반포된 문서, 도화 및 사진 등을 말한다. '반포'란 그 간행물이 국내 또는 국외에서 불특

을 도모하는 것이 특허제도의 취지에 맞다. 다만, 그 부족한 부분이 전혀 극복될 수 없는 것이어서 그 발명이 실질적으로 이용될 수 없는 것이 명백하다면 산업상 이용가능성이 없는 발명이라고 할 수 있다. 吉藤幸朔著·熊谷健一補訂·YOUME특허법률사무소譯, 앞의 책, 98면.

[97] '공지(公知)'라는 용어는 공연실시, 간행물에 의한 공개 및 정보통신회선에 의한 공개 등 모든 공개를 포함하는 개념으로도 쓰인다.

정 다수인이 열람할 수 있는 상태에 놓이는 것을 의미하며, 불특정인이 그 간행물을 현실적으로 보았다는 사실을 필요로 하는 것은 아니다.

카탈로그는 특별한 사정이 없는 한 제작했다면 반포되었다고 보며(91후1410), 학위논문은 도서관에 등록한 시점이 아니라 인쇄 등의 방법으로 복제된 다음 도서관에 입고(서가에 진열)되거나 주위의 불특정다수인에게 배포된 때에 반포된 것으로 본다(2000후1689). 한편 간행물의 반포시기는 발행년월일이 기재되어 있으면 그날로 보고, 발행년도 또는 발행년월만이 기재되어 있는 경우에는 해당 연도의 말일 또는 해당 연월의 말일로 추정한다.

③ 전기통신회선을 통해 공중이 이용가능하게 된 발명

전기통신회선이란 유선, 무선, 광선 및 기타의 전기·자기적 방식으로 쌍방향 송·수신이 가능한 전송로를 의미한다(예: 인터넷, 쌍방향 전송 케이블텔레비전 등). 공중이 이용가능하게 되었다는 것은 비밀을 준수할 의무가 없는 불특정인이 볼 수 있는 상태에 놓인 것을 말한다(예: 인터넷에 링크가 개설되고 검색엔진에 등록되어 공중이 제한없이 접속할 수 있는 경우).[98]

<발명의 동일성 판단방법>

신규성, 선출원 및 확대된선출원 등의 등록요건은 출원발명과 선행기술 또는 선출원 발명과의 동일성 여부로 가려지게 된다. 발명의 동일성 판단은 물리적으로 동일한 것을 의미하는 것이 아니라 기술적 사상에 실질적으로 동일성이 인정되는 것을 의미한다. 동일성 판단할 때의 유의사항은 아래와 같다.[99]

(i) 청구항에 기재된 발명과 하나의 선행기술을 대비하여야 하며, 복수의 선행기술을 조합하여 대비하지 말아야 한다. 다만, 선행기술이 그 기재내용중에 별개의 간행물을 인용하고 있다면 그 별개 간행물의 기재내용도 포함하여 대비할 수 있다.

(ii) 청구항에 기재된 발명과 선행기술이 상·하위개념으로 표현되어 있는 경우, 청구항에 기재된 발명이 상위개념이고 선행기술이 하위개념이면 청구항에 기재된 발명은 신규성이 없고, 청구항에 기재된 발명이 하위

---

[98] 인터넷 게시물은 게재 후에 그 게재일자와 내용이 변조될 가능성이 있다는 점에서 전통적인 간행물과 차이가 있다. 개인이나 사적기관(동호회 등)의 웹사이트, 상업적 웹사이트(기업홈페이지, 광고) 등과 관련하여 홈페이지의 신뢰도에 의문이 있는 경우 선행기술로 사용하기 전에 운영자와 연락하는 등의 방법으로 홈페이지가 제대로 운영되고 있는지와, 게재된 후 수정이 이루어진 사실이 있는지등 추가적인 조사를 할 필요가 있다.
[99] 특허청, 특허·실용신안 심사기준(2022), 3224~3226면.

개념이고 선행기술이 상위개념인 경우 청구항에 기재된 발명은 신규성이 있다.100)

(iii) 청구항에 기재된 발명과 선행기술의 구성을 대비하여 판단하되, 전면적으로 일치하는 경우는 물론 실질적으로 동일한 경우에도 신규성이 없는 발명이다. 실질적으로 동일한 경우란 과제해결을 위한 구체적 수단에서 주지관용기술의 단순한 부가, 삭제, 변경 등에 불과하여 새로운 효과의 발생이 없는 경우를 말한다(2001후1624).

(3) 진보성

진보성(inventive step)은 특허출원한 발명을 그 발명이 속하는 기술분야에서 통상의 지식을 가진 자(통상의 기술자)101)가 특허출원시를 기준으로 선행기술로부터 쉽게(용이하게) 발명할 수 있다면 특허를 받을 수 없다는 규정으로서(법 제29조 제2항), 특허심사에서 가장 많이 인용되는 거절이유라고 할 수 있다.

특허제도는 공개된 발명을 통한 기술적 자극으로 발전적인 신기술을 창출하여 산업발전을 도모하는데 목적이 있는 것이므로, 선행기술에 비해 신규하더라도 그 분야의 전문가가 쉽게 생각해 낼 수 있어서 기술적 자극이 없는 발명, 즉 진보성이 없는 발명에 독점권을 부여하는 것은 특허제도의 취지에 맞지 않는다. 신규성은 특허출원한 발명과 선행기술을 구성 위주로 대비하여 동일 여부를 판단하는데 비하여, 진보성은 양 발명의 목적, 구성 및 효과를 함께 대비하여 특허출원한 발명이 선행기술에 비해 진보한 발명인지를 판단한다.

진보성의 유무(有無)는 특히 선행기술과 대비한 구성 및 효과의 차이를 함께 고려하여 결정된다. 즉 구성의 차이가 크다면 효과(양적으로 큰 차이 또는 질적으로 다른 효과)의 차이가 크지 않더라도, 또 구성의 차이가 크지 않더라도 발명의 효과가 선행기술에 비하여 현저히 우수하다면 통상의 기술자로서는 선행기술로부터 당해 발명을 쉽게 생각해 낼 수 없다고 볼 수 있다.

---

100) 다만 출원당시의 기술상식으로 보아 상위개념으로 표현된 인용발명으로부터 하위개념으로 표현된 출원발명이 도출될 수 있는 경우에는 신규성이 없다.
101) 그 분야의 기술전문가 중에서 평균적 수준에 있는 자, 즉 통상의 전문가라는 가상의 인물이다. 吉藤幸朔著·熊谷健一補訂·YOUME특허법률사무소譯, 앞의 책, 135면.
출원 전의 해당 기술분야의 기술상식을 보유하고 있고, 출원발명의 과제와 관련되는 출원 전의 기술수준에 있는 모든 것을 입수하여 자신의 지식으로 할 수 있는 자로서, 실험, 분석, 제조 등을 포함하는 연구 또는 개발을 위하여 통상의 수단을 이용할 수 있으며, 공지의 재료 중에서 적합한 재료를 선택하거나 수치범위를 최적화하거나 균등물로 치환하는 등 통상의 창작능력을 발휘할 수 있는 특허법상의 가상의 인물이다. 특허청, 특허·실용신안 심사기준(2022), 3302면.

☞ 대법원 2021. 4. 8. 선고 2019후10609 판결(등록무효)

특허발명의 진보성을 판단할 때에는 그 발명이 갖는 특유한 효과도 함께 고려하여야 한다. … 발명의 효과가 선행발명에 비하여 현저하다면 구성의 곤란성을 추론하는 유력한 자료가 될 것이고, 구성의 곤란성 여부의 판단이 불분명한 경우라고 하더라도, 특허발명이 선행발명에 비하여 이질적이거나 양적으로 현저한 효과를 가지고 있다면 진보성이 부정되지 않는다.

진보성을 판단할 때의 유의사항은 아래와 같다.

(i) 특허출원의 각 청구항에 기재된 발명과 선행기술을 목적, 구성 및 효과를 대비하여 판단하되, 하나의 선행기술로도 진보성을 부정할 수 있고, 둘 이상의 선행기술을 조합하여 진보성을 부정할 수 있다. 통상 진보성이 없다면 당연히 신규성은 없는 것으로 볼 수 있다.

(ii) 예측하지 못한 새로운 효과를 가져오지 못하는 공지구성의 결합,[102] 공지기술의 채용·변경, 수치범위의 최적화, 일부 구성요소의 생략, 용도변경, 단순한 설계변경 등은 진보성을 인정받기 어렵다.

(iii) 특허청구범위가 여러 청구항으로 이루어진 경우, 독립항이 진보성이 있으면 그 독립항을 인용한 종속항은 당연히 진보성이 있고, 독립항이 진보성이 없으면 그 독립항을 인용한 종속항의 진보성은 별도로 판단한다.[103]

(iv) 출원발명이 오랜 미해결의 과제를 해결한 것이라던가, 이미 제품화되어 상업적으로 성공을 거두었다는 등의 사실은, 진보성을 인정하는 주요 근거는 될 수 없고 참고사항이라고 할 수 있다.

---

[102] 출원발명이 공지공용의 선행기술을 수집·조합하여 이루어진 결합발명인 경우, 이를 조합하는데 각별한 어려움이 있다거나 작용효과가 선행기술로부터 예측되는 효과 이상의 새로운 상승효과가 있다고 인정되는 경우가 아니면 그 발명의 진보성은 인정될 수 없다. 대법원 1991.10.11. 선고 90후1284 판결, 2001.7.13. 선고 99후1522 판결 등.

[103] 그 이유는 종속항은 독립항의 구성요소를 모두 포함하면서 그 구성요소의 일부를 한정하거나, 새로운 구성요소를 부가하여 구체화한 청구항이기 때문이다(즉 독립항의 권리범위가 종속항보다 더 넓다). 이러한 관계는 신규성 판단에도 적용된다.

<발명의 진보성 판단 사례>

■ 공중프로펠러와 선외기를 동시 설치한 선박에 관한 발명104)

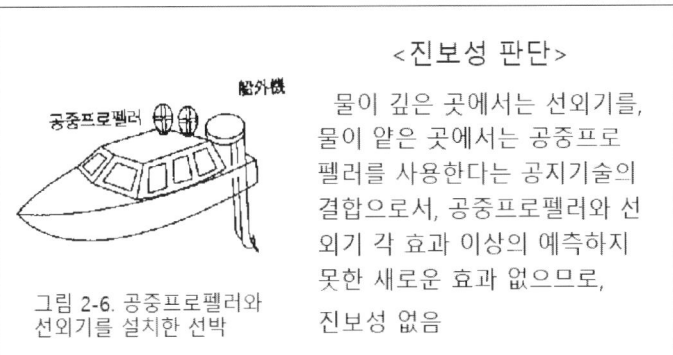

<진보성 판단>

물이 깊은 곳에서는 선외기를, 물이 얕은 곳에서는 공중프로펠러를 사용한다는 공지기술의 결합으로서, 공중프로펠러와 선외기 각 효과 이상의 예측하지 못한 새로운 효과 없으므로, 진보성 없음

그림 2-6. 공중프로펠러와 선외기를 설치한 선박

■ 절삭용 커터를 일체로 부착한 석재 가공용 톱에 관한 발명105)

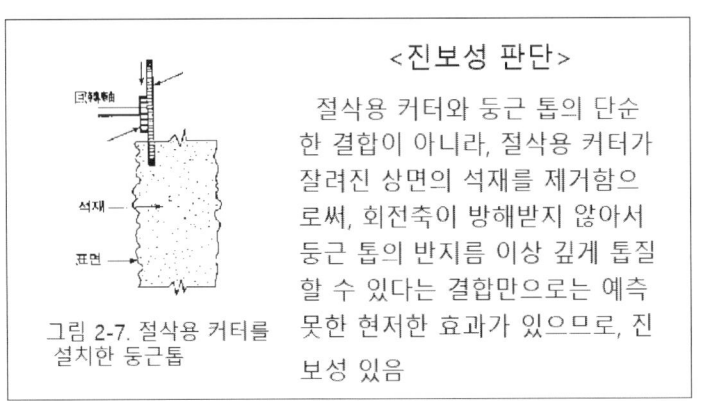

<진보성 판단>

절삭용 커터와 둥근 톱의 단순한 결합이 아니라, 절삭용 커터가 잘려진 상면의 석재를 제거함으로써, 회전축이 방해받지 않아서 둥근 톱의 반지름 이상 깊게 톱질할 수 있다는 결합만으로는 예측 못한 현저한 효과가 있으므로, 진보성 있음

그림 2-7. 절삭용 커터를 설치한 둥근톱

---

104) 출처 : 吉藤幸朔著·熊谷健一補訂·YOUME특허법률사무소譯, 앞의 책, 156면.
105) 출처 : 상동.

■ 특허법원 2005. 7. 14. 선고 2004허7388 판결

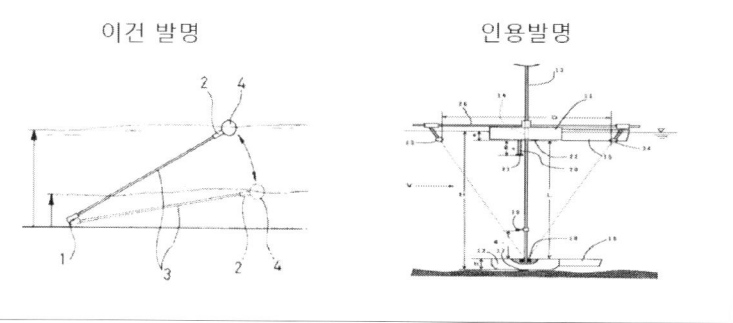

이건 발명은 수면 위와 바닥에 위치한 초음파센서(1)(2)를 연결하는 센서연결봉(3)이 바닥면과 이루는 기하학적 구도로 수심을 간단히 측정할 수 있어서, 인용발명에 비하여 간단한 구조로 동일한 작용효과를 얻을 수 있는 현저한 효과가 있으므로, 진보성이 있다.

■ 특허법원 2004. 11. 19. 선고 2004허3232 판결

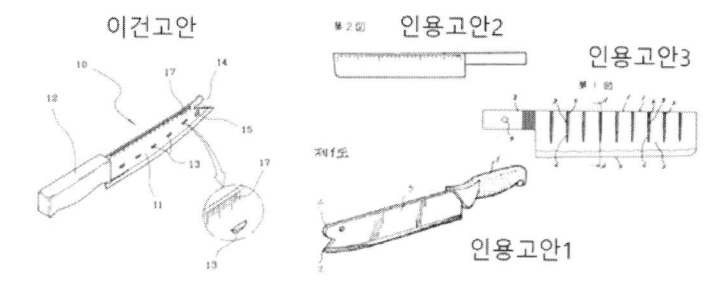

<진보성 판단>

이건 고안과 인용고안 1 내지 3은 모두 주방용 칼에 관한 것으로서, 이건 고안은 인용고안1의 주방용 칼에 인용고안2의 눈금, 인용고안3의 돌기를 단순히 모아 놓은 것이고, 고안의 효과도 인용고안들의 각 구성이 가지는 효과 정도에 불과할 뿐 새로운 상승효과는 없는 것인 바, 통상의 기술자가 인용고안들로부터 극히 용이하게 고안할 수 있는 것이므로 진보성이 없다.

■ 대법원 1996. 10. 11. 선고 96후559 판결(등록무효)

> **< 진보성 판단 >**
>
> 이건 특허발명은 생약제중 우황, 사향 및 용뇌는 미세분말화하고, 이들을 제외한 나머지 생약제들은 물 또는 알코올로 침출하거나 미세분말화하는 전처리공정 및 이들 전처리한 생약재를 혼합하고 물을 가하여 균질화시키는 후처리공정 등을 통해 액상 우황청심원의 제조방법에 관한 것으로서,
>
> 이건 특허발명은 종래의 우황청심환제를 액제로 조제함으로써 구급환자나 유아, 소아가 간편하게 복용할 수 있고, 또한 약효가 신속하게 나타나도록 하려고 함에 그 목적이 있고, 위 기술적 구성요소들 각각은 그 출원 전에 공지된 것이기는 하나 위 각 구성요소들을 결합하여 우황청심 액제를 제조하는 구성 자체는 공지된 것이라고 볼 자료가 없으며, 복용의 간편함과 효과의 신속성 등의 작용효과는 우황청심환제 자체가 가지는 작용효과와는 다른 것이라 할 것이고, 더욱이 액제로 된 이건 발명이 환제에 대하여 상업적으로 성공을 거두고 있는 것으로 인정된다.
>
> 그렇다면 이건 발명은 공지된 선행기술로부터 예측되는 효과 이상의 현저하게 향상·진보된 새로운 작용효과가 있는 것으로 인정되어 그 발명이 속하는 기술분야에서 통상의 지식을 가진 자가 용이하게 발명할 수 없는 것으로서 진보성이 인정된다.

(4) 선출원주의

동일한 발명에 대하여 다른 날에 둘 이상의 특허출원이 있는 경우에는 가장 먼저 특허출원한 자만이 그 발명에 대하여 특허를 받을 수 있다(법 제36조 제1항)는 것이 선출원주의이다. 특허출원과 먼저 출원된 실용신안등록출원이 동일한 경우에도 마찬가지로 선출원주의 위배이다(법 제36조 제3항).

동일한 발명에 대하여 독점권을 부여하는 특허권이 둘 이상 부여되면 권리의 충돌이 발생할 뿐아니라 일반 공중(公衆)에게도 혼란을 초래할 수 있으므로, 동일한 발명에 대해서는 가장 먼저 출원한 자에게만 특허권을 부여하여 중복특허를 배제하려는 것이 선출원주의의 취지이다. 후출원의 출원 시에 선출원이 공개되었다면 신규성이 없다는 이유로 거절되므로, 선출원주의에 의한 거절은 후출원의 출원 시에 선출원이 출원은 되었으나 공개되지 않은 상태인 경우에 적용된다.

심사관은 선출원과 후출원의 청구범위를 청구항 별로 대비하여 양 출원의 청구항중 어느 하나의 청구항이라도 기재된 발명이 동일한 청구항이 있다면 선출원주의 위배로 거절한다. 선·후출원 여부는 출원일(日)을 기준으로 판단하고, 파리조약에 따른 우선권을 수반하는 출원은 최초 출원국에 출원한 날(우

선일)을 기준으로 판단한다.106) 이 때 선(先)출원이 무효·취하·포기되거나 거절결정이 확정된 경우에는 해당 선출원이 처음부터 없었던 것으로 보게 되므로(법 제36조 제4항) 선·후출원 여부를 다툴 이유가 없게 된다.

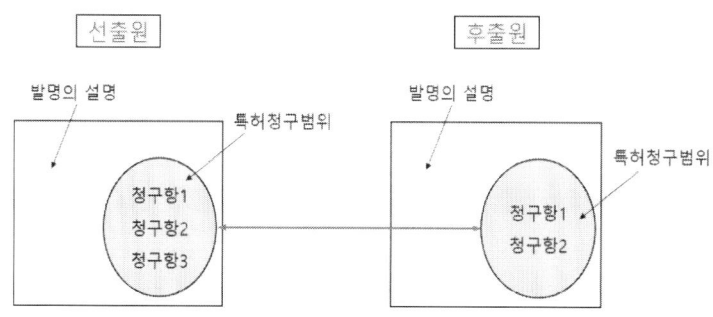

[선출원주의 예시도]

(5) 확대된 선출원주의

특허출원한 발명이 그 출원일 전에 출원되고 그 후 출원공개 또는 등록공고된 선출원의 출원서에 최초로 첨부된 명세서 또는 도면에 기재된 발명과 동일한 경우에는 특허받을 수 없다(법 제29조 제3항)는 것이 확대된 선출원주의이다. 확대된 선출원주의의 취지는 이미 타인이 개발하여 선출원의 명세서에 기재되어 있는 발명 이외에 새로운 발명을 개시하지 않은 사람에게 독점권을 부여하는 것은 새로운 발명의 공개를 대가로 독점배타권을 부여한다는 특허제도의 목적에 맞지 않는다는 것이다.

아래의 예시도에서 후출원의 청구항1 또는 청구항2의 발명과 동일한 발명이 공개된 선출원의 출원서에 최초로 첨부된 명세서의 발명의 설명에 기재되어 있다면 확대된 선출원주의의 위배로 특허받을 수 없다.

선·후출원 여부는 출원일(日)을 기준으로 판단하고, 파리 조약에 따른 우선권을 수반하는 출원은 최초 출원국에 출원한 날(우선일)을 기준으로 판단한다.107) 선출원주의와 달리 선(先)출원이 무효·취하·포기되거나 거절결정이

---

106) 2 이상의 동일한 특허출원이 같은 날에 출원된 경우, 심사관은 특허청장의 명의로 기간을 정하여 협의결과를 신고하도록 출원인에게 통지를 하고, 출원인간 협의가 성립되지 않거나 불가능한 경우에는 모든 출원에 대하여 거절이유를 통지한 다음에 거절결정을 한다. 이 때 동일인에 의한 둘 이상의 특허 출원인 경우도 마찬가지로 취급한다.
107) 파리조약에 의한 우선권을 수반하는 출원의 경우 최초 출원국의 출원에 새로운 발명을 추가하여 우리나라에 출원할 수 있으므로, 실제 확대된 선출원주의가 적용되는 발명은 최초 출원국의 명세서 또는 도면과 국내출원의 최초 명세서 또는 도면에 공통으로 기재된 발명이다.

확정되었는지 여부에 관계없이 해당 선출원이 출원공개 또는 등록공고 되었다면 적용할 수 있다. 한편 후출원을 심사할 때 아직 선출원이 공개되기 전이라면 심사보류통지를 하고 후출원이 공개되면 그 때 확대된 선출원주의 위반으로 거절한다. 확대된 선출원주의는 선출원주의와 달리 선·후출원의 발명자 또는 출원인이 동일한 경우108)에는 적용하지 않는다.

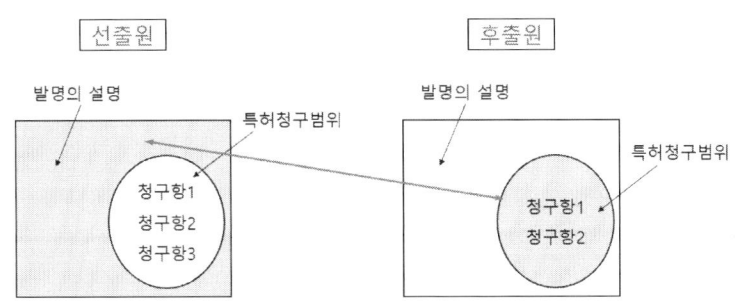

[확대된 선출원주의 예시도]

(6) 하나의 특허출원의 범위

특허출원은 원칙적으로 하나의 발명마다 하나의 특허출원을 하여야 하지만, 하나의 총괄적 발명의 개념을 형성하는 1군(群)의 발명에 대하여 하나의 특허출원으로 할 수 있다(법 제45조). 하나의 특허출원의 범위는 단일성(unity of invention)이라고도 하며, 이는 기술분류의 용이성, 심사의 간편성, 특허권의 파악 및 권리이전의 명확화 등을 도모하기 위함이다.

1군의 발명에 해당하려면, (i) 청구된 발명간 기술적 상호관련성이 있을 것, (ii) 청구된 발명이 동일하거나 상응하는 기술적 특징을 가질 것, (iii) 상기 기술적 특징은 발명 전체로 보아 선행기술에 비해 개선된 것일 것을 만족하여야 한다. 하나의 특허출원의 범위는 실체적 등록요건은 아니므로, 거절이유에는 해당되지만 등록된 이후에는 무효사유(법 제133조)에는 해당하지 않는다.

(7) 특허를 받을 수 없는 발명

공공의 질서 또는 선량한 풍속(公序良俗)에 어긋나거나, 공중의 위생을 해칠 우려가 있는 발명은 특허를 받을 수 없다(법 제32조). 예를 들어 위조지폐 제조기, 아편 흡입도구, 절도용 기구, 인체에 유해한 완구, 금지물질이 포함된

---

108) 발명자 또는 출원인이 여러 명인 경우 원칙적으로 모두 동일해야 한다. 특허청, 특허·실용신안 심사기준(2022), 3406면.

약품 등은 특허를 받을 수 없다.

공중의 위생을 해칠 우려가 있는 발명이라도, 그 해(害)를 제거하는 수단이 존재한다면 공중의 위생을 해칠 우려가 있는 것으로 보지 않으며, 그 해(害)를 제거하는 수단이 없더라도, 그 효과의 유익성과 위해성을 비교 형량하여 그 실시로 인한 부작용이 유익성에 비하여 허용될 수 있는 수준이라면 공중의 위생을 해칠 우려가 있는 것으로 보지 않는다.[109]

2-2-3. 특허출원 및 명세서 등

(1) 특허출원

① 특허출원서 등 제출서류

특허출원을 위해서는 출원서에 명세서, 도면(도면이 필요없는 발명의 경우 생략 가능) 및 요약서를 첨부하여 제출하고, 소정의 수수료를 납부하여야 한다. 기타 필요에 따라 대리권을 증명하는 위임장, 우선권주장 관련서류, 공지예외를 입증하는 서류 등이 첨부될 수 있다. 특허출원서류가 제출되면 특허청은 방식심사를 거쳐 보완이 필요한 사항이 있을 때는 보정통지를 하고, 보정에 의해 보완할 수 없을 정도의 중대한 하자가 있는 경우에는 해당 출원서류를 반려한다.

특허출원서에는 ㉠ 특허출원인의 성명 및 주소(특허고객번호가 있는 경우는 성명 및 특허고객번호), ㉡ 특허출원인의 대리인이 있는 경우에는 그 대리인의 성명 및 주소나 영업소의 소재지, ㉢ 발명의 명칭, ㉣ 발명자의 성명 및 주소, ㉤ 특허고객번호 등의 서지사항이 기재되며, 출원인의 필요에 따라 우선권주장·심사청구·공지예외주장·조기공개신청·미생물기탁[110]·서열목록·임시명세서 등의 여부가 기재된다(법 제42조 제1항).

② 청구범위 유예제도 및 외국어 출원제도

특허출원을 할 때에 명세서의 내용중 발명의 설명만 기재하고 청구범위는

---

[109] 특허법은 제품의 안전성·품질 등을 확보하기 위한 법률이 아니라 발명을 장려하기 위한 법률이므로, 공중의 위생을 해칠 우려가 있는 발명에 대하여 너무 엄격할 필요는 없으며, 특히 장래에 기술발전 등을 통해 그 해(害)가 제거될 가능성이 있다면 적용대상이 아닌 것으로 해석해야 할 것이다.

[110] 미생물을 이용한 발명을 출원할 때 기탁기관에 미생물을 기탁하고 부여받은 기탁번호를 기재하는 것을 말한다. 만약 미생물을 용이하게 입수할 수 있는 경우에는 이를 기탁하지 아니하고 그 입수방법을 적어야 한다.

제출하지 아니할 수 있으며, 이 경우 출원일부터 1년 2개월이 되는 날까지 청구범위를 적은 명세서를 보정서를 통해 제출하여야 한다(법 제42조의2). 한편 특허출원을 할 때에 명세서 및 도면(도면중 설명부분)을 국어가 아닌 영어로 작성하여 제출할 수 있으며, 이 경우 출원일부터 1년 2개월이 되는 날까지 해당 명세서 및 도면의 국어번역문을 제출하여야 한다(법 제42조의3).

출원인이 청구범위를 적지 않은 명세서를 제출하거나 명세서를 영어로 작성하여 출원한 후 출원일부터 1년 2개월 이내에 이를 보정하는 명세서·국어번역문을 제출하지 아니한 경우, 1년 2개월 기간이 끝나는 다음 날에 해당 특허출원은 취하된 것으로 본다.

③ 온라인 전자출원 및 수수료 납부

서면으로 작성된 특허출원서류로 출원하는 것이 가능하기는 하지만, 2022년 기준 특허출원의 대략 99.4%는 온라인을 통한 전자출원으로 이루어지고 있다. 출원인은 전자문서이용신고를 한 후 특허출원서류를 온라인을 통해 전자문서로 제출할 수 있고, 특허청에서도 관련 서류를 온라인을 통해 전자문서로 출원인에게 통지할 수 있다.[111]

특허출원할 때에는 출원료, 심사청구료(출원과 동시에 심사청구하는 경우)를 납부하여야 하고, 등록결정서를 받고 특허권을 설정등록할 때 최초 3년분 등록료를 납부해야 한다. 대학생에 해당하는 만 19세 이상 만 30세 미만의 개인과 만 65세 이상의 개인은 출원료·심사청구료·3년분등록료의 85%를 감면받으며, 일반 개인 및 중소기업은 70%를 감면받는다[112]

④ 특허출원의 자진 보정

출원인은 특허출원후 심사관이 특허결정의 등본을 송달하기 전까지 또는 최초 거절이유통지서를 송달받기 전까지 특허출원서에 첨부한 명세서 또는 도면을 보정할 수 있다. 거절이유통지서를 송달받은 이후에는 의견서 제출기간에 역시 명세서 또는 도면을 보정할 수 있다. 명세서 또는 도면에 대한 보정은 원칙적으로 특허출원서에 최초로 첨부한 명세서 또는 도면에 기재된 사항의 범위내에서 하여야 하며, 신규사항(new matter)를 포함하는 보정은 허용되지 아니한다.

---

[111] 특허법 제28조의3 내지 제28조의5.
[112] 기초생활보장법 수급자, 국가유공자 및 가족, 장애인, 만 19세 미만인자 등은 출원료, 심사청구료 및 최초 3년분 등록료 전액(100%)이 면제된다.

(2) 명세서

명세서는 발명의 설명과 청구범위로 구성된다(법 제42조 제2항). 발명의 설명은 특허출원한 발명의 내용을 구체적으로 기재하는 부분이고, 청구범위는 발명의 설명에 기재한 내용중 구성을 위주로 보호를 받고자 하는 사항을 기재한 부분이다. 명세서는 일반 공중에게 발명을 공개하는 기술문헌의 역할과 아울러 청구범위를 통해 권리범위를 정하는 권리서의 역할을 담당한다.

① 발명의 설명

발명의 설명은 특허출원한 발명의 내용을 구체적으로 기재하는 부분으로서, 청구범위의 해석에 도움을 주는 해설서의 역할을 담당한다. 발명의 설명은 그 발명이 속하는 기술분야에서 통상의 지식을 가진 자(통상의 기술자)가 그 발명을 쉽게 실시할 수 있도록 명확하고 상세하게 적고, 그 발명의 배경이 되는 기술을 기재하여야 한다(법 제42조 제3항).

(i) 그 발명이 속하는 기술분야에서 통상의 지식을 가진 자

그 발명이 속하는 기술분야에서 보통 정도의 기술적 이해력을 가진 자, 즉 평균적 기술자를 의미한다(95후95).

(ii) 쉽게 실시

쉽게 실시란 평균적 기술자가 해당 분야의 기술상식과 명세서 및 도면의 기재에 의하여 특수한 지식을 부가하지 않고 과도한 시행착오나 반복실험이 없이 그 발명을 정확하게 이해하고 재현하는 것을 말한다(2004후3362).

(iii) 배경기술의 기재

배경기술은 발명을 이해하는데 도움이 되고 선행기술조사 및 심사에 유용한 종래의 기술을 말한다. 배경기술의 기재는 일반적인 발명의 설명 기재 요건에 비하여 엄격하지 않다. 심사기준상 위반되는 유형은 ㉠ 배경기술을 전혀 적지 않은 경우, ㉡ 출원발명에 관한 배경기술이 아닌 경우, ㉢ 기재가 불충분하여 배경기술을 적은 것으로 볼 수 없는 경우 등이다.

(iv) 발명의 설명 기재순서

발명의 설명은 ㉠ 발명의 명칭, ㉡ 기술분야, ㉢ 발명의 배경이 되는 기술, ㉣ 발명의 내용(해결하고자 하는 과제, 과제의 해결수단 및 발명의 효과 순으로 기재), ㉤ 도면의 간단한 설명(도면이 있는 경우), ㉥ 발명을 실시하기 위한 구체적인 내용, ㉦ 부호의 설명의 순으로 기재한다.

② 청구범위

(i) 기재요건 일반

청구범위에는 청구항이 하나 이상 있어야 하며, ㉠ 발명의 설명에 의해 뒷받침되고, ㉡ 명확하고 간결하게 기재되어야 하며, ㉢ 보호받으려는 사항을 명확하게 할 수 있도록 발명을 특정하는데 필요하다고 인정되는 구조·방법·기능·물질 또는 이들의 결합관계를 적어야 한다. 또한 청구범위의 각 청구항은 아무리 길더라도 하나의 문장으로 작성되어야 한다.

■ 발명의 설명에 의해 뒷받침될 것

청구범위에 기재된 발명과 대응되는 사항이 발명의 설명에 기재되어 있는지에 의해 판단하며, 출원시 기술수준에 비추어 발명의 설명에 개시된 내용을 청구범위에 확장 또는 일반화할 수 있다면 발명의 설명에 의해 뒷받침된다고 볼 수 있다(2014후2061).

■ 명확하고 간결한 기재

청구범위는 타인이 실시하면 침해가 성립되는 울타리나 경계선과 같은 기능을 하는 것이어서 그 경계가 명확하도록 기재되어야 하며, 기재요건 판단은 발명의 설명보다 훨씬 엄격하게 본다. 임의부가적 사항 또는 선택적 사항이 기재된 경우, 비교의 기준이나 정도가 불명확한 표현이 사용된 경우, 부정적 표현이 사용된 경우, 상한이나 하한의 기재가 없거나 0을 포함하는 수치한정 등은 원칙적으로 발명의 구성이 불명확한 것으로 본다.[113]

■ 구조·방법·기능·물질 또는 이들의 결합관계가 기재될 것

발명의 형태에 따라 발명의 핵심이 되는 구조·방법·기능·물질 등이 기재되어야 한다. 또 구성요소들이 단순 나열되어 있어서는 안되고, 이들 구성요소들 간의 결합관계가 충분히 기재되어 있어야 한다.

- 잘못된 예: 분리장치, 섀시, 조향부재, 롤링어셈블리, 제어기구로 이루어진 …. 청소기기
- 적합한 예: 흡입된 유체로부터 먼지를 분리하기 위한 분리장치; 상기 분리

---

[113] 소망에 따라, 필요에 따라, 주로, 주성분으로, 적당량의, …이 아닌, 이상, 이하, 바람직하게는 등이 해당한다. 다만, 이러한 표현을 사용하더라도 그 의미가 발명의 설명에 의해 명확히 뒷받침되며 발명의 특정(特定)에 문제가 없다고 인정되는 경우에는 불명확한 것으로 취급하지 않는다. 특허청, 특허·실용신안 심사기준(2022), 2408~2411면.

장치를 지지하기 위한 섀시; 상기 섀시에 연결된 복수의 조향부재; 상기 섀시에 연결된 플로어 맞물림 롤링어셈블리; 및 상기 조향부재들을 조향하기 위한 제어기구;를 포함하는 .... 청소기기

(ii) 독립항과 종속항

청구범위에는 보호받고자 하는 사항을 기재한 청구항을 1 또는 2 이상 기재할 수 있으며, 대부분의 출원발명은 청구범위에 2 이상의 청구항을 기재하고 있다. 청구범위의 청구항은 독립항(independent claim)과 종속항(dependent claim)으로 구분되며, 독립항은 다른 청구항을 인용하지 않은 독립형식의 청구항이고, 종속항은 독립항 또는 다른 종속항을 인용하는 형식으로 기재된 청구항을 말한다.

독립항은 넓은 권리범위를 갖도록 구성요소를 적게 하여 기재하고, 종속항은 독립항 또는 다른 종속항의 구성을 ㉠ 더욱 한정하거나 ㉡ 구성을 부가하여 구체화하는 형태로 기재한다. 아래의 예에서 청구항1은 독립항이고, 청구항2와 청구항4는 한정하는 종속항이며, 청구항3은 부가하는 종속항이다.

청구항1) A, B, C를 포함하는 …장치
청구항2) 제1항에 있어서, C가 C'인 …장치
청구항3) 제1항 또는 제2항에 있어서, D를 더 갖는 …장치
청구항4) 제1항 내지 제3항 중 어느 하나의 항에 있어서, B가 B'인 …장치

(3) 도면 및 요약서

도면은 발명의 내용을 이해하기 쉽도록 명세서를 보조하는 역할을 한다. 도면은 정면도, 평면도, 사시도, 단면도 등을 2D, 3D 외에 실물 사진으로도 제출할 수 있다. 도면은 반드시 제출해야 되는 것은 아니며, 구체적인 형상을 갖고 있지 않은 발명의 경우에는 발명의 성격에 따라 생략할 수 있다.

요약서는 발명의 내용을 일견하여 파악할 수 있도록 기술분야, 과제의 해결수단 및 효과 등을 400자 이내로 간략히 적은 부분이다. 요약서는 주로 특허정보검색을 위한 기술정보로 사용되며, 명세서의 내용을 보완하거나 그 해석을 돕는 용도로 사용할 수 없다(법 제43조).

2-3. 특허출원·심사·심판·해외출원 제도

2-3-1. 특허출원제도

(1) 공지예외 제도

특허를 받을 수 있는 권리를 가진 자(출원인 또는 승계인)의 발명이 특허출원 전에 이미 공지(공개)된 사정이 있더라도 특허법 제30조 소정의 요건을 갖춘 경우, 그 공지에 의해서는 신규성·진보성 판단 시 공지가 되지 않은 것으로 간주하는 것이 공지예외 제도이다.[114] 공지예외를 적용받기 위해서는 해당 발명이 공지된 날부터 12개월 이내에 출원하면서 아래 각 호 중 하나의 시기에 그 취지를 적은 서면과 증명서류를 제출하여야 한다(제30조).

(i) 특허출원서를 제출할 때(출원서에 취지를 기재하고 증명서류는 출원 후 30일 이내에 제출)

(ii) 법 제47조 제1항에 따라 보정할 수 있는 기간

(iii) 특허결정의 등본을 송달받은 날부터 3개월 이내

출원인이 12개월의 기간 내에 여러 번의 공지행위를 하였다면 원칙적으로 모든 공지행위에 대하여 공지예외 주장을 하고 각각 증명서류를 제출하여야 한다(예: 학술대회 발표와 박람회 출품). 다만 여러 번의 공지행위가 서로 밀접불가분의 관계에 있다면 가장 앞선 공지행위에 대해서만 공지예외주장을 하고 증명서류를 제출하면 2번째 이후의 공지행위에 대하여 공지예외주장이나 증명서류 제출을 생략할 수 있다.[115]

한편 해외에 출원을 하는 경우에 있어서는 몇 가지 점에서 공지예외 제도의 활용이 상당히 제한된다는 점에 유의하여야 한다.

---

[114] 공지예외 제도의 취지는 발명자가 특허출원하기 전에 자신의 발명을 논문·학회발표, 대회참가, 시제품 제작 등으로 공개하는 경우가 많고, 이러한 공개에까지 신규성을 엄격히 적용하면 출원인에게 가혹하고 신속한 기술의 확산을 제한하여 산업발전에 오히려 장애가 될 수 있음을 고려한 것이다. 다만 공지예외 제도는 일정기간 동안의 발명자의 공개 등에 의해서는 공지가 되지 않도록 예외규정을 둔 것일 뿐 해당 공지일로 출원일이 소급되는 것은 아니다.

[115] 밀접불가분의 관계에 있다는 것은 예컨대 2일 이상 소요되는 시험, 시험과 시험당일 배포된 설명서, 간행물의 초판과 중판, 원고집과 그 원고의 학회(구두)발표, 학회발표와 그 강연집, 학회의 순회강연, 박람회 출품과 그 출품물에 대한 카탈로그 등이다. 또한, 학술적인 발표 행위(학술지 게재, 학술단체 발표, 연구보고서 공표, 학위논문 공개 등)는 통상 연속적인 발표행위가 예정되어 있는 것이므로, 최초의 학술적인 발표행위에 대하여 적법한 공지예외 주장 절차를 밟았으면 이후의 학술적인 발표행위는 밀접불가분의 관계에 있는 것으로 보아 공지예외의 효력이 미치는 것으로 인정되고 있다. 특허청, 특허·실용신안 심사기준(2022), 3233~3234면.

(i) 공지예외주장 기간이 유럽· 중국 등은 6개월인데 대하여 미국·일본·우리나라는 12개월이고, 공지 예외를 판단하는 기준시점이 우리나라·일본·유럽은 국내출원일인데 대하여, 미국·중국은 우선일(파리조약에 의한 우선권주장의 기초가 되는 출원의 출원일)이다.[116]

(ii) 출원후에도 공지예외를 주장할 수 있는 우리나라 및 미국과 달리 일본·유럽 및 중국은 출원시 공지예외의 주장(취지)의 기재가 필요하고 출원후 일정기간 내에 증명서류를 제출해야 한다.

(iii) 공지예외가 인정되는 공지예외 사유가 일본, 미국과 우리나라는 기본적으로 모든 종류의 공지를 공지예외 사유로 인정하고 있으나, 유럽은 공식적인 또는 공인된 국제박람회 출품이거나 출원인의 의사에 반한 공지의 경우, 중국은 국가 비상상황 등 예외적인 상황에서 공공의 이익을 위해 최초로 공개한 경우, 중국정부가 인정하는 국제박람회 출품이나 학술회의 등의 최초 발표, 출원인의 의사에 반한 공지의 경우 등으로 공지예외 사유가 제한되어 있어서 유럽과 중국에서는 공지예외를 인정받기가 매우 어렵다.

(2) 조약에 따른 우선권주장

산업재산권 보호에 관한 파리조약에 의한 우선권주장을 말하며, 최초출원 국가의 정식출원에 기초하여 우선권을 주장하면서 우리나라에 1년 이내에 출원하면 신규성, 진보성, 선출원 및 확대된 선출원을 판단하는 시점이 최초 출원국가의 출원일(우선일)로 소급된다(법 제54조). 파리조약에 의한 우선권주장은, 소위 부분우선과 복합우선이 허용된다. 부분우선이란 우선권주장의 기초가 되는 최초의 출원(제1국 출원)에 포함되지 않은 발명을 추가하여 우선권주장을 하며 출원을 하는 것이고, 복합우선이란 여러 건의 해외출원을 묶어서 우리나라에 한 건의 출원을 하며 복수의 우선권주장을 하는 것을 말한다.[117]

파리조약에 의한 우선권을 주장하고자 하는 자는 특허출원서에 그 취지, 출원한 국명 및 출원연월일을 기재하고, 최선출원일부터 1년 4개월 이내에 최

---

[116] 미국의 경우 특허법 제102조(b)의 규정에 따라 유효출원일(effective filing date) 전 1년 이내에 이루어진 공지에 대하여 공지예외를 인정받을 수 있는데, 특허법 제100조(definition)에 따르면 유효출원일(effective filing date)은 조약에 의한 우선권주장이 있는 경우 우선일이다. 따라서 조약우선권을 주장하면서 미국에 출원하는 경우 우선일을 기준으로 공지예외기간이 계산되므로 공지예외 인정기간이 최대 2년까지 연장되는 효과가 나타난다. 한편 중국의 경우도 특허법실시세칙 제11조의 규정에 따라 공지예외적용기간(6월) 관련하여 우선일이 출원일이 된다.
[117] 부분우선의 경우 최초 출원국의 출원에 포함되어 있던 발명에 대해서만 출원일 소급의 효과가 인정되며, 복합우선의 경우는 각 해외출원에 포함되어 있던 발명에 대하여 각각의 출원일로 출원일 소급의 효과가 인정된다.

초 출원국가의 정부가 인정하는 서면 등을 제출하여야 한다.

(3) 국내우선권제도

국내우선권(internal priority right) 제도는 선출원인 기본발명에, 이를 보완·추가한 개량발명을 함께 묶어 후출원으로 출원하도록 허용하여 출원인의 편의를 도모하고자 하는 제도로서, 조약우선권 제도의 국내판이라고 할 수 있다.118) 국내우선권 제도를 이용하려면 특허출원서에 국내우선권을 주장한다는 취지와 선출원의 표시(출원번호, 출원일자 등)를 하고 선출원의 출원일부터 1년 이내에 출원하면 된다. 이 때 선·후출원의 출원인은 동일해야 한다.

국내우선권은 기본적으로 그 성격이 부분우선이며, 선출원에 포함되어 있던 발명에 대해서는 신규성·진보성·선출원 및 확대된 선출원등 특허요건을 판단하는 시점이 선출원일로 소급된다.119) 또한 국내우선권에서도 복합우선이 가능하며 복합우선권의 효과는 파리조약 우선권에서의 복합우선과 같다. 조약우선권과 달리 그 특허출원을 할 때 선출원이 출원 계속중(pending)이어야 하므로, 선출원이 포기·무효·취하되거나, 선출원이 설정등록되거나 또는 거절이 확정된 경우에는 국내우선권주장 출원을 할 수 없다.

선출원은 후출원의 출원일부터 1년 3개월 후 취하된 것으로 보며 공개도 되지 않는다(법 제56조). 특허출원을 한 후 출원내용에 미비한 점을 발견했을 때 특허출원을 취하하고 다시 출원할 수도 있지만, 그 출원내용을 보완하고 개량하여 국내우선권을 주장하며 새로운 출원을 하는 것도 좋은 전략이다.

(4) 분할출원

2 이상의 발명을 포함하는 특허출원(원출원)의 일부를 새로운 특허출원으로 분할하여 출원하는 것을 말하며(법 제52조), 원출원의 최초 명세서 또는 도면에 기재된 사항의 범위내에서 분할하여 출원할 수 있다. 분할출원을 할 수 있는 시기는 (i) 보정할 수 있는 기간, (ii) 거절결정 등본을 송달받은 날부터 3개월 이내의 기간, (iii) 특허결정의 등본을 송달받은 날부터 3개월 이내의 기간이다.

분할출원을 하고자 할 때는 새로운 출원으로서 새로이 특허출원서를 제출

---

118) 일반적으로 발명은 최초의 기본발명을 바탕으로 하여 개량발명이 이루어지는 경우가 많다. 그런데 기본발명을 출원한 선출원에 개량발명의 내용을 추가하여 보정하려고 하면 '신규사항(new matter)'이라고 하여 보정이 허용되지 않고, 개량발명을 별도로 후출원을 하고자 하면 기본발명을 출원한 선출원에 의하여 '선원'에 위배된다고 거절될 수가 있다. 국내우선권 제도는 출원인의 이와 같은 불편함을 해소할 수 있도록 도입된 제도라고 할 수 있다.
119) 후출원에 추가된 발명에 대해서는 출원일 소급이 없고 후출원일에 출원한 것으로 본다.

하면서 그 취지 및 기초가 된 출원의 표시를 하여야 하고, 심사청구·출원공개 및 수수료 납부 등을 별개로 하여야 한다. 적법한 분할출원은 출원일이 원출원일로 소급된다.

2-3-2. 특허심사 제도

(1) 심사청구제도

특허출원에 대하여 심사청구가 있을 때에만 심사가 진행되며, 심사청구는 출원과 동시에 또는 출원일부터 3년 이내에 청구할 수 있다. 심사청구는 출원인이 하는 경우가 대부분이겠지만, 출원인 뿐 아니라 누구든지 청구할 수 있다. 출원심사의 청구는 취하할 수 없으며, 출원일부터 3년의 기간 동안 심사청구가 없는 경우, 그 특허출원은 취하한 것으로 본다(법 제59조).

(2) 우선심사신청

특허출원에 대한 심사는 심사청구일 순으로 진행되는 것이 원칙이지만, 조속히 심사를 받고자 하는 특별한 사유가 있는 출원에 대해서는, 신청에 의하여 우선적으로 심사받도록 하는 것이 우선심사제도이다(법 제61조). 심사청구와 마찬가지로 출원인이 아닌 제3자의 우선심사신청이 가능하다. 우선심사의 대상이 되는 출원은 크게 (i) 특허출원이 공개된 후 출원인이 아닌 제3자가 업으로서 해당 특허출원을 실시하고 있는 경우, (ii) 대통령령이 정한 긴급처리가 필요하다고 인정되는 출원 및 대통령령이 정한 재난의 예방·대응·복구 등에 필요하다고 인정되는 출원이다.[120]

우선심사를 신청하려면 우선심사신청설명서를 첨부한 우선심사신청서를 특허청장에게 제출하여야 하고, 각 신청이유에 해당하는 객관적인 증빙서류를 하나 이상 첨부하여야 한다. 심사관은 우선심사신청이 우선심사 요건을 충족한다면 우선심사결정통지를, 충족하지 않는다면 우선심사신청을 각하하는 통지

---

[120] 특허법시행령 제9조에 따른 긴급처리 등이 필요하다고 인정되는 출원은 방위산업분야의 출원, 녹색기술과 직접 관련이 있는 출원, 인공지능·사물인터넷등 4차 산업혁명 관련 출원, 반도체등 첨단기술 관련 출원, 수출촉진과 직접 관련이 있는 출원, 국가 또는 지방자치단체의 직무에 관한 출원, 벤처기업·기술혁신형중소기업 등의 출원, 직무발명보상 우수기업의 출원, 지식재산 경영인증을 받은 중소기업의 출원, 국가연구개발사업의 결과물에 관한 특허출원, 특허청이 국제조사기관으로서 국제조사를 수행한 국제특허출원, 조약에 의한 우선권주장의 기초가 되는 출원, 출원인이 출원된 발명을 실시중이거나 실시준비중인 출원, 외국 특허청과 우선심사하기로 합의한 출원, 의료·방역 물품과 직접 관련된 출원, 재난안전제품과 직접 관련된 출원 등이다.

를 하게 된다.

(3) 출원공개제도

출원공개제도는 심사청구 여부와 관계없이 원칙적으로 모든 출원발명에 대하여 출원일(또는 우선일)부터 1년 6개월이 지난 후 출원내용을 공보에 게재하여 공개하는 것을 말한다(법 제64조). 출원공개는 특허공보에 게재하는 형식으로 하며, 원칙적으로 출원서 · 명세서 · 도면 · 요약서 기재사항의 전부가 인터넷으로 공개된다.[121] 한편, 출원인이 조기공개를 신청하는 경우는 조기에 공개된다.

출원인은 출원이 공개되고 나면 자신의 특허출원을 업으로서 실시하고 있는 자에게 경고할 수 있으며, 경고를 받거나 출원공개된 발명임을 알면서 그 특허출원된 발명을 업으로 실시한 자에게, 그 경고를 받거나 출원공개된 발명임을 알았을 때부터 특허권의 설정등록이 될 때까지의 기간에 대하여, 그 특허발명의 실시에 대해 합리적으로 받을 수 있는 금액(실시료 상당액)에 상당하는 보상금의 지급을 청구할 수 있다. 이를 보상금청구권이라 한다. 보상금청구권은 출원공개에 의해 발생하지만, 그 행사는 해당 특허출원이 설정등록이 되어 특허권이 발생한 이후에 할 수 있다(법 제65조 제3항).

(4) 정보제공제도

누구든지 타인의 특허출원에 대하여 거절이유가 있어서 특허를 받을 수 없다는 취지의 정보를 증거와 함께 특허청장에게 제공할 수 있는데, 이를 정보제공이라고 한다(법 제63조의2). 정보제공제도는 공중이 정보를 제공함으로써 심사의 공정성을 확보하고 부실한 특허의 권리화를 저지함으로써 특허권의 신뢰도를 높이기 위한 것이다. 정보제공된 출원을 심사하는 심사관은 제공된 증거를 참고하여 심사하고, 최종 처리할 때 정보제공자에게 그 정보의 활용 여부에 대한 결과를 통보한다.

(5) 거절이유통지 및 의견서 제출

① 거절이유통지 사유

특허법은 제62조 각호에서 거절이유를 제한 · 열거하여 기재하고 있으며, 심사관이 거절결정을 하고자 할 때는 반드시 거절이유를 적어 출원인에게 통

---

[121] 다만 공개 전에 해당 특허출원이 취하·포기·무효되거나, 거절결정이 확정되거나, 등록공고가 된 특허출원은 공개하지 아니한다.

지하고 기간을 정하여 의견서·보정서를 제출할 수 있는 기회를 부여하여야 한다(법 제 63조). 거절이유통지는 청구항 별로 구분하여 거절이유와 해당 법 조항을 명시하여 작성된다.122)

② 의견서 및 보정서 제출

심사관의 거절이유통지에 대하여 출원인은 의견서 제출기간내에 의견서 또는 의견서·보정서를 함께 제출할 수 있다. 출원인은 의견서에서 심사관의 거절이유 중 타당한 부분은 인정하고 부당한 부분은 논리적으로 반박하며 그 주장을 뒷받침할 수 있는 판례·심결례 등이 있다면 첨부하는 것이 좋다. 심사관이 부여하는 의견서 제출기간은 통상 통지일부터 2개월이며, 출원인은 수수료를 내고 이 기간을 1개월 단위로 연장할 수 있다.

출원인은 심사관의 거절이유통지에 대한 의견서를 제출할 때 명세서 또는 도면을 보정하는 보정서를 함께 제출할 수 있다(법 제47조). 이는 선출원제도 하에서 서둘러 출원하다 보니 발생할 수 있는 오기·불명확한 기재 등을 보정할 수 있도록 하여 출원인을 보호하기 위한 것이다.

(6) 특허결정 및 거절결정

심사관은 특허출원에 대한 심사의 결과 거절이유를 발견하지 못하였거나 보정 등에 의하여 거절이유가 해소된 경우에는 특허결정을 한다(법 제66조). 출원인이 특허결정서를 송달받은 날부터 3개월 이내에 3년분의 등록료를 납부하면 그 특허권에 대한 설정등록이 이루어져 특허권이 발생하며, 이후 등록공고되어 특허공보가 발행된다.

심사관은 거절이유통지 후 출원인이 제출한 의견서 및 보정서에 의해서도 거절이유가 해소되지 않았다고 판단되는 경우에는 거절결정을 한다(법 제62조). 출원인은 거절결정서를 송달받은 날부터 3개월 이내에 보정서를 제출하며 재심사를 청구하거나 특허심판원에 거절결정불복심판을 청구할 수 있다.

(7) 재심사청구

출원인은 그 특허출원에 관하여 거절결정의 등본을 송달받은 날부터 3개월 이내 또는 특허결정의 등본을 송달받은 날부터 설정등록을 받기 전까지 그

---

122) 거절이유통지 사유중 가장 빈번한 것은 명세서 기재불비(특허법 제42조 제3항 및 제4항) 및 진보성 위반(특허법 제29조 제2항)이다. 대부분의 특허출원은 적어도 1회의 거절이유통지서가 발송되고, 거절이유통지된 출원의 대략 절반 가까이 특허되기 때문에 출원후 거절이유통지서를 받았다고 실망할 필요는 없다.

특허출원을 보정하여 재심사를 청구할 수 있고, 재심사의 청구와 함께 의견서를 제출할 수 있다(법 제67조의2). 재심사청구가 있는 경우 그 전에 했던 거절결정 또는 특허결정은 취소된 것으로 보며, 심사관은 보정서에 기재된 보정사항을 반영하여 통상의 심사절차를 밟게 된다. 재심사에서도 거절결정된 경우에는 다시 재심사를 청구할 수는 없으며, 특허심판원에 거절결정불복 심판을 청구할 수 있다.

2-3-3. 특허심판 제도

(1) 특허심판 개요

① 특허심판의 의의

특허심판은 특허권의 발생·소멸·변경 및 효력범위에 관한 분쟁을 해결하기 위해 특허심판원에서 이루어지는 특별행정심판이다.[123] 특허심판을 거친 후에야 고등법원격 전문법원인 특허법원에 소송을 제기할 수 있으므로 특허심판은 사실상 제1심 법원의 역할을 한다고 볼 수 있다. 심판절차는 민사소송법의 재판절차를 대부분 준용하고 있다.

심판을 청구하려는 자는 법 제140조 또는 제140조의2(거절결정불복심판)에서 규정한 사항을 기재한 심판청구서를 특허심판원장에게 제출하여야 하며, 심판장은 심판청구서를 수리한 후 그 부본을 피청구인에게 송달하고(당사자계 심판인 경우), 기간을 청하여 답변서를 제출할 수 있는 기회를 준다.

특허심판은 심판장을 포함한 3인(특별한 경우 5인)의 심판합의체에 의하여 이루어지며, 심리는 구술 또는 서면으로 진행된다(법 제154조 제1항). 특허심판은 청구일 순으로 심리하는 것이 원칙이지만, 특허심판원은 일정 사건에 대하여 우선하여 심판하는 우선심판제도[124]와 신속하게 심판하는 신속심판제도[125]를 운영하고 있다.

---

[123] 특별행정심판이란 행정심판법에 따르는 일반행정심판과 달리 개별법에서 정하는 절차에 따라 심리·재결을 하는 행정심판을 말한다. 특별행정심판에는 조세심판, 특허심판과 공무원징계처분에 대한 불복심판 등이 있다. 정형근, 행정법입문(제2판), 피앤씨미디어, 2017, 300면.
[124] 우선심판의 대상은 예를 들면 보정각하결정불복심판, 심사관이 무효심판을 청구한 심판, 첨단기술 관련 우선심사출원에 대한 거절결정불복심판, 일괄심사된 출원에 대한 거절결정불복심판, 국민경제상 긴급한 처리가 필요한 사건, 중소기업과 대기업 간의 당사자계 심판, 무권리자 특허에 대한 무효심판 등이다. 심판사무취급규정 제31조.
[125] 신속심판의 대상은 법원에 계류중인 소송사건, 무역위원회가 통보한 불공정무역행위조사사건, 경찰·검찰에서 입건하여 수사중인 사건 등과 관련된 심판사건과 권리자로부터 경고장을 받은 당사자가 청구한 권리범위확인심판·무효심판·취소심판 등이다. 앞의 규정 제31조의2.

특허심판은 심판번호·심결주문·심결이유 등을 기재한 심결문이 당사자에게 송달됨으로써 종결되며, 심판청구(서)에 하자가 있는 경우에 각하심결, 심판청구가 이유가 있다고 판단되는 경우에는 인용심결, 이유가 없다고 판단되는 경우에는 기각심결을 하게 된다.[126] 심결이 확정되면 동일사실 및 동일증거로 다시 심판을 청구할 수 없는 일사부재리의 원칙이 적용된다.[127]

출원인은 심판청구가 기각되면 특허심판원으로부터 기각심결문 등본을 송달받은 날부터 30일 이내에 특허법원에 소송을 제기할 수 있고, 특허법원에서 기각판결을 받은 경우 기각판결문의 등본을 송달받은 날부터 14일 이내에 대법원에 상고할 수 있다.

② 특허심판의 종류

특허심판은 결정계 심판과 당사자계 심판으로 구분되는데, 결정계 심판은 청구인만 존재하는 심판이고, 당사자계 심판은 등록된 특허발명과 관련된 분쟁이 발생하여 당사자가 대립하는 구도를 취하는 심판이다. 결정계 심판에는 거절결정불복심판·정정심판이 있고, 당사자계 심판에는 무효심판·권리범위확인심판·통상실시권허락의심판·정정무효심판 등이 있다.

그리고 심판절차 외에 특허(실용신안등록 포함)취소신청이 있으며, 특허취소신청은 누구나 설정등록일부터 등록공고일후 6개월이 되는 날까지 특허가 취소되어야 하는 이유와 증거를 제시하고 신청할 수 있는 제도이다(법 제132조의2). 당사자계 심판 및 특허취소신청에서 청구항이 둘 이상인 경우 청구항마다 청구할 수 있다. 한편 특허권이라는 재산권의 침해에 근거한 침해금지청구 및 손해배상청구 등의 민사소송은 일반법원에 제기하여야 한다.

(2) 결정계 심판

① 거절결정불복심판(거절결정에 대한 심판)

거절결정불복심판이란 특허출원에 대하여 거절결정을 받은 자(출원인 또는 그 승계인)가 심사관의 거절결정이 부당하다고 불복하여 특허심판원에 재심을 요청하는 것으로서, 거절결정서 등본을 송달받은 날로부터 3개월 이내에 청구하여야 한다(법 제132조의17).

---

[126] 심판이나 재판에서 인용되었다는 것은 청구인·원고가 이기는 경우를 말하고, 반대로 기각되었다는 것은 청구인·원고가 졌다는 것을 의미한다.
[127] 다만 확정심결이 각하심결인 경우에는 그러하지 아니하다(법 제163조).

② 정정심판

특허받은 명세서 또는 도면에 불완전한 부분이 있을 때 이를 정정하기 위하여 청구하는 심판을 말하며(법 제136조),[128] 청구인은 심판청구서와 함께 '정정한 명세서 또는 도면'을 첨부하여야 한다. 정정을 청구할 수 있는 사항은 (i) 청구범위를 감축하는 경우, (ii) 잘못 기재된 사항을 정정하는 경우, (iii) 분명하지 아니하게 기재된 사항을 명확하게 하는 경우이다.

특허발명의 명세서 또는 도면에 대하여 정정을 한다는 심결이 확정되었을 때에는 그 정정 후의 명세서 또는 도면에 따라 특허출원, 출원공개, 특허결정 또는 심결 및 설정등록이 된 것으로 본다.

(3) 당사자계 심판

① 무효심판

특허무효심판은 적법한 절차를 거쳐 등록된 특허권에 대하여 등록이 되어서는 아니되는 하자가 있다는 이유로 그 특허권을 무효로 하여 달라고 청구하는 심판을 말한다(법 제133조). 특허무효심판의 무효사유는 '하나의 특허출원의 범위' 등 일부를 제외하고 특허법 제62조에서 규정한 모든 거절사유가 해당된다. 무효심판이 특허심판원에 계속되어 있는 동안에는 특허권자가 별도의 정정심판청구를 할 수 없고, 그 무효심판절차에서 특허발명의 명세서 또는 도면의 정정을 청구할 수 있다.

특허무효심판은 이해관계인[129] 또는 심사관만이 청구할 수 있으며, 특허권이 소멸된 이후에도 청구할 수 있다. 특허를 무효로 한다는 심결이 확정되면 그 특허권은 처음부터 없었던 것으로 본다.

② 권리범위확인심판

권리범위확인심판은 등록된 특허발명에 대하여 제3자의 발명(확인대상발명)이 특허권의 권리범위에 속하는지(침해하는지)를 확인하고자 청구하는 심판을 말하며, 특허권자·전용실시권자 또는 이해관계인이 청구할 수 있다(법 제135조). 심판청구인은 심판청구서에 확인대상발명을 특허발명과 대비될 수 있

---

128) 정정심판은 ㉠ 특허무효심판 또는 정정의 무효심판이 특허심판원에 계속 중인 기간 및 ㉡ 특허취소신청이 특허심판원에 계속 중인 때부터 그 결정이 확정될 때까지의 기간에는 청구할 수 없다(법 제136조 제2항).
129) 이해관계인이라 함은 특허권자로부터 그 권리의 대항을 받을 염려가 있어서 현재 손해를 받거나 장래에 손해를 받을 염려가 있는 자를 말하며, 예를 들어 동종업자, 특허권자로부터 특허권 침해의 경고를 받은 자, 특허발명을 실시하고 있거나 실시준비를 하고 있는 자 등이 해당된다.

을 정도로 구체적으로 기재하여 제출하여야 한다.

권리범위확인심판은 특허권자 또는 전용실시권자가 확인대상발명이 자신의 특허발명의 권리범위에 속한다는 것을 구하는 적극적 권리범위확인심판과, 이해관계인인 제3자가 자신의 확인대상발명이 특정 특허발명의 권리범위에 속하지 않는다는 것을 구하는 소극적 권리범위확인심판으로 나누어진다.

권리범위확인심판에서 특허발명의 권리범위에 속하는지와 침해소송에서 특허발명을 침해하는지의 판단기준은 기본적으로 동일하며, 특허발명이 신규성이 없는 경우(공지인 경우)와 확인대상발명이 신규성 또는 진보성이 없는 경우에는 양 발명을 대비할 필요도 없이 확인대상발명은 특허발명의 권리범위에 속하지 않으며 특허침해도 성립하지 않는다.[130]

③ 통상실시권 허락의 심판

특허법 제98조의 규정에 따라 특허권자, 전용실시권자 또는 통상실시권자(이하 '특허권자등'이라 한다)가 실시하고 있는 후출원특허발명이 선출원된 타인의 특허발명·등록실용신안 또는 등록디자인등(이하 '선출원특허권등'이라 한다)과 이용관계[131] 또는 저촉관계[132]에 있는 경우, 특허권자등은 선출원특허권자등의 동의를 얻지 아니하면 자신의 특허발명을 실시할 수 없다.

이와 같은 경우에 실시의 허락을 구하는 특허권자등의 요청을 선출원특허권자등이 정당한 이유없이 허락하지 아니하거나 허락을 받을 수 없는 경우, 특허권자등은 자신의 특허발명의 실시에 필요한 범위 안에서 통상실시권의 허락을 구하는 심판을 청구할 수 있는데 이를 통상실시권 허락의 심판이라고 한다. 이 경우 후출원특허발명은 선출원특허발명등에 비하여 상당한 경제적 가치가 있는 중요한 기술적 진보를 가져오는 것이어야 한다(법 제138조 제2항).

통상실시권을 허락하는 심결에는 통상실시권의 실시범위, 실시기간, 실시대가 및 지불방법·지불시기 등이 구체적으로 명시되며, 통상실시권을 허락하

---

[130] 다만 특허발명이 진보성이 없어서 그 특허가 특허무효심판에 의하여 무효로 될 것임이 명백한 경우 법원의 침해소송에서는 '권리남용'의 논리를 적용하여 침해가 성립되지 않는 것으로 보는데 반하여, 권리범위확인심판에서는 특허발명이 진보성이 없다는 이유로 권리범위에 속하지 아니한다는 판단은 할 수 없다. 대법원 2014.3.20. 선고 2012후4162 전원합의체 판결.
[131] 이용(利用)관계는 후출원특허발명이 선출원특허발명(등록실용신안, 등록디자인 포함)을 이용하는 관계에 있는 것을 말한다. 예를 들어 선출원특허발명이 구성요소 A+B를 갖고 후출원특허발명이 A+B+C를 갖는 경우로서, 후출원특허발명이 선출원특허발명의 구성요소(A+B)를 그대로 포함하고 새로운 기술적 요소(C)를 부가하였을 경우가 해당한다.
[132] 저촉(抵觸)관계는 두 권리간에 어느 한쪽을 실시하게 되면 다른 쪽의 권리를 실시하게 되는 경우, 즉 두 권리가 동일(同一)한 경우를 말한다. 이와 같은 저촉관계는 특허와 특허, 또는 특허와 실용신안 간에는 심사상의 착오에 의한 것이 아니라면 성립할 수 없다. 그러나 특허·실용신안과 디자인 또는 상표 사이에는 실질적으로 동일한 내용의 권리가 중복하여 등록되어 저촉관계를 형성할 수 있다.

는 심결이 확정되면 강제적 통상실시권이 발생한다. 그러므로 통상실시권자는 심결에 의하여 정해진 범위 및 기간 내에서 자기의 특허발명을 업으로서 실시할 수 있다.133)

④ 정정무효심판

정정무효심판은 정정심판에 의한 명세서 또는 도면의 정정에 하자가 있는 경우 그 하자 있는 부분에 대하여 정정의 무효를 청구하는 것을 말한다(법 제137조). 이해관계인 또는 심사관이 청구할 수 있으며, 정정무효심판의 피청구인은 답변서 제출기간 등에서 특허발명의 명세서 또는 도면의 정정을 청구할 수 있다.

(4) 특허취소신청

특허취소신청이란 누구든지 특허권의 설정등록일부터 등록공고일 후 6개월이 되는 날까지 그 특허가 취소가 되어야 하는 증거를 제시하며 특허심판원장에게 그 취소를 신청하는 제도로서, 청구항이 2이상인 때에는 청구항마다 취소신청을 할 수 있다(법 제132조의2).

특허무효심판과 대비하면, (i) 무효심판은 이해관계인 및 심사관에 한하여 청구할 수 있는데 반하여, 특허취소신청은 누구라도 신청할 수 있으며, (ii) 무효심판이 특허권의 존속기간 뿐 아니라 존속기간이 만료된 이후에도 청구할 수 있는데 대하여 특허취소신청은 등록공고후 6개월 이내로 제한되고, (iii) 무효심판의 청구이유는 거의 모든 거절이유가 해당되는데 대하여, 특허취소신청의 이유는 특허법 제132조의2에 규정된 이유에 한정되어 신규성·진보성·선원 및 확대된 선원 규정의 위반 등으로 제한되는 점에서 차이가 있다.

특허취소신청은 심판과 마찬가지로 3인의 심판관으로 구성된 심판합의체에서 심리하여 결정한다. 심판합의체가 심리하여 특허취소신청이 이유가 있다고 판단하였을 때에는 특허권자 및 참가인에게 취소이유를 통지하고 기간을 정하여 의견서 제출 및 정정의 기회를 준다(법 제132조의3, 제132조의4).

특허취소신청은 심판합의체에서 취소신청된 청구항에 대하여 특허의 취소 또는 기각결정을 함으로써 절차가 종료된다. 특허취소결정이 확정된 때에는 그 특허권은 처음부터 없었던 것으로 보며, 특허권자는 특허취소결정을 송달받은 날부터 30일 이내에 특허법원에 소를 제기할 수 있다. 한편 기각결정에 대해

---

133) 실시대가 액수, 지급시기 및 지급방법은 심결에서 정한 바에 따라야 하며 이때 대가에 대하여 불복이 있을 때에는 심결문 등본을 송달받은 날로부터 30일내에 관할 법원에 소를 제기할 수 있다(법 제190조).

서는 불복할 수 없다(법 제132조의13).

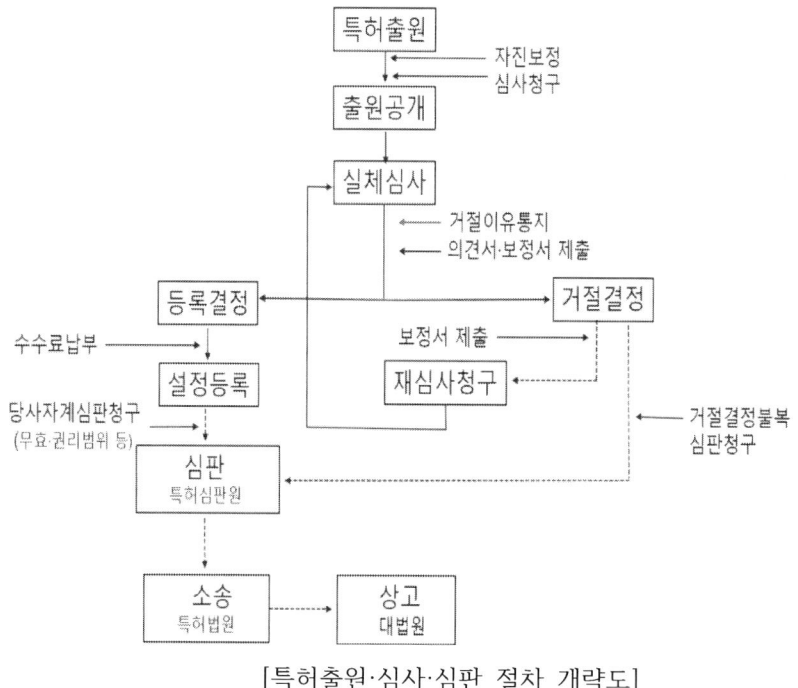

[특허출원·심사·심판 절차 개략도]

2-3-4. 해외출원

(1) 산업재산권 보호를 위한 파리조약
해외출원에 대하여 이해하려면 먼저 산업재산권보호에 관한 파리조약(Paris Convention for the Protection of Industrial Property)을 알아야 한다. 파리조약은 1883년 3월 20일 파리에서 조인된 이래 수차례의 개정을 거쳤고, 현재(2022년말) 가입국 수는 179개국이다. 파리조약은 ① 내국민대우의 원칙, ② 우선권제도, ③ 각국 특허독립의 원칙(속지주의 원칙)의 3대 원칙을 근간으로 한다.

① 내국민대우의 원칙(National Treatment)
파리조약 가입국의 국민(법인 포함)은 권리능력 및 권리침해 등에 관하여 내국민과 동일한 보호를 받을 수 있다는 원칙으로서 내외국인 평등의 원칙이라고도 한다.

② 우선권 제도(Right of Priority)

파리조약의 어느 가입국(제1국)에서 정규(正規)의 출원[134]을 한 자(또는 승계인)이, 그 출원일부터 1년 이내에 우선권 주장을 하면서 다른 가입국(제2국)에 출원하면, 제2국에서는 해당 출원의 신규성·진보성·선원·확대된 선원 등 특허요건을 판단할 때의 출원일을 우선권주장의 기초가 되는 제1국출원의 출원일(우선일)로 소급하여 인정한다는 원칙이다.

이러한 파리조약의 우선권 규정(제4조)에 따라, 각국은 자국의 특허법에 '조약에 의한 우선권'에 관한 규정을 두고 있으며, 출원인은 자국에 출원한 후 동일한 발명이 국내외에서 공개되거나 외국에서 먼저 출원되는 것에 대하여 걱정할 필요없이 1년내에 해외출원을 하면 된다.[135]

③ 각국 특허독립의 원칙(속지주의 원칙)

파리조약 제4조의2 제1항은 "가입국 국민이 어느 가입국에서든 출원하여 취득한 특허는 가입국·비가입국에 관계없이 각각 모두 독립적이다"라는 취지로 규정하고 있다. 즉 어느 가입국에서 특허를 취득하였다고 하여 다른 국가에서 그 특허권을 주장할 수 없으므로, 특허권을 보호받고자 하는 모든 국가마다 개별적으로 출원하여 특허를 취득하여야 한다. 이를 각국 특허독립의 원칙 또는 속지주의(屬地主義) 원칙이라고 한다.

또한 가입국의 국민이 파리조약에 의한 우선권주장을 통해 동일한 발명을 여러 나라에 출원한 특허(이른바 '패밀리 특허')의 특허심사, 무효 등은 각 국가에서 모두 독립적이다.[136] 국제무역이 활발하고 기업간 기술경쟁이 치열해지는 현 상황에 따라 해외출원은 갈수록 활발해지고 있다. 2021년 우리나라 출원의 약 22%,[137] 2019년 미국 출원의 55.4%[138]는 외국인의 출원이다.

---

[134] 출원이 정규인지의 여부는 각 나라의 국내법에 따라 정해지지만, 각 나라에서 출원으로서 정식으로 수리되어 출원일이 부여된 것은 정규의 출원이다. 정식으로 수리된 이후 그 출원이 무효·취하·포기 또는 거절결정되었더라도 정규출원의 지위는 잃지 않는다.
[135] 해외출원은 출원하려는 국가에서 대리인을 선정하고, 그 나라 언어로 번역한 출원서류를 그 나라의 출원절차에 맞추어 해당국의 특허청에 제출해야 하므로 상당한 시간과 노력이 필요한데 비하여, 교통·통신의 발달로 국내출원의 기술내용은 쉽게 해외에 공개될 수 있다. 따라서 파리조약의 우선권제도가 없다면 여러 나라에 해외출원을 한다는 것은 현실적으로 매우 곤란하다.
[136] 파리조약 제4조의2 제2항.
[137] 2021년 총 국내 특허출원 237,998건 중 21.75%인 51,753건이 외국인 출원이다(출처: 특허청 홈페이지 지식재산통계).
[138] 미국특허청 홈페이지 PTMT Report.

(2) 해외출원의 방법

외국에 특허출원을 하는 방법은 ① 파리조약에 따른 우선권을 주장하며 각 개별국에 출원하는 방법과, ② 특허협력조약(Patent Cooperation Treaty; PCT)을 이용하여 출원하는 방법으로 크게 나눌 수 있다. 한편 개별국 또는 PCT를 이용하여 유럽국가 여러 나라에 출원하는 경우, 지역특허청인 유럽특허청(European Patent Office; EPO)을 통하여 출원할 수 있다. 유럽특허청(EPO)에 출원하여 특허결정을 받으면 유럽특허조약[139] 가맹국인 39개국 중 어느 국가에서도 별도의 심사없이 번역문·수수료 등의 요건만 충족하면 특허권을 인정받을 수 있다.

① 파리조약에 의한 개별국 출원

특허를 등록받기 원하는 국가마다 개별적으로 특허출원하는 방법으로, 파리조약 루트라고도 한다. 파리조약 가입국 중 하나의 국가에 출원한 후 그 출원일부터 12개월 이내에 우선권을 주장하면서 원하는 국가에 출원하는 방법이다. 출원하려는 국가가 소수이고, 조속한 특허등록을 원하는 경우에는 파리조약 루트를 통한 출원을 선택하는 것이 좋은 방법이라고 할 수 있다.

② 특허협력조약(PCT)를 이용한 해외출원

특허협력조약(PCT)에 따라 출원인이 체약국(contracting states)을 지정하여 수리관청에 국제출원서류를 제출하면, 그 국제출원한 날에 모든 체약국에 출원한 것으로 인정된다. PCT 국제출원제도는 국제출원의 절차를 통일하여 출원인과 특허청의 수고와 비용을 경감하려는 취지에서 1970년 체결되고 1978년 1월 24일 발효되었으며, 우리나라는 1984년 가입하였다.[140]

PCT 국제출원은 통상 국제단계와 국내단계로 구분되며, 국제단계는 (i) 국제출원, (ii) 국제조사, (iii) 국제공개로 이루어지고, 출원인의 선택에 의하여 (iv) 국제예비심사를 받을 수 있다. 국내단계는 국제단계 이후 출원인이 특허를 받으려는 국가에 번역문과 소정의 수수료를 내고 개별국별로 심사절차를 밟는 것을 말한다.

(i) 국제출원(International Application)

특허협력조약에 의해 자국의 특허청(수리관청) 또는 WIPO사무국(국제사무

---

[139] European Patent Convention(EPC).
[140] 2022년말 현재 PCT 가입국은 157개국이다(출처: WIPO 홈페이지).

국)에 PCT 국제출원을 하면 그 출원일에 모든 PCT 체약국에 출원한 것으로 인정된다.[141] 우리나라 특허청을 수리관청으로 하여 PCT 출원을 하려면 한국어, 영어 또는 일어로 작성한 국제출원서류(출원서, 발명의 설명, 청구범위, 도면 및 요약서) 각 1부를 특허청에 제출하여야 한다.[142] PCT 국제출원은 파리조약에 의한 우선권주장을 수반할 수 있다. 즉 체약국 중 어느 나라에 출원한 후 그 출원일부터 1년 이내에 우선권을 주장하며 그 나라의 특허청에 PCT 국제출원을 할 수 있다.

(ii) 국제조사(International Search)

국제조사기관(International Searching Authority; ISA)[143]은 대략 우선일로부터 16개월내에 해당 출원의 선행기술조사 결과를 기재한 국제조사보고서(Internaional Search Report; ISR)와 신규성·진보성 등 특허성에 대하여 판단한 내용을 담은 견해서(written opinion)를 작성하여 출원인 및 WIPO 사무국에 송부한다. 출원인은 국제조사보고서와 함께 견해서를 검토하여 이후의 절차 진행을 결정하기 위한 근거자료로 활용할 수 있다.[144] 국제조사보고서 송달일부터 2개월이 되는 날 또는 우선일부터 16개월이 되는 날 중 늦은 날까지 국제사무국에 대하여 1회에 한하여 청구범위를 보정할 수 있다(19조 보정).

(iii) 국제공개(International Publication)

WIPO 국제사무국은 우선일로부터 18개월에 PCT 국제출원의 출원서·명세서·도면 및 요약서 등 국제출원서류를 국제공개언어로 국제공개한다.[145] 이때 국제조사보고서도 함께 공개된다.

(iv) 국제예비심사(International Preliminary Examination)

국제예비심사는 국제조사와는 달리 출원인의 청구에 의한 선택적 절차로서, 출원인이 국제예비심사를 신청하면 국제예비심사기관은 국제출원의 청

---

141) 수리관청이 방식심사를 거친 후 국제출원일이 부여되며, 이후 해당 출원의 사본을 국제사무국(기록원본)과 국제조사기관(조사용 사본)에 송부한다.
142) 국제출원서류를 온라인이 아닌 서면으로 제출하는 경우 각 3부씩 제출하여야 한다. 특허법 제193조 제1항 및 특허법시행규칙 제91조 및 제92조.
143) 국제조사기관이 되려면 심사인력 및 보유한 선행기술 자료의 규모 등에서 일정 조건 이상을 갖추어야 한다. 2022년말 현재 국제조사기관은 24개 특허청이며, 그 중에서 우리나라 특허청을 수리관청으로 출원하는 출원인은 한국어출원의 경우 우리나라특허청, 영어출원의 경우 한국·오스트리아·호주·싱가포르특허청, 일본어출원의 경우 일본특허청을 선택할 수 있다.
144) 예를 들어 국제조사보고서와 견해서가 출원발명의 특허성에 대하여 부정적인 내용을 기재하고 있다면, 이를 검토하여 국내단계 진입을 포기하거나 선행기술을 회피할 수 있도록 명세서에 대한 보정을 하는 등의 선택을 할 수 있다.
145) 국제공개언어는 아랍어, 중국어, 영어, 프랑스어, 독일어, 일본어, 한국어, 포르투갈어, 러시아어, 스페인어이며, 이들 언어로 출원된 경우에는 그 언어로 공개된다. 다만 발명의 명칭, 초록(요약서) 및 검색보고서(서치리포트)는 영어로도 공개된다. PCT Rule 48.3.

구범위에 기재된 발명에 대하여 신규성·진보성 등 특허요건을 심사하여 국제예비심사보고서를 작성한다. 국제조사와는 달리 심사관과의 상호 의견 교환이 가능하고, 심사관의 견해서(written opinion)에 대하여 보정서 및 의견서를 제출할 수 있다. 국제예비심사에서는 횟수에 제한없이 청구범위, 명세서 및 도면을 보정할 수 있다(34조 보정).

(v) 국내 단계

출원인은 우선일로부터 30개월 또는 31개월의 기간[146) 이내에 체약국중 특허를 받고자 하는 국가에서 국내단계를 밟아야 한다. 이 기간까지 국내단계를 밟지 않은 국가에 대해서는 그 국제출원은 취하된 것으로 본다.

출원인이 국내단계를 밟기로 결정한 국가에는 번역문 제출, 수수료 납부 및 대리인 선임 등 국내법에 따른 절차를 밟아야 하고, 해당 국가의 특허청은 국제조사보고서 등을 참고하며[147) 일반 특허출원과 동일하게 심사하여 특허 여부를 결정하게 된다.

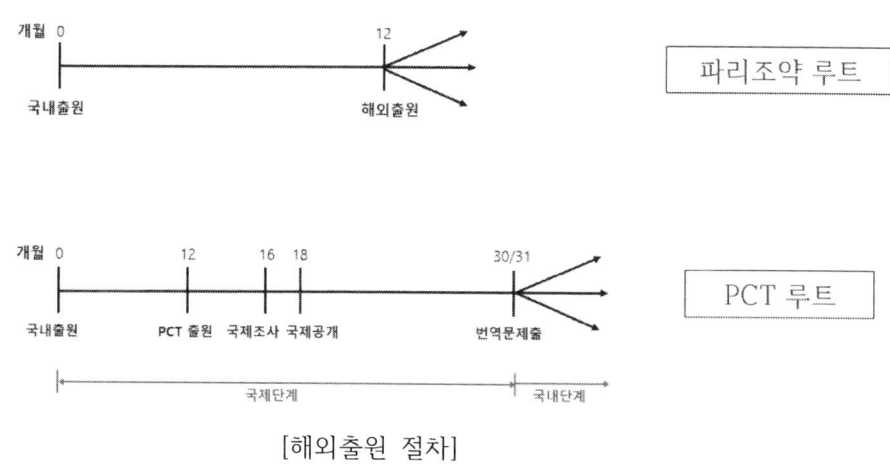

[해외출원 절차]

< PCT 국제출원의 장단점 >

PCT 국제출원의 장점은, ㉠ 다수국에 출원할 수 있는 출원절차가 간편하고, ㉡ 우선일부터 30개월(또는 31개월)까지 대리인선임·번역문 제출 등 해외출원 절차를 미룰 수 있어서 시간적 여유를 충분히 가질 수 있으며, ㉢ 국제조사보고서를 통해 특허를 받을 수 있는 가능성의 예측이 가능하여 불필요한 출

---

146) 국가마다 30개월 또는 31개월로 차이가 있으며, 한국은 31개월이다.
147) 국내단계에서 각 특허청은 해당 출원을 심사할 때 국제조사나 국제예비심사의 결과에 구속되지는 않는다.

원을 포기하거나 출원서류를 보완할 수 있다는 점 등을 들 수 있다.

PCT 국제출원의 단점은, ㉠ 각국의 진입비용 외에 PCT 출원비용이 추가되고,[148] ㉡ 지정국에 늦게 진입하므로 특허등록이 늦어지며, ㉢ 국제출원일이 출원일로 인정되므로 특허권을 행사할 수 있는 기간이 그만큼 줄어든다는 것이다. PCT 국제출원은 통상 4개국 이상 출원하는 경우에 효율적이다.

③ 유럽특허청(EPO)을 통한 유럽국가 출원

(i) 유럽특허청을 통한 출원·심사 절차

유럽 국가에 출원하는 경우는 각 개별국에 출원하거나 PCT 국제출원을 통해 출원하는 방법 외에 유럽 지역특허청인 EPO(European Patent Office)를 통해 출원하는 방법이 있다.[149] EPO는 유럽특허조약(European Patent Convention)에 따라 설립되었으며, EPO의 심사를 거쳐 특허결정을 받으면 가입국인 39개국중 원하는 국가에서 필요한 절차(번역문 및 수수료 등)를 거쳐 바로 특허를 등록받을 수 있다.[150] 유럽특허청 가맹국의 어떤 언어로도 출원이 가능하지만, 출원 후 2개월 이내에 유럽특허청의 공식언어인 영어, 불어 또는 독어등 3개 언어 중 하나로 작성된 번역문을 제출하여야 한다.[151] 유럽특허청에의 출원은 파리조약에 의한 우선권을 주장할 수 있다.

유럽특허청은 심사청구제도가 있어서 심사청구를 해야 심사가 진행된다. 특허출원일(또는 우선일) 후 18개월이 지나 출원발명이 공개되기 전에 통상 조사보고서(search report)가 발행되므로,[152] 출원인은 조사보고서를 받아보고 심사청구 여부를 결정할 수 있다. 심사관의 거절결정에 대해 유럽특허청의 심판원(Appeal Board)에 항소할 수 있으며, 특허결정후 출원공고된 날부터 9개월 이내에 제3자가 이의신청을 할 수 있는 이의신청(opposition) 제도를 갖고 있다. PCT 국제출원과 마찬가지로 통상 4개국 이상을 출원하는 경우에 유럽의 개별국에 출원하는 것보다 유럽특허청을 통해 출원하는 것이 효율적이다.[153]

---

148) PCT 출원을 위해서는 출원료, 국제조사료 및 송달료 등을 납부해야 한다.
149) PCT 국제출원을 한 후 국내단계에서 EPO를 선택하여 심사절차를 진행할 수도 있다. EPO에 바로 출원하는 것을 'Direct European route', PCT를 거쳐 국내단계에서 EPO에 진입하는 것을 'Euro-PCT route'라 한다.
150) 유럽 특허는 모든 가맹국에서 그 국가에서 허가받은 내국 특허와 동일한 효력을 갖고, 동일한 조건에 따른다. EPC Article 2.
151) EPC Article 14(2).
152) 출원일(우선일)부터 18개월에 공개될 때까지 조사보고서가 작성되지 못한 경우에는 추후 조사보고서만 별도로 공개된다.
153) 2021년 EPO에 출원된 특허건수는 188,600건이며, 이중 5%에 해당하는 9,394건이 한국인의 출원

2-4. 특허권 및 특허권의 침해

2-4-1. 특허권

(1) 특허권의 발생·유지·이전 등

① 특허권의 발생·유지 및 존속기간

출원인이 특허결정서를 받은 날부터 3개월 이내에 특허청에 최초 3년분의 등록료를 납부하면 설정등록이 되어 특허권의 효력이 발생한다.154) 특허권의 존속을 위해서는 4년차 이후 매년 특허권의 설정등록일을 기준으로 만료일을 경과하기 전에 연차등록료를 납부해야 한다. 특허권의 존속기간은 특허권을 설정등록한 날부터 특허출원일 후 20년이 되는 날까지이다(법 제88조).155)

② 특허권의 이전 및 공유 등

특허권은 이전할 수 있고,156) 특허권이 공유인 경우라도 각 특허권자는 다른 공유자의 허락없이 해당 특허발명을 자유롭게 실시할 수 있다. 그러나 각 공유자는 다른 공유자의 동의를 받지 못하면 (i) 그 지분을 이전하거나 그 지분을 목적으로 하는 질권을 설정할 수 없으며, (ii) 그 특허권에 대하여 전용실시권을 설정하거나 통상실시권을 허락할 수 없다(법 제99조).

(2) 특허권의 효력

① 적극적 효력과 소극적 효력

특허권자는 업으로서 그 특허발명을 실시할 권리를 독점하며(법 제94조), 특허권자 또는 전용실시권자는 자기의 권리를 침해한 자 또는 침해할 우려가 있는 제3자에 대하여 그 침해의 금지 또는 예방을 청구할 수 있다(법 제126조). 전자가 특허권의 적극적 효력(독점권 또는 실시권), 후자가 특허권의 소극

이다(출처: EPO 홈페이지).
154) 설정등록이란 특허청에 비치한 등록원부에 특허권의 설정·이전·변경·소멸 등에 관한 사항이 기록되는 것을 말한다. 일반인도 특허청에 신청하여 특허등록원부를 열람할 수 있다.
155) 특허권의 존속기간은 의약품·농약에 대한 존속기간연장제도 및 등록지연에 따른 존속기간연장제도에 의해 연장될 수 있다.
156) 특허권의 이전은 상속 기타 일반승계의 경우를 제외하고는 특허청의 등록원부에 등록을 하지 아니하면 효력이 발생하지 않는다(법 제101조제1항).

적 효력(배타권 또는 금지권)에 해당한다고 할 수 있다. 특허권의 효력을 독점권과 배타권으로 나누어 파악하고 있는 우리나라, 일본 등과 달리 미국이나 유럽 등은 통상 특허권을 배타권으로만 파악하고 있다.

② **특허권 효력의 구체적 내용**

특허권의 보호범위는 청구범위에 적혀 있는 사항에 의해 정하여지며(법 제97조), 특허권의 효력은 "청구범위에 기재된 발명을 업(業)[157]으로서 실시할 수 있는 권리를 독점"하는 것이다. 실시(實施)의 의미는 물건의 발명에 대해서는 그 물건을 생산, 사용, 양도, 대여 또는 수입하거나 그 물건의 양도 또는 대여의 청약을 하는 행위, 방법발명은 그 방법을 사용하는 행위 또는 방법의 사용을 청약하는 행위, 물건을 생산하는 방법의 발명은 그 방법의 사용 및 그 방법에 의하여 생산된 물건을 사용, 양도, 대여 또는 수입하거나 그 물건의 양도 또는 대여의 청약에 미친다(특허법 제2조 제3호).

(i) 생산이란 일반적으로 '제조'라 불리는 것으로서 물건을 만들어 내는 행위를 가리킨다. 공업적 생산물뿐만 아니라 조립·구축·성형·식물 재배 등도 포함된다. 중요 부분의 수리나 개조도 생산에 해당하는 것으로 해석된다. 그러나 모형의 제작, 설계도의 작성과 같은 생산의 준비행위는 포함되지 않는다.

(ii) 사용이란 물건이나 방법발명을 본래의 목적을 달성하거나 작용효과를 나타내도록 이용하는 것을 말한다. 따라서 물건으로서는 동일해도 특허제품과 다른 목적이나 효과를 나타내도록 사용하는 것은 여기서 말하는 사용이 아니다. 예를 들어 자동차가 특허제품인 경우에 이를 정원의 장식용으로 사용하는 경우 실시에 해당하지 않는다. 소지만으로는 비록 사용할 의사로 소지하고 있더라도 사용에 해당하지 않는다.

(iii) 양도는 특허제품의 소유권을 타인에게 이전하는 것으로서 유상이건 무상이건 관계가 없다.

(iv) 대여는 특허제품을 정해진 시기에 반환할 것을 조건으로 타인에게 빌려주는 것을 말하며, 양도와 같이 유상이건 무상이건 관계가 없다(무상인 경우는 업으로서의 실시가 아닐 수 있다). 물건의 보관을 위한 기탁은 대여에 포함되지 않는다.

(v) 수입은 외국에서 생산된 특허품을 국내시장에 반입하는 행위를 가리킨

---

[157] 업(業)이 아닌 개인적, 가정적 실시에는 특허권의 효력이 미치지 않는다.

다. 단순히 보세지역에 있는 화물은 아직 수입되었다고 할 수 없으며, 단순한 인보이스(invoice) 도착만으로는 수입행위가 이루어졌다고 할 수 없다.158)

(vi) 양도 또는 대여의 청약(전시를 포함한다)이란 특허권자가 특허제품을 판매 또는 대여하기 위하여 특허제품의 특징, 가격, 내용 등이 담긴 카탈로그나 팜플렛 등을 배포하거나 판매광고를 하는 행위를 말한다.159) 전시는 특허제품을 양도하거나 대여할 목적의 전시가 실시에 해당하고, 양도나 대여 목적이 아닌 단순한 전시는 특허법상의 실시에 해당하지 않는다.

③ 실시행위의 독립과 권리소진론

특허권은 실시의 각 형태에서 독립적으로 효력이 미치며, 하나의 행위가 적법하다고 하여 다른 행위가 적법한 것은 아니다. 이를 '실시행위 독립의 원칙'이라 한다. 예를 들어 특허제품의 판매만을 허락받은 실시권자가 특허제품을 생산하게 되면 특허권의 침해가 된다.

특허제품에 대하여 정당한 생산·판매가 이루어진 후에는 해당 물품에 대한 특허권의 효력은 제한되어 다시 특허권을 주장할 수 없다는 것이 권리소진론(doctrine of exhaustion)이다.

☞ 대법원 2019. 1. 31. 선고 2017다289903 판결(손해배상)
특허권자 또는 실시권자가 우리나라에서 그 특허발명이 구현된 물건을 적법하게 양도하면, 양도된 당해 물건에 대해서는 특허권이 이미 목적을 달성하여 소진되므로, 양수인 등이 그 물건을 사용, 양도하는 등의 행위에 대하여 특허권의 효력이 미치지 않는다. 물건을 생산하는 방법의 특허발명에 의하여 생산한 물건을 적법하게 양도한 경우에도 마찬가지이다.

한편 생산 및 판매가 동일국 내에서 이루어지는 것이 아닌 국경을 넘는 거래에서의 소진론(국제적 소진론)에 대해서는 파리조약상의 '각국특허 독립의

---

158) 한편 관세법 제235조에서는 특허권·디자인권·상표권·저작권·품종보호권·지리적표시권 등을 침해하는 물품들은 수출하거나 수입할 수 없다고 규정하고 있으며, 세관장은 이들 물품이 위 지식재산권을 침해하였음이 명백한 경우 해당 물품의 통관을 보류하거나 해당 물품을 유치할 수 있다. 일단 국내에 수입되어 버리면 사실상 이에 대한 저지가 곤란한 경우가 많으므로 이와 같은 관세법에 의한 처분이 중요한 의미를 갖는다.
159) 청약은 '청약의 유인'과는 다르다. 청약은 상대방의 승낙이 있으면 계약이 성립되는 것을 목적으로 하는 구체적·확정적 내용을 지닌 구속력 있는 의사표시인데 반하여, 청약의 유인은 청약을 구하는 의사표시에 불과하다. 예를 들어 단순히 안내를 하려는 선전용 팜플렛이나 광고, 진열장에의 전시 등은 청약의 유인이라고 할 수 있으나 청약은 아니다. 김원준, 특허법, 박영사, 2009, 477면.

원칙'과 충돌한다는 등의 이유로 논란이 있다. 국제적 소진론과 관련하여 발생하는 분쟁은 병행수입(parallel import)과 관련이 있다. 외국에서 권리자 또는 그로부터 실시권을 받은 자에 의해 특허품이 적법하게 유통된 후 이 특허제품(진정상품)이 국내에 수입(병행수입)되었을 때 우리나라에서 특허권이 소진된 것으로 볼 수 있을지가 국제적 소진론의 문제이다. 상표권과 관련해서는 진정상품의 병행수입을 일정한 조건하에서 인정한 대법원 판례[160]가 있어서, 특허발명에 대한 병행수입도 일정한 조건하에서 인정될 것으로 판단된다.[161]

(3) 특허권 효력의 제한

① 특허권이 미치지 아니하는 범위

특허법 제96조에서는 산업정책상·공익상의 이유로 아래의 경우는 특별히 특허권의 효력이 미치지 않도록 규정하고 있다.

- 연구 또는 시험을 위한 특허발명의 실시[162]
- 국내를 통과하는 데에 불과한 선박·항공기·차량 또는 이에 사용되는 기계·기구·장치, 그 밖의 물건
- 특허출원을 한 때부터 국내에 있던 물건
- 둘 이상의 의약이 혼합되어 제조되는 의약의 발명 또는 그 제조방법[163]

또한 특허권에 실시권이 설정된 경우, 이용·저촉관계가 성립하는 경우(법 제98조) 등에는 특허권의 효력이 제한될 수 있다.

② 실시권에 의한 특허권 효력의 제한

특허권에 대하여 실시권(license)이 부여되는 경우 그 실시권의 범위만큼 특허권의 효력이 미치지 않는다. 실시권은 권리의 독점성 여부에 따라 전용실시권과 통상실시권으로 구분된다. 전용실시권과 통상실시권 모두 기간·지역 및 실시행위에 제한을 둘 수 있다. 전용실시권자, 통상실시권자 모두 원칙적으로 특허권자의 동의가 없이는 해당 실시권을 이전하거나 질권을 설정할 수 없다(법 제100조 및 제102조).

---

160) 대법원 2006.10.13. 선고 2006다40423 판결. 한편 지식재산권 보호를 위한 수출입통관 사무처리에 관한 고시(관세청 고시 제2021-28호) 제5조는 위 대법원 판례와 동일·유사한 취지의 병행수입 허용기준을 제시하고 있다.
161) 하급심 판례로는 특허발명에 대한 병행수입을 인정한 사례(서울동부지방법원 1981.7.30. 선고 81가합466 판결)가 있다.
162) 약사법에 따른 의약품의 품목허가·품목신고 및 농약관리법에 따른 농약의 등록을 위한 연구 또는 시험도 여기에 포함된다. 특허법 제96조 제1항 제1호.
163) 그 특허권의 효력이 약사법에 따른 조제행위 및 조제에 의한 의약에는 미치지 아니한다.

(i) 전용실시권

전용실시권(exclusive license)은 한 사람에게만 독점적으로 실시할 권리를 부여하는 것을 말하며, 전용실시권이 부여되면 특약이 없는 한 특허권자도 해당 특허권을 실시할 수 없다(법 제94조 제1항 단서). 전용실시권자는 특허권을 침해한 자 또는 침해할 우려가 있는 자에 대하여 자기의 이름으로 그 침해의 금지 또는 예방을 청구할 수 있고, 손해가 있는 경우 그 배상을 청구할 수 있다. 통상실시권과 달리 전용실시권의 설정이나 이전·변경·소멸 등은 특허청에 등록하지 아니하면 효력이 발생하지 않는다(법 제101조).

(ii) 통상실시권

통상실시권(non-exclusive license)도 특허발명을 실시할 수 있는 권리이나, 전용실시권과 다른 점은 실시할 권리를 독점하는 것이 아니라는 점이다. 통상실시권은 그 수에 관계없이 여러 사람에게 부여될 수 있으며, 특허권자도 실시할 수 있다. 통상실시권은 전용실시권과 달리 등록이 없더라도 효력이 발생하나, 통상실시권을 등록한 경우에는 그 등록 후에 특허권 또는 전용 실시권을 취득한 자에 대해서도 그 효력이 발생한다(법 제118조). 특허권에 관한 통상실시권은 특허권자와 통상실시권자 간의 계약에 의해 발생하는 허락에 의한 실시권 외에 공익상의 필요에 의해 법률상 당연히 발생하는 법정실시권164) 및 행정청의 처분에 의한 강제실시권165)이 있다.

③ 이용관계에 의한 특허권의 제한

이용(利用)발명은 선(先)특허발명 등(등록실용신안, 등록디자인 포함)을 이용하는 발명을 말하며, 이와 같은 선후 특허발명등 사이의 관계를 이용관계라 한다. 예를 들면 선특허발명이 구성요소 A+B를 갖고 후특허발명이 A+B+C로 이루어진 경우로서, 후특허발명이 선특허발명의 구성요소(A+B)를 그대로 포함하고 새로운 기술적 요소(C)를 부가하였을 경우이다.166) 선후 특허발명 사이에

---

164) 법정실시권은 특허권자의 의사에 관계없이 공익상 필요에 따른 법률상 규정에 의해 당연히 발생하는 통상실시권을 말한다. 예를 들어 직무발명상의 통상실시권(발명진흥법 제10조), 선사용에 의한 통상실시권(법 제103조), 재심에 의해 회복된 특허권에 대한 선사용자의 통상실시권(법 제182조) 등이 있다.

165) 강제실시권(compulsory license)은 국방상 필요, 공공의 이익 등의 목적으로 특허청장 등 행정기관의 처분에 의해 특허권자의 의사에 관계없이 부여 되는 실시권을 말한다(법 제106조의2, 제107조). 특허권자의 의사에 관계없이 특정인에게 부여된다는 점은 법정실시권과 동일하나, 법정실시권은 법률의 규정에 따라 자동적으로 발생하는 실시권인데 대하여 강제실시권은 적법한 절차를 거쳐 요건에 해당하는 지가 가려진 후 특허청장 등 행정기관의 처분으로 발생한다는 점에서 차이가 있다.

이용관계가 성립하면 후특허발명은 선특허발명의 권리범위에 속하므로(이른바 이용침해), 후특허발명을 실시하려면 선특허발명 특허권자의 허락을 받아야 한다(법 제98조).

(4) 특허권의 사업화·수익화 등

① 특허풀·표준특허 및 NPE

(i) 특허풀

특허풀(patent pool)이란 다수의 특허권 소유자들이 라이센싱 대행기관에게 자신의 특허권을 공동으로 위탁하는 협정 또는 그 협정으로 인한 특허권의 집합체를 말한다. 통상 특허풀에 속한 특허권자들은 상호 간에 자유롭게 모든 특허권을 이용하는 반면에, 특허풀에 속하지 않은 기업들에게는 라이선싱 대행기관을 통해 라이선스료를 받아 특허풀에 속한 기업들에게 배분하게 된다.

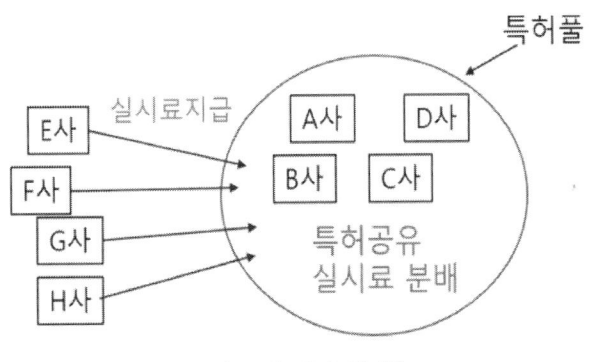

[특허풀의 운용형태]

(ii) 표준특허

표준화(standardization)는 관련 분야 제품들의 종류와 규격을 표준에 따라 제한하고 통일화하는 것을 말하며, 국제표준화기구(ISO), 국제전기통신연합(ITU) 등의 표준화기구에서 표준화 기술을 선정한다. 표준필수기술은 해당 기술을 이용하지 않고서는 제품의 제조·판매나 서비스를 제공하는

---

166) 판례(대법원 2001.9.7. 선고 2001후393 판결 등)는 이러한 이용관계와 관련하여 "선특허발명과 후특허발명이 이용관계에 있는 경우에는 후특허발명은 선특허발명의 권리범위에 속하게 되고, 이러한 이용관계는 후특허발명이 선특허발명의 기술적 구성에 새로운 기술적 요소를 부가하는 것으로서 후특허발명이 선특허발명의 요지를 전부 포함하고 이를 그대로 이용하되, 후특허발명 내에서 선특허발명이 발명으로서의 일체성을 유지하는 경우에 성립한다"고 판시하고 있다.

것이 불가능한 기술로서, 표준규격을 구현하기 위해서는 필수적으로 사용해야 하는 기술을 말한다.

표준필수기술이 특허출원되어 등록된 것이 표준필수특허(Standard Essential Patent; SEP)로서, 표준의 시장지배력과 특허의 독점배타력이 결합된 특허라고 할 수 있다. 표준으로 인정된 특허기술을 가진 특허권자는 공정하고, 합리적이며, 비차별적이어야 한다는 FRAND(Fair, Reasonable and Non-discriminatory)를 지켜야 할 의무가 있다.

(iii) NPE

NPE(Non Practicing Entity)는 기업 등으로부터 확보한 특허권을 바탕으로 제품을 생산·판매하지 않고 소송과 라이선싱 등을 통해 수익을 창출하는 기업을 말한다. PAE(Patent Assertion Entity), Patent Troll(특허괴물), Patent shark 등으로도 불린다.[167] NPE는 생산·판매하지 않기 때문에 cross-license 협상 등을 통한 분쟁 해결이 어렵고, 일단 특허소송이 제기되면 수년의 기간동안 많은 비용과 노력이 들기 때문에 피소된 기업들이 합의 등을 통해 분쟁을 종결하는 경우가 많다.[168]

② **기술가치평가**

기술가치평가[169]는 개별 기술의 가치를 금전적으로 정량화하는 것, 즉 특정 기술을 사업화하여 얻을 수 있는 미래의 수익을 화폐금액으로 산정하는 것을 말한다. 기술가치평가의 결과는 특허권의 매각, 라이선스, 기술금융(담보대출), M&A 등에 활용된다. 기술가치의 평가방법으로는 시장접근법, 수익접근법, 비용(원가)접근법 및 로열티공제법 등이 있다.[170]

---

[167] NPE에 의한 소송은 주로 전기전자와 정보통신 기업에 집중되고 있으며, 2022년 미국에서 우리나라 기업을 대상으로 제기된 특허분쟁은 총208건이며, 우리나라 기업을 대상으로 가장 많은 소송을 제기한 외국기업 TOP5중 4개 기업이 NPE이다. 특허청·한국지식재산보호원, 2022 IP TREND, 11면.
[168] '18년~22년(5년) 동안 미국내 우리기업 관련 특허분쟁에서 종결된 901건 중 690건(77%)가 합의 등에 의한 소취하로 종결되었다. 앞의 책, 25면.
[169] 기술가치평가는 특허권등 IP와 기술노하우(영업비밀)에 대한 평가를 모두 포함하는 개념이다.
[170] 시장접근법은 평가하려는 기술과 동일 또는 유사한 기술이 과거 시장에서 거래된 가격에 근거하여 기술가치를 평가하는 방법이고, 수익접근법은 평가하려는 기술의 경제적 수명기간 동안 그 기술의 사업화로 얻을 수 있는 미래의 수익을 추정한 후 할인율을 적용하여 현재의 가치로 환산하여 평가하는 방법이며, 비용접근법은 평가하려는 기술의 창출에 소요되는 비용(원가)를 계산하여 기술가치를 평가하는 방법이다. 기술가치평가에서 가장 많이 활용되는 방법은 수익접근법이다.

2-4-2. 특허권의 침해 및 침해에 대한 구제

(1) 특허침해 개요

특허권의 침해는 직접침해(direct infringement)와 간접침해(indirect infringement)로 분류되나, 특허침해라 함은 통상 직접침해를 의미한다. 직접침해는 정당한 권원이 없는 제3자가 특허발명을 업으로서 실시하면 성립한다.

간접침해는 침해의 예비적인 행위 또는 방조적인 행위를 침해로 간주하는 것으로서, 특허법 제127조에서는 특허받은 물건의 생산 또는 특허받은 방법의 실시에만 사용하는 물건을 업으로서 생산·양도·대여 또는 수입하거나 그 물건의 양도 또는 대여의 청약을 하는 행위는 그 특허권 또는 전용실시권을 침해한 것으로 본다"고 하여 간접침해에 관하여 규정하고 있다. 간접침해에서는 "그 물건의 생산에만 사용되거나 그 방법의 실시에만 사용된다"는 요건을 배제하기에 충분한 다른 용도가 있는지의 여부가 중요하다. 단순히 사용될 가능성이 있다는 정도로는 부족하고, 경제적·상업적 내지 실용적인 용도가 있어야 한다.

☞ 대법원 2001. 1. 30. 선고 98후2580 판결(권리범위확인)
특허발명을 채택한 레이저 프린터에 사용되는 소모부품인 확인대상발명의 감광드럼카트리지가 특허발명의 본질적 구성요소이고 다른 용도로는 사용되지도 아니하며 일반적으로 널리 쉽게 구입할 수도 없는 물품일 뿐만 아니라 레이저 프린터 구입시에 그 교체가 예정되어 있었고 특허권자가 그러한 감광드럼카트리지를 따로 제조·판매하고 있으므로 특허발명의 물건의 생산에만 사용하는 물건에 해당하여 확인대상발명은 특허발명의 권리범위를 벗어날 수 없다.

(2) 특허침해의 판단과정

특허 직접침해의 판단과정은 통상 ① 특허발명의 보호범위 확정, ② 침해자의 실시기술 특정, ③ 문언침해 성립여부, ④ 균등론에 의한 침해의 성립여부, ⑤ 금반언의 원칙 적용여부 판단의 단계를 거친다.

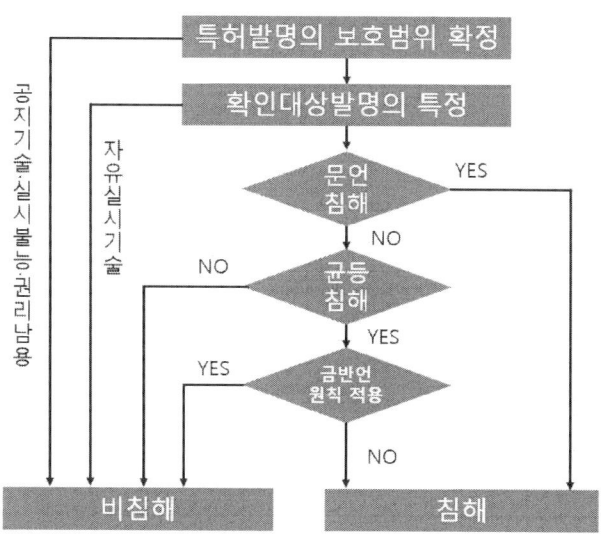

[특허침해 판단 프로세스 개요]

① 특허발명의 보호범위 확정

특허침해 판단의 첫번째 단계는 특허발명의 보호범위를 확정하기 위하여 특허청구범위를 해석하는 단계이다. 이때 특허청구범위 해석과 관련하여 특허청구범위 기준의 원칙, 발명의설명 참작의 원칙, 공지기술 참작의 원칙 등이 적용된다.

(i) 특허청구범위 기준의 원칙(대원칙)

특허법 제97조는 "특허발명의 보호범위는 특허청구범위에 기재된 사항에 의하여 정하여진다"고 규정하고 있으므로 특허청구범위에 기재된 사항만이 보호범위에 속한다. 이러한 원칙에 입각하여 "특허청구범위의 기재만으로 기술적 범위가 명백한 경우에는, 원칙적으로 명세서의 다른 기재에 의하여 청구범위의 기재를 보완해석하여서는 아니된다"는 것이 특허청구범위 기준의 원칙이다.

☞ 대법원 2003. 5. 16. 선고 2001후3262 판결(권리범위확인)

기록에 의하면 "통형상의 드럼"은 원래 "그 바깥 테두리가 분리 또는 개방되지 않은 속이 빈 둥글고 긴 통"을 의미하는 것이고, 이 사건 등록고안이 속하는 기술 분야에서 바깥 테두리의 일부가 개방된 경우에도 이와 같은 용어를 일반적으로 사용하고 있음을 인정할 만한 증거가 없으므로 원심이 이 사건 등록고안의 상세한 설명 중 실시예 2에 관한 기재를 끌어들여 "통형상의 드럼"을 외주면의 일부가 개방, 분리된 경우까지 포함하는 것으로 해석한 것은 부당하게 이 사건 등록고안의 권리범위를 확장 해석한 것이다.

(ii) 발명의 설명 참작의 원칙(소원칙)

특허발명의 보호범위는 청구범위에 기재된 사항에 의하여 정하여지는 것이 원칙이지만, 그 기재만으로는 특허의 기술적 구성을 알 수 없거나 알 수 있더라도 기술적 범위를 확정할 수 없는 경우에는 명세서의 다른 기재에 의하여 보충 해석할 수 있다는 것이 '발명의 설명 참작의 원칙'이다. 한편 출원인은 명세서에서 특정 용어를 일반적인 의미와 다소 다르게 정의하여 사용할 필요가 있을 때에는, 발명의 설명에서 그와 같이 정의하여 사용할 수 있으며,171) 특허청구범위의 해석에서도 그에 따른다.

(iii) 공지기술 참작의 원칙-특허발명이 신규성이 없는 경우

특허발명이 신규성이 없는(공지인) 경우에는 권리범위확인심판이건 침해소송이건 특허발명의 권리범위를 인정하지 아니하고, 확인대상발명과 대비할 필요도 없이 확인대상발명은 특허발명의 권리범위에 속하지 않는다고 판단한다. 이를 공지기술 참작의 원칙이라 한다.

☞ 대법원 1983. 7. 26. 선고 81후56 전원합의체 판결(권리범위확인)

실용신안권의 권리범위를 정함에 있어서는 출원 당시의 기술수준이 당연히 고려되어야 할 것이므로, 등록고안의 전부가 출원 당시 공지된 것이었다면 그 권리범위를 인정할 근거가 상실되어 그 등록고안에 대한 무효심판이 확정되기 전이라도 권리범위를 인정할 수 없다.

(iv) 특허발명이 진보성이 없는 경우

특허발명이 진보성이 없는 경우에 권리범위확인심판과 침해소송에서의 판단기준에 차이가 있다. 권리범위확인심판에서는 무효심결이 확정되기 전에 특허발명이 진보성이 없다는 이유로 특허발명의 권리범위를 부정할 수 없으며, 진보성이 없다는 이유로 확인대상발명이 특허발명의 권리범위에 속하지 않는다는 판단은 할 수 없다.172) 반면에 법원의 침해소송에서는 특허발명에 대한 무효심결이 확정되기 전이라고 하더라도 특허발명의 진보성이 부정되어 그 특허가 특허무효심판에 의하여 무효로 될 것임이 명백한 경우에는 그 특허권에 기초한 침해금지 또는 손해배상 등의 청구는 특별한 사정이 없는 한 권리남용에 해당하여 성립하지 않는다고 판단하고

---

171) 대법원 1998.12.22. 선고 97후990 판결.
172) 대법원 2014.3.20. 선고 2012후4162 전원합의체 판결.

있다.173)

(v) 청구범위가 심히 불명료하거나 실시불가능한 경우

특허청구범위의 기재가 발명의 설명에 의하더라도 추상적이거나 심히 불명료하여 그 발명 자체의 권리범위를 특정할 수 없는 때에는 특허권자는 그 특허발명의 권리범위를 주장할 수 없다(82후36 판결). 또한 등록된 특허청구범위에 기재된 발명이 발명의 설명의 기재를 참작하더라도 그 실시가 불가능하다고 인정되는 때에는 그 권리범위가 인정되지 않는다(99후1973 판결).

② 확인대상발명의 특정

침해판단의 두 번째 단계는 특허발명과 대비되는 발명(확인대상발명)의 구성을 구체적으로 특정하는 단계이다. 확인대상발명의 특정은 특허발명의 특허청구범위의 구성요소와 대비할 수 있을 정도로 구체적으로 기재하면 된다. 한편 특허권 침해소송에서 특허권자 또는 전용실시권자가 제시한 확인대상발명대로 실시하지 않는다고 주장하는 당사자는 자기의 구체적 실시형태를 제시해야 한다.174)

■ 자유실시기술의 항변

특허발명과 대비되는 확인대상발명이 신규성 또는 진보성이 없는 경우에는 양 발명을 대비할 필요도 없이 확인대상발명은 특허발명의 권리범위에 속하지 않는다(침해하지 않는다)는 것이 자유실시기술의 항변이다. 독일에서 탄생한 자유기술의 항변은, 신규성 또는 진보성이 없는 발명의 실시는 특허발명과는 무관하게 본래 누구나 자유롭게 실시할 수 있는 만인공유의 재산으로서 특허권과 대등하게 대립하는 독립된 권리라는 것이다.175) 특허발명의 공지 여부가 문제가 되는 공지기술참작의 원칙과 달리 특허발명과 대비되는 확인대상발명의 신규성·진보성 여부가 쟁점이 되는 점에서 차이가 있다.176)

---

173) 대법원 2012.1.19. 선고 2010다95390 전원합의체 판결.
174) 법원은 당사자가 정당한 이유없이 자기의 구체적 행위태양을 제시하지 않는 경우에는 특허권자 또는 전용실시권자가 주장하는 침해태양의 구체적 행위태양을 진실한 것으로 인정할 수 있다(법 제126조의2 제4항).
175) 吉藤幸朔著·熊谷健一補訂·YOUME특허법률사무소譯, 앞의 책, 610면.
176) 특허발명과 대비되는 발명(확인대상발명)이 공지의 기술만으로 이루어지거나 그 기술분야에서 통상의 지식을 가진 자가 공지기술로부터 용이하게 실시할 수 있는 경우에는 특허발명과 대비할 필요도 없이 특허발명의 권리범위에 속하지 않는다. 대법원 1997.11.11. 선고 96후1750 판결, 대법원 2006.5.25 선고 2005도4341 판결, 대법원 2013.9.12 선고 2012다36326 판결 등 다수.

③ 문언침해 여부 판단

문언침해(literal infringement)는 청구항과 확인대상발명을 문언적으로 대비하여 청구항의 구성요소를 확인대상발명이 그대로 실시하고 있는 경우에 성립한다.177) 침해판단의 기본이 되는 원칙은 '구성요소 완비의 원칙(all element rule)'이다. 구성요소 완비의 원칙은 복수의 구성요소로 이루어진 특허발명에 있어서, 청구항에 기재된 구성요소의 전부를 실시하고 있는 경우에만 침해가 성립하고, 하나의 구성요소라도 빼고 실시하는 경우에는 침해가 성립하지 않는다는 원칙이다.178)

구성요소 완비의 원칙에 따라 확인대상발명이 특허발명의 구성요소를 모두 갖고 있다면 다른 구성요소를 더 갖고 있는 것은 권리범위(침해) 판단에 영향을 미치지 않으며, 이를 이용침해라 한다. 따라서 특허청구항은 적은 구성요소를 갖는 청구항이 권리범위가 넓은 것이다(다기재협범위의 원칙).179) 구성요소 완비의 원칙은 후술하는 균등론에 의한 침해의 경우에도 그대로 적용된다.

구성요소 완비의 원칙

"특허발명과 대비되는 발명이 특허발명의 구성요소 전부를 갖추고 있을 때는 침해이고, 구성요소중 어느 하나라도 결여하고 있으면 침해가 성립되지 않는다"는 원칙

특허발명이 A+B+C인 경우

⇒ A+B : 비침해
A+B+C : 침해
A+B+C+D : 침해
A+B+C' : 침해*
A+B+C'+D : 침해*

*C와 C'가 균등물인 경우

---

177) 특허청구범위가 여러 개의 청구항으로 이루어진 경우, 특허발명과 확인대상발명의 대비는 청구항별로 이루어지며, 침해 판단의 결론이 일부 청구항은 침해, 나머지 청구항은 비침해로 결론이 날 수 있다. 그러나 어느 하나의 청구항이라도 침해하면 결국 특허침해는 성립한다고 볼 수 있다.
178) 침해자가 특허발명의 구성요소 중 일부를 결여하여 확인대상발명을 실시하고 있는 사건에 있어서, 특허권자는 결여된 구성요소가 별로 중요하지 않거나 부수적인 것이기 때문에 이들 구성요소가 결여되었다고 하더라도 확인대상발명이 특허발명의 권리범위에 속한다는 주장을 하는 경우가 많다. 그러나 판례는, "특허청구항에 기재된 구성요소는 모두 그 특허발명의 구성에 없어서는 아니되는 필수적 구성요소로 보아야 하므로, 구성요소 중 일부를 권리행사의 단계에서 비교적 중요하지 않은 사항이라고 하여 무시하는 것은 사실상 특허청구범위의 확장적 변경을 사후에 인정하는 것이어서 허용될 수 없다"고 판시하고 있다. 대법원 2005.9.30. 선고 2004후3553 판결 등.
179) 다만 적은 구성요소를 갖는 청구항은 신규성·진보성으로 거절될 가능성이 높아지므로, 선행기술검색을 통해 선행기술과 구별되는 한도 내에서 적은 구성요소를 갖도록 청구항을 작성하여야 한다. 가장 좋은 방법은 적은 구성요소로 독립항을 작성한 후 독립항의 구성요소를 한정하거나 새로운 구성요소를 부가하는 종속항을 추가하여 청구범위를 작성하는 것이다.

☞ 특허법원 2006. 12. 21. 선고 2006허4857 판결(권리범위확인)

확인대상고안은 등록고안과 구성이 대체로 동일하며, 다만 크라운 너트(4)의 상부에 형성된 '반구상의 캡(5)'에 대응되는 구성이 없다는 작은 차이만 있다. 원고는 "위 반구상의 캡은 특별한 기능이 없는 부가적인 요소에 불과하여 생략 가능한 주지관용의 기술이다"라고 주장하였다.

법원은, "고안의 설명을 참고하면 반구상의 캡(5)'은 크라운너트(4)와 유기적으로 결합하여 전원선을 외부로 유도하는 기능을 하면서, 아울러 전열선의 연결부를 안전하게 보호하는 효과를 갖는 것이어서 부가적 구성요소가 아니라 필수적 구성요소로 보아야 하며, 이러한 필수적 구성요소를 결여한 확인대상고안은 등록고안의 권리범위에 속하지 않는다"고 판시하였다.

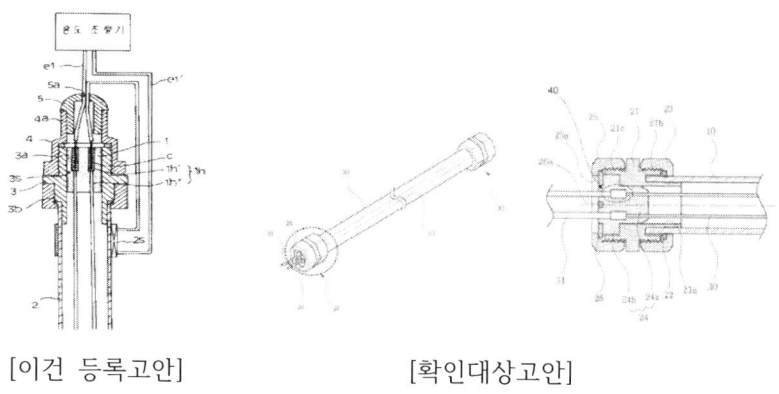

[이건 등록고안]　　　　　[확인대상고안]

④ 균등론에 의한 침해여부 판단

균등론에 의한 침해(infringement by Doctrine of Equivalence)는 구성요소완비의 원칙에 따라 침해를 판단할 때, 구성요소들이 문언적으로 일치하지 않더라도 그 구성요소의 균등물이 확인대상발명에 존재하는 경우에는 침해가 성립한다는 원칙이다. 특허발명은 기술적 사상에 관한 것이어서 특허청구범위 문언만으로 특허발명을 완전하게 표현하기는 어려우며, 특허침해를 문언적 침해로만 한정하면 제3자가 너무 쉽게 피해갈 수 있어서 특허권이 유명무실해질 수 있다. 균등론은 이러한 점을 고려하여 특허발명의 권리범위를 균등한 구성까지 일정부분 확장하는 것이다.

판례에 의한 균등침해의 요건은, 확인대상발명에서 특허발명의 청구항에 기재된 구성 중 변경된 부분이 있는 경우에도, ㉠ 특허발명과 과제의 해결원리가 동일하고, ㉡ 특허발명에서와 실질적으로 동일한 작용효과를 나타내며, ㉢ 그와 같이 변경하는 것이 그 발명이 속하는 기술분야에서 통상의 지식을 가진 사람(통상의 기술자)이라면 누구나 쉽게 생각해 낼 수 있는 정도라면, ㉣ 확인대상발명이 특허발명의 출원 시에 이미 공지된 기술 또는 공지기술로부터 통상의 기술자가 용이하게 발명할 수 있었던 기술에 해당하거나, ⓜ 특허발명의 출원절차를 통하여 확인대상발명의 변경된 구성요소가 특허청구범위로부터 의식적으로 제외된 것에 해당하는 등의 특별한 사정이 없는 한, 확인대상발명은 청구항에 기재된 구성과 균등한 것으로서 여전히 권리범위에 속한다(즉 침해가 성립한다).180)

위 ㉣의 요건은 확인대상발명이 신규성 또는 진보성이 없어서 누구나 실시할 수 있는 '자유실시기술'에 해당되는 것을 의미하고, ⓜ의 요건은 균등론의 적용을 배제하는 출원경과 금반언의 원칙(prosecution history estoppel)을 말한다. 위 균등침해의 요건 ㉠~㉢을 적극적 요건, ㉣, ⓜ을 소극적 요건이라고 하며, 균등침해가 성립하려면 적극적 요건은 모두 충족하면서 소극적 요건에는 해당되지 않아야 한다.

☞ **특허법원 2002.12. 27. 선고 2002허3979 판결(권리범위)**181)

등록고안과 확인대상고안은 모두 '견본형 장판지 바닥재첩'에 관한 것으로서, 장판지 바닥재의 배면부 고정선단 근처에 절결홈을 횡방향으로 형성한 구성이 동일하고, 다만 등록고안은 절결홈이 다수 개이고, 확인대상고안은 절결홈이 하나인 점에서만 차이가 있다.

법원은, 등록고안의 다수 개 절결홈과 확인대상고안의 하나의 절결홈이 균등관계에 있는지를 살펴볼 때, 양 고안은 장판지 바닥재의 배면부 고정선단 근처에 역삼각형 모양의 절결홈(8)을 횡방향으로 형성함으로써 카탈로그 각 낱장이 원래의 위치로 돌아오려는 복원력을 없앤 점에서 과제의 해결원리가 동일하고, … 절결홈이 2개인 경우는 확인대상고안과 같이 절결홈이 하나인 경우에 비하여 특별한 효과의 차이가 있다고 할 수도 없으므로 양 고안이 작용효과도 실질적으로 동일하다.

한편, 등록고안의 고안의 설명에는 "절결홈은 그 개수를 장판지 바닥재첩의 두께에 따라 적절히 선택할 수 있다"고 기재되어 있는 바, 통상의 기술자라면 등록고안의 다수 개의 절결홈을 확인대상고안의 하나의 절결홈으로 변경하는 것을 극히 쉽게 생각해낼 수 있을 것이다. 따라서 "등록고안의 다수 개의 절결홈과 확인대상고안의 하나의 절결홈은 균등관계에 있다"고 하면서 확인대상고안이 등록고안의 권리범위에 속한다고 판시하였다.

---

180) 대법원 2023.2.2. 선고 2022후10210 판결, 대법원 2018.5.30. 선고 2016후2119 판결, 대법원 2014.5.29. 선고 2012후498 판결 등.
181) 이 사례를 통해 청구범위 작성의 중요성을 확인할 수 있다. 등록고안의 청구범위를 '다수 개의 절결홈'이 아니라, '절결홈'이라고 작성하였다면 절결홈이 하나이든지 다수 개이든지 관계없이 문언적 침해가 성립되므로, 소송으로 다투는 일은 없었을 것이다.

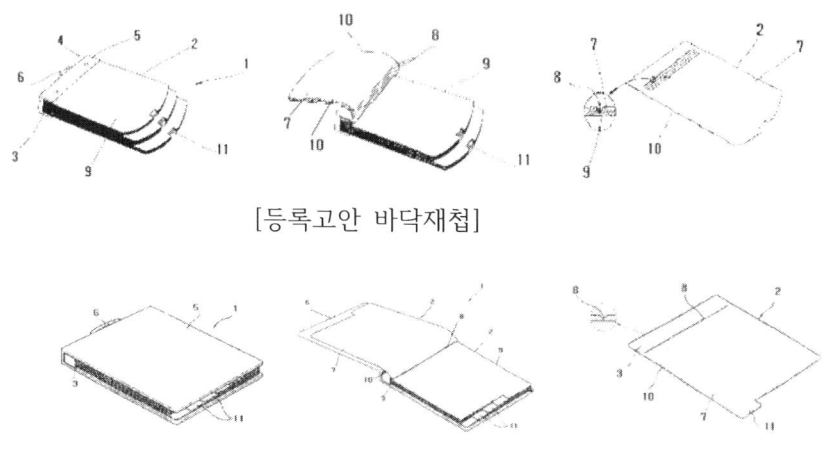

[등록고안 바닥재첩]

[확인대상고안 바닥재첩]

⑤ 출원경과금반언의 원칙

출원경과 금반언의 원칙(prosecution history estoppel[182])은 영미 형평법(equity) 상의 금반언(estoppel)의 원칙에 근거한 것으로서, 출원인이 특허받을 때까지 심사과정에서 행한 행위와 진술 때문에 균등론의 적용이 배제되는 것을 말한다. 출원경과 금반언의 원칙은, 균등론 판단기준에서 "확인대상발명의 변경된 구성요소가 출원절차를 통하여 특허청구범위로부터 의식적으로 제외되었는지"라는 특별한 사정을 따지는 소극적 요건의 한자리를 차지하고 있다. 출원절차를 통해 특허청구범위로부터 의식적으로 제외되었다고 볼 수 있는 심사과정에서의 행위는 ㉠ 통상 출원인이 심사관의 거절이유통지에 대응하여 청구범위를 감축하는 보정을 하는 경우가 해당되며, ㉡ 출원인이 출원과정에서 의견서 등을 통해 권리범위를 좁게 해석할 여지가 있는 진술을 하는 경우도 해당될 수 있다.

그러나 출원과정에서 청구범위의 감축이 이루어졌다는 사정만으로 감축 전의 구성과 감축 후의 구성을 비교하여 그 사이에 존재하는 모든 구성이 청구범위에서 의식적으로 제외되었다고 판단하지는 않는다. 심사관이 거절이유통지에 제시한 선행기술을 회피하기 위한 의도로 그 선행기술에 나타난 구성을 배제하는 감축을 한 경우 등과 같이 보정이유를 포함하여 여러 사정을 종합하여 볼 때 출원인이 해당 구성을 권리범위에서 제외하려는 의사가 존재한다고 볼 수 있는 경우라야 한다.[183]

---

182) File wrapper estoppel이라고도 한다.
183) 이러한 법리는 청구범위의 감축 없이 의견서 제출 등을 통한 의견진술이 있었던 경우에도 마찬가지로 적용된다.

☞ 대법원 2017. 4. 26. 선고 2014후638 판결(권리범위)

특허발명과 확인대상발명은 모두 '강판 포장용 받침대'에 관한 발명으로서, 특허발명의 심사경과를 보면 최초 출원된 당시 청구범위 제1항에는 하부받침대의 단면모양이 '속이 빈 사다리꼴'로 기재되어 있었으나, 선행기술에 근거한 심사관의 거절이유통지에 대응한 보정을 통하여 하부받침대의 단면모양을 '하부면이 상부면보다 넓은 속이 빈 사다리꼴 단면모양'으로 축소보정하면서, 의견서를 통해서는 청구범위 제1항의 상부받침대는 홈부가 상부에 형성되어 있는 점에서 선행기술과 다르다는 취지의 주장을 하였다. 한편 확인대상발명은 하부받침대의 단면모양이 '상부면이 하부면보다 넓은 사다리꼴'이고, 상부받침대의 홈부는 하부에 설치되어 있다.

법원은, 아래와 같은 이유로 하부받침대와 상부받침대에 관한 확인대상발명의 구성이 특허발명의 청구범위에서 의식적으로 제외되었으므로, 확인대상발명이 특허발명의 권리범위에 속하지 않는다고 판단하였다.

㉠ 출원인이 하부받침대를 축소보정한 이유가 선행기술을 회피하기 위한 의도라고 볼 수는 없으나(이 부분이 선행기술에 나타나 있는 구성은 아니다), 발명의 설명에는 '하부면이 상부면보다 넓은 사다리꼴 단면모양'은 하부받침대의 지면과 지지면적을 넓게 하여 구조적인 안정성을 얻을 수 있다'고 기재되어 있어서, 이 사건 보정은 청구범위를 발명의 설명에 부합하도록 한정한 것이므로, 축소보정으로 삭제된 부분을 권리범위에서 제외하려는 의사가 존재한다.

㉡ 상부받침대에 관하여 살펴보면, 출원인은 의견서 제출을 통해 상부받침대의 홈이 상부에 형성되어 하부받침대와의 결합면적을 넓혀 결합력을 강화시킨다는 취지의 주장을 함으로써 상부받침대의 홈이 하부에 형성되어 있는 선행기술과 차별화하였다. 이러한 사정으로 보아 '홈이 하부에 형성되어 있는' 확인대상발명의 구성 역시 권리범위에서 제외하였다고 볼 수 있다.

(3) 특허권 침해에 대한 구제

특허권 또는 전용실시권의 침해에 대한 구제에는 민사적 구제와 형사적 구제가 있다. 민사적 구제방법으로는 침해금지 청구권(법 제126조), 손해배상청구권(법 제128조), 신용회복청구권(법 제131조), 부당이득반환청구권 등이 있고, 형사적 구제방법으로 고소를 통해 7년 이하의 징역, 1억원 이하의 벌금에 처할 수 있다(법 제225조). 이러한 민형사적 구제방법을 사용하기 이전에 특허권자 또는 전용실시권자는 통상 침해자 또는 침해의 우려가 있는 자에게 서면으로 알리는 경고장(특허등록번호, 권리내용, 침해사실 등을 기재)을 먼저 보내게 된다.

① 민사적 구제방법

(i) 침해금지청구권

침해금지청구권은 특허권자 또는 전용실시권자가 자기의 권리를 침해한 자 또는 침해할 우려가 있는 자에 대하여 그 침해의 금지 또는 예방을 청구 하는 권리를 말한다. 침해금지청구권은 손해배상청구권와 달리 침해자의 고의나 과실을 묻지 아니하므로 특허권자 또는 전용실시권자는 선의·무과실로 특허권을 침해한 자에 대하여도 침해금지청구권을 행사할 수 있다. 또한 금지 또는 예방의 청구를 하면서 침해행위를 조성한 물건의 폐기, 침해행위에 제공된 설비의 제거, 그 밖에 침해의 예방에 필요한 행위를 청구할 수 있다(법 제126조 제2항).

특허권자 또는 전용실시권자는 침해금지청구와 함께 민사집행법 제300조에 의한 침해금지가처분신청을 할 수 있다. 특허침해소송의 판결을 받기까지는 통상 상당한 시일이 소요되는 경우가 많기 때문에 신속한 구제를 받기 위하여 가처분신청을 하는 경우가 많이 있다.

(ii) 손해배상청구권

특허권자 또는 전용실시권자는 고의 또는 과실로 자기의 특허권 또는 전용실시권을 침해한 자에 대하여 침해로 입은 손해의 배상을 청구할 수 있다(법 제128조제1항). 손해배상청구소송을 통해 받을 수 있는 손해액의 산정은 (i) 침해행위를 하게 한 그 물건의 양도수량에 특허권자 또는 전용실시권자가 당해 침해행위가 없었다면 판매할 수 있었던 물건의 단위 수량당 이익액을 곱한 금액(법 제128조 제2항),[184] (ii) 침해한 자가 침해행위에 의하여 얻은 이익액 (제4항), (iii) 실시로 인하여 통상 받을 수 있는 실시료 상당액(제5항), (iv) 기타 법원이 인정하는 상당한 손해액(제7항) 등으로 산정될 수 있다.

또한 특허권의 침해행위가 고의적인 것으로 인정되는 경우에는 손해로 인정된 금액의 5배를 넘지 아니하는 범위에서 배상액을 정할 수 있다(제8항).

(iii) 신용회복청구권

특허권자 또는 전용실시권자는 또한 자신의 업무상 신용을 떨어뜨린 자에

---

[184] 다만 양도수량의 산정과 관련하여 특허권자·전용실시권자가 생산할 수 있었던 물건의 수량에서 실제 판매한 물건의 수량을 뺀 수량을 넘지 아니하여야 하고, 특허권자·전용실시권자가 침해행위 외의 사유로 판매할 수 없었던 사정이 있는 때에는 당해 침해행위 외의 사유로 판매할 수 없었던 수량은 제외하여야 한다(법 제128 제2항 제1호).

대하여 손해배상에 갈음하여 또는 손해배상과 함께 업무상 신용회복을 위한 조치를 청구할 수 있다(법 제131조). 신용회복조치의 방법으로는 침해자의 비용으로 패소한 판결문의 내용을 신문·잡지 등에 게재하는 등의 방법이 있다. 다만 사죄광고의 경우는 헌법이 규정하는 양심의 자유에 반한다는 위헌판결을 받은 바 있다.[185]

(iv) 부당이득반환청구권

부당이득반환청구권은 법률상 원인없이 타인의 재산 또는 노무로 인해 이익을 얻고 이로 인하여 타인에게 손해를 가한 자는 그 이익을 반환해야 한다는 민법 제741조의 규정에 근거한다. 손해배상청구권은 특허권자나 전용실시권자가 그 손해 및 가해자를 안 날로부터 3년이 경과하면 시효로 인하여 소멸하며, 침해자에게 고의 또는 과실이 없었던 것이 증명되어도 손해배상을 청구할 수 없다. 이 경우 특허권자 또는 전용실시권자는 민법 규정에 의한 부당이득반환청구를 활용할 수 있다.[186]

② 형사적 구제방법

특허권 또는 전용실시권 침해에 대한 형사적 구제방법으로 7년 이하의 징역, 1억권 이하의 벌금에 처할 수 있다. 이러한 형사적 침해죄는 일반 범죄 행위와 마찬가지로 고의적 침해에 의해 성립한다. 다만 피해자가 명시한 의사에 반하여 공소를 제기할 수는 없다(법 제225조제2항). 한편 이러한 형사적 침해에 대해서는 위반행위를 한 자 뿐 아니라 그 법인이나 사업주도 함께 벌금형을 받을 수 있다(법 제230조).[187]

③ 침해소송의 관할

특허권 침해와 관련된 소송절차는 지방법원에 침해에 대한 구제를 구하는 소장을 제출함으로써 개시되며, 이에 대한 불복은 특허법원(가처분 사건은 고등법원)을 거쳐 대법원까지 상고할 수 있다.[188]

---

185) 헌법재판소 1991.4.1. 선고 89헌마160.
186) 부당이득반환청구권의 소멸시효는 부당이득이 발생한 날로부터 10년이다. 손해배상청구권이 소멸된 후 부당이득반환청구권의 소멸시효가 남아 있다면 부당이득반환청구권을 행사할 수 있다.
187) 다만 법인 또는 사업주 등이 그 위반행위를 방지하기 위하여 해당 업무에 관하여 상당한 주의와 감독을 게을리하지 아니한 경우에는 그러하지 아니하다(법 제230조 단서).
188) 당사자들은 침해소송이 제기됨과 함께 별도로 특허심판원에 권리범위확인심판, 무효심판을 청구하는 경우가 많다.

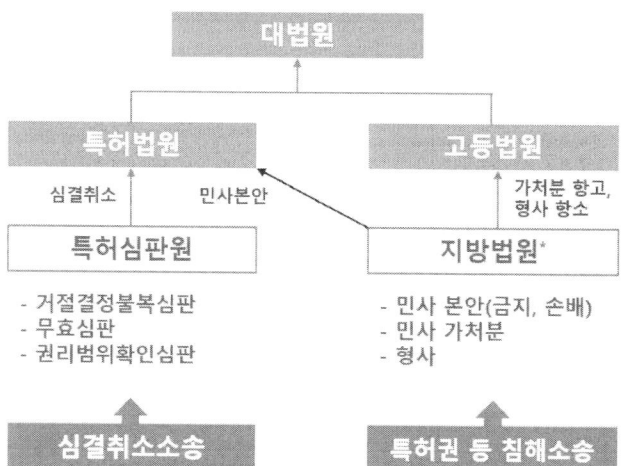

* 서울중앙지법(중복관할), 부산지법, 대구지법, 대전지법, 광주지법

[특허소송의 진행도]

학습 문제 - 2장

1. 갑은 2022.4.1일 A발명이 포함된 논문을 관련 학회에 공개하였다. 갑은 2023. 4. 1일 발명의 설명에는 A발명과 B발명을 모두 기재하고, 특허청구범위에는 A발명만을 기재한 특허출원(갑의 출원)을 하였고, 갑의 출원은 2024. 10. 1일 공개되었다.
   한편 을은 2023. 7. 1일 발명의 설명에는 A발명과 B발명을 모두 기재하고 특허청구범위에는 B발명만이 기재된 특허출원(을의 출원)을 하였다.

   1-1) 갑의 출원이 특허받을 수 있는 지와 특허를 받을 수 있다면 갑이 어떠 조치를 해야 하는지를 기술하라.

   1-2) 을의 출원이 특허받을 수 있는 지와 그 이유를 기술하라.

   1-3) 갑이 우리나라에 출원(갑의 출원)한 후 일본, 미국, 유럽 및 중국에 해외출원을 하는 경우 각 국가별로 특허받을 수 있을 지에 대하여 기술하라.

2. 갑이 자신이 개발한 기계장치에 대하여 특허출원을 하고 제품을 생산·판매하기 시작한지 수개월 후 동종 업계에 종사하는 을이 동일한 기계장치를 제작하여 판매하고 있는 것을 발견하였다.
   갑이 을의 기계장치 판매를 막기 위하여 취할 수 있는 조치들에 대하여 모두 기술하라.

3. 특허법 조문을 찾아 아래 규정들과 관련된 조문번호와 그 내용을 확인해 보라.

   3-1) 특허받을 수 있는 '발명'의 정의

   3-2) 진보성 및 확대된 선출원

   3-3) 타인의 특허발명 등과의 관계

   3-4) 특허권 침해에 대한 금지청구권

4. 케이스노트(CaseNote)에서 아래 판결들을 찾아 판결요지를 확인해 보라.

 4-1) 대법원 2017.1.19. 선고 2013후37 전원합의체 판결[등록무효(실)]

 4-2) 대법원 2014.3.20. 선고 2012후4162 전원합의체 판결[권리범위확인(실)]

 4-3) 대법원 2023.2.2. 선고 2022후10210 판결[권리범위확인(특)]

 4-4) 특허법원 2017.11.30. 선고 2016나1899 판결[직무발명보상금]

5. 다음 중 특허제도의 특징에 관한 설명 중 옳지 않은 것은?
   ① 특허는 특정 제품이 아니라 '기술적 사상'을 보호한다는 점에서 디자인과 차이가 있다.
   ② 특허권의 존속기간은 설정등록한 날부터 출원일 후 20년이 되는 날까지 대부분의 특허권은 이보다 훨씬 빨리 소멸한다.
   ③ 특허법은 특허권자가 업으로서 특허발명을 실시할 권리를 독점한다고 규정하고 있지만, 특허를 받았다고 하여 자유로운 실시가 보장되는 것은 아니다.
   ④ 특허와 관련된 법규와 심사기준 등은 고정된 것이 아니라 시대의 변화에 따라 변경될 수 있다.
   ⑤ 특허를 받을 수 있는 발명은 '자연물이 아닌 인간이 만든 물건'(man-made object)이어야 하므로, 발견에 대하여 특허가 부여되는 경우는 없다.

6. 다음 중 특허를 받을 수 있는 것은 몇 개인가?

> 기타연주방법, 야구공으로 슬라이더를 던지는 방법, 걸음걸이수를 측정하는 스마트폰 앱, 보험영업방법 자체, 신규한 인간의 수술방법, 온라인을 통한 새로운 영어 교육방법, 식물에서 추출한 새로운 당뇨병 치료제, 성공률이 1% 정도인 암에 잘 걸리는 형질전환 생쥐 제조방법, 음악이 저장된 CD, 컴퓨터프로그램 자체, 미완성 발명, 널리 알려진 화합물의 새로운 질병치료제로서의 용도발명

① 3개   ② 4개   ③ 5개
④ 6개   ⑤ 8개

7. A 대학교의 전자공학과 졸업생 김발명 씨는 휴대폰 생산 업체인 B 회사의 연구 부서에 입사하게 되었다. 이후 김발명 씨는 연구를 계속한 끝에 휴대폰 X에 대한 발명을 완성하였으나 마케팅 부서로 이동하게 되었다. 이 경우에 다음 설명 중 옳지 않은 것은?

   ① A 대학교는 김발명 씨의 발명에 대하여 직무발명의 성립을 주장할 수 없다.
   ② 김발명 씨의 발명은 B회사의 업무범위에 속하므로 직무발명이다.
   ③ 김발명 씨가 발명의 출원 시점에 해당 직무에 종사하고 있지 않기 때문에 휴대폰 X는 직무발명이 아니다.
   ④ B 회사가 김발명 씨의 발명을 승계한 경우, 김발명 씨에게 정당한 보상을 지급해야 한다.
   ⑤ 김발명 씨의 발명은 과거의 직무범위에 속하기 때문에 직무발명이다.

8. 다음 중 특허법상 특허등록을 받기 위한 요건이 아닌 것은?
   ① 산업상 이용가능성   ② 신규성   ③ 진보성
   ④ 창작비용이성   ⑤ 선출원주의

9. 다음 중 특허요건인 산업상이용가능성에 대한 설명으로 잘못된 것은?
   ① 산업상이용가능성에서 산업은 생산업 뿐아니라 서비스업 등을 포함하는 최광의로 해석하며, 특허출원 당시에 산업상 이용할 수 있어야 산업상 이용가능성이 있다고 인정된다.
   ② 개인적으로만 이용할 수 있거나, 현실적으로 명백히 실시가 불가능한 발명은 산업상이용가능성이 없다.
   ③ 인간을 수술하거나, 진단하거나 치료하는 방법은 원칙적으로 산업상 이용 없다고 본다. 그러나 인간을 제외한 동물을 수술하거나 진단하거나 치료하는 방법은 산업상 이용가능성이 있다.
   ④ 인체로부터 분리되어 채취한 것(예: 혈액, 오줌)을 이용하는 진단방법 등은 산업상 이용가능성이 인정될 수 있다.
   ⑤ 기술적·경제적 불이익이나 일부 안전성이 결여되어 있는 발명이라도 산업상 이용가능성은 인정될 수도 있다.

10. 다음 중 특허요건인 신규성에 관한 설명으로 가장 부적절한 것은?
    ① 신제품에 관한 시장의 반응을 알기 위하여 세미나에서 발명에 관한 팜플렛을 나누어 주는 행사에 의해서도 신규성이 상실될 수 있다.

② 인터넷 게시물은 그 특성상 게재 후에 그 게재일 및 내용이 변조될 가능성이 있다는 점에서 개인이나 사적기관의 홈페이지의 신뢰도에 의문이 가는 경우에 운영자와 연락하는 등으로 확인할 필요가 있다.
③ 아이디어 창출 수업에서 교수와 학생들과 함께 아이디어에 관한 내용을 공유하더라도 비밀을 지켜야 할 의무가 있는 특정인들에게 공개한 것이므로 신규성이 상실되지 않는다.
④ 발명의 내용을 자신이 사용하고 있는 페이스북에 올려 팔로어들에게 공개하더라도 신규성이 상실되지 않는다.
⑤ 발명에 관한 상세한 내용을 자신의 블로그에 올려 놓았다면, 아무도 방문한 사람이 없었더라도 신규성은 상실된 것이다.

11. 다음 중 발명의 진보성 판단에 관한 설명으로 옳지 않은 것은?
① 인터넷을 통해 공지된 선행기술로부터도 판단할 수 있다.
② 그 발명이 속하는 기술분야에서 통상의 지식을 가진 자(통상의 기술자)의 관점에서 판단한다.
③ 국내뿐만 아니라 국외에 공지된 발명으로부터도 판단할 수 있다.
④ 선행기술과 청구항에 기재된 발명의 구성의 동일성 여부로 판단한다.
⑤ 출원발명이 그동안 미해결되었던 과제를 해결하였다거나 상업적으로 큰 성공을 거두었다는 사실은 참고사항일 뿐이고, 이러한 사실만을 근거로 진보성을 인정할 수는 없다.

12. 다음 중 진보성에 대한 설명 중 잘못된 것은?
① 진보성을 판단함에 있어서 통상의 지식을 가진 자란 당해 기술분야에서 평균 정도의 지식을 가진 자를 말한다.
② 진보성 판단시에는 상이한 기술분야의 선행기술도 인용할 수 있는 것이 원칙이다.
③ 진보성 판단시에는 2개 이상의 선행기술을 조합하여 판단할 수 있다.
④ 발명의 목적, 구성 및 효과를 함께 고려하여 판단한다.
⑤ 장기간 미해결의 과제를 해결하거나 상업적으로 성공한 사실을 참고한다.

13. 심사청구제도에 대한 설명으로 옳지 않은 것은?
① 출원을 하였더라도 심사청구가 없으면 특허청에서 심사를 하지 않는다.
② 심사청구는 출원인 뿐 아니라 제3자도 청구할 수 있다.
③ 심사청구는 특허출원과 동시에 또는 특허출원일로부터 3년 이내에 하여야 한다.

④ 심사청구를 하지 않았더라도 우선심사신청은 할 수 있다.
⑤ 심사청구는 취하할 수 없다.

14. 갑은 자신의 발명을 2022.3.1. 학회에서 발표하였다. 이후 갑의 행동중 가장 옳지 않은 것은?
① 2022.12.1. 우리나라에 학회발표에 대하여 공지예외를 주장하면서 특허출원을 한다.
② 2022.12.1. 공지예외 주장을 하지 않고 우리나라에 특허출원을 한다.
③ 2023.5.1. 학회발표에 대하여 공지예외를 주장하면서 우리나라에 출원하고, 2023.5.30. 그에 대한 증명서류를 제출한다.
④ 2023.2.1. 특허출원을 하고 2023.7.1. 공지예외주장을 하고 증명서류를 제출한다.
⑤ 2023.1.1. 우리나라에 특허출원을 한 후 심사관의 거절이유에 대한 의견서 제출기간에 공지예외를 주장하고 증명서류를 제출한다.

15. 甲은 이미 출원한 발명을 개량하여 국내우선권주장출원을 하려고 준비하고 있다. 국내우선권주장이 인정될 수 있는 요건에 해당되지 않는 것은?
① 선출원일로부터 1년 이내일 것
② 선출원과 특허청구범위는 차이가 있으나 발명의 설명이 완전히 동일할것
③ 선출원이 계속중(pending)일 것
④ 선출원의 출원인과 동일할 것
⑤ 선출원이 특허 또는 실용신안등록출원일 것

16. 특허출원에 대한 출원공개제도에 관한 다음 설명중 옳지 않은 것은?
① 심사청구 여부와 관련없이 출원공개가 이루어진다.
② 특허출원인은 출원공개후 설정등록시까지 업으로 출원발명을 실시한 자에 대하여 보상금을 청구할 수 있으며, 보상금 청구는 설정등록 전이라도 가능하다.
③ 출원공개는 통상 특허출원일 또는 우선일로부터 1년 6개월이 경과된 때에 이루어진다.
④ 출원공개가 이루어지지 않거나 출원발명의 일부 내용이 제외되고 공개되는 경우가 있다.
⑤ 특허출원인은 자신의 출원발명을 신속히 공개하여 달라는 조기공개 신청을 할 수 있다.

17. 특허법상 보정에 대한 설명으로 옳지 않은 것은?
   ① 거절결정서를 받은 후 3개월 이내에 보정서를 제출하며 재심사청구를 할 수 있다.
   ② 출원인은 출원이 최종 확정되기(등록결정 또는 거절결정) 전까지는 언제든지 출원명세서에 대한 보정을 할 수 있다.
   ③ 보정은 최초로 첨부된 명세서 또는 도면에 기재된 사항의 범위 안에서 할 수 있다.
   ④ 최후거절이유통지에 대한 보정과 재심사청구 시의 보정은 그 범위가 매우 제한된다.
   ⑤ 적법한 보정서가 제출되면 그 보정서에 의하여 특허출원이 된 것으로 간주된다.

18. 다음 중 특허심판에 관한 설명으로 가장 적합하지 않은 것은?
   ① 특허심판의 심결에 대해 불복하여 특허법원에 심결취소소송을 제기할 수 있다.
   ② 특허심판은 심판장을 포함한 3인의 심판합의체에 의하여 이루어지며, 심리는 구술 또는 서면으로 진행된다.
   ③ 특허심판에는 결정계심판과 당사자계 심판이 있으며 당사자계 심판은 청구인과 피청구인이 대립하는 구조의 심판이다.
   ④ 권리범위확인심판에서 권리범위에 속하는 지의 판단기준과 법원에서 침해인지의 판단기준은 기본적으로 일치한다.
   ⑤ 특허심판에서 인용되었다는 것은 청구인이 패소한 것을 말한다.

19. 다음 특허권에 관한 설명중 옳지 않은 것은?
   ① 특허권은 출원인이 특허결정서를 받은 날부터 3개월 이내에 특허청에 최초 3년분의 등록료를 납부하면 설정등록이 되어 특허권이 발생한다.
   ② 특허권이 공유인 경우에는 각 공유자는 다른 공유자의 동의를 받지 않고 그 특허발명을 자신이 실시할 수 있으나, 자신의 지분을 다른 사람에게 양도하고자 할 때는 다른 공유자 모두의 동의를 받아야만 한다.
   ③ 특허권이 공유인 경우에는 각 공유자는 다른 공유자의 동의없이 제3자에게 전용실시권이나 통상실시권을 부여할 수 없다.
   ④ 특허발명이 그 특허발명의 출원 이전에 공지된 발명(신규성이 없는 발명)인 경우에는, 무효심판에 의해 무효가 되기 이전이라도 권리범위확인심판이나 침해소송에서 그 특허권의 효력을 인정하지 않는다.
   ⑤ 특허권은 무체재산권으로서 채권에 준하는 성질만을 가진다.

20. 특허의 실시권에 대한 다음 설명 중 옳지 않은 것은?
   ① 실시권에는 전용실시권과 통상실시권이 있으며, 전용실시권과 통상실시권 모두 기간, 지역범위 및 기술분야로 제한할 수 있다.
   ② 전용실시권(exclusive license)은 한 사람(또는 기업)에게만 독점적으로 실시할 권리를 부여하는 것으로서 통상실시권과 달리 특허청의 등록원부에 등록되어야 효력이 발생한다.
   ③ 전용실시권자는 특허발명을 침해한 자에 대하여 자기의 이름으로 그 침해의 금지 또는 예방을 청구할 수 있고, 손해가 있는 경우에는 그 배상을 청구할 수 있다.
   ④ 전용실시권을 부여하더라도 특약이 없는 한 특허권자는 해당 특허발명을 실시할 수 있다.
   ⑤ 통상실시권(non-exclusive license)도 전용실시권과 마찬가지로 특허발명을 업(業)으로 실시할 수 있는 권리이나, 전용실시권과 다른 점은 실시할 권리를 독점하는 것이 아니라는 것이다.

21. 특허발명이 A+B+C로 이루어져 있을 때 특허침해와 관련한 다음의 설명 중 옳지 않은 것은?
   ① A+B로 이루어진 발명은 구성요소 완비의 원칙(all element rule)에 의하여 위 특허발명을 침해하지 않으나, A+B+C+D로 이루어진 발명은 구성요소 완비의 원칙에 의해 특허발명을 침해한다.
   ② A+B로 이루어진 특허발명의 권리범위는 A+B+C로 이루어진 특허발명의 권리범위 보다 넓다.
   ③ A+B+C로 이루어진 특허발명의 특허권자는 A+B로 이루어진 특허발명을 실시할 수 없으나, A+B로 이루어진 특허발명의 특허권자는 A+B+C로 이루어진 특허발명을 자유롭게 실시할 수 있다.
   ④ A+B'+C'인 제3자 발명은 특허발명을 문언적으로 침해하지는 않으나 균등론에 의해서는 침해가 성립할 수 있다.
   ⑤ 균등론에 의한 침해는 출원경과금반언의 원칙이 적용되면 성립하지 않을 수 있다.

22. 다음 중 특허권의 침해를 조성한 물건(간접침해)에 해당하지 않는 것은?
   ① 타이어를 제조하는 방법에 대해 특허가 되어 있는 경우, 해당 타이어 제조방법에만 사용되는 기계를 생산하는 행위
   ② 프린터에 대하여 특허가 되어 있는 경우, 해당 프린터에만 적합한 카트리지를 제조하는 행위

③ 장난감 자동차에 대하여 특허가 되어 있는 경우 해당 장난감 자동차에만 맞는 볼트·너트를 판매하는 행위
④ 농기계에 대하여 특허가 되어 있는 경우, 해당 농기계를 구성하는 구성요소 중 하나이지만 다른 장치에도 전용 가능한 부품을 생산하는 행위
⑤ 구두를 제조하는 방법의 발명에 관해 특허가 되어 있는 경우, 그 제조방법에만 사용되는 기계를 판매하는 행위

23. 갑은 을로부터 특허침해에 관한 경고장을 받았다. 이때 갑이 취하여야 할 행동으로 가장 적절하지 않은 것은?
① 을의 침해소송에 대응하여 맞소송을 제기할 수 있는 대응특허들을 보유하고 있는지 검토한다.
② 을이 일정한 기한 내에 답변을 요청하는 경우 충분한 검토가 부족하더라도 그 기한 내에 답변을 한다.
③ 을의 특허를 침해하고 있다고 판단되는 경우 을과 실시권(라이선스) 계약을 체결한다.
④ 향후 을의 특허를 침해하지 않도록 회피설계를 진행한다.
⑤ 을의 특허를 침해하지 않는다는 변리사의 감정서를 첨부하여 답변서를 송부한다.

24. 특허권 침해의 구제방법에 관한 설명으로 옳지 않은 것은?
① 특허권의 침해에 대한 민사적 구제방법으로는 침해금지청구권, 손해배상청구권, 신용회복청구권, 부당이득반환청구권 등이 있다.
② 특허침해와 관련된 소송절차는 지방법원에 특허권 침해에 대한 구제를 구하는 소장을 제출함으로써 개시되며, 이에 대한 불복은 특허법원(가처분 사건은 고등법원)을 거쳐 대법원까지 상고할 수 있다.
③ 침해소송 절차와는 별개로 특허심판원에 권리범위확인심판, 무효심판을 청구하여 특허법원으로 항소할 수 있는 심결취소소송 절차가 있다.
④ 법원은 동일한 사안에 대하여 권리범위확인심판과 침해소송이 동시에 계류중인 경우에는 권리범위확인심판의 심결 결과가 나올 때까지 침해소송의 진행을 중지시켜야 한다.
⑤ 침해금지청구권은 손해배상청구와 달리 침해자의 고의나 과실을 묻지 아니하므로 특허권자는 선의, 무과실로 특허권을 침해한 자에 대하여도 침해금지청구권을 행사할 수 있다.

25. 다음 해외출원에 설명 중 가장 잘못된 것은?
   ① 해외출원을 하는 방법은 파리조약에 의한 개별국 출원과 PCT 국제출원을 이용하는 방법이 있다.
   ② PCT 국제출원은 출원절차가 간편하고 국제조사보고서를 통해 특허성의 사전판단이 가능한 장점이 있지만, PCT 출원비용이 추가되고 특허등록이 늦어지는만큼 특허권을 행사할 수 있는 기간이 줄어드는 단점이 있다.
   ③ 통상 4개국 이상 출원하는 경우에 PCT 국제출원이 효율적이다.
   ④ PCT 국제출원에서 파리조약에 의한 우선권주장은 인정되지 않는다.
   ⑤ 유럽 국가에 출원하는 방법으로는 파리조약에 의한 개별국 출원과 PCT 국제출원 외에 유럽특허청(EPO)을 이용하는 방법이 있다.

26. 다음 특허권과 관련된 설명 중 옳지 않은 것은?
   ① 다수의 특허권 소유자들이 라이선싱 대행기관에게 자신의 특허권을 공동으로 위탁하는 협정 또는 그 협정으로 인한 특허권의 집합체를 특허풀(patent pool)이라 한다.
   ② ITU, ISO 등의 기관에서 제정하는 규격에 부합하는 특허로서, 해당 특허를 실시하지 않으면 제품의 제조, 판매 또는 서비스가 불가능하게 되는 특허를 표준(필수)특허라 한다.
   ③ 표준특허의 소유자는 공정하고 합리적이며 비차별적이어야 한다는 FRAND(Fair, Reasonable & Non-discrimninatory)를 지켜야 할 의무가 있다.
   ④ 제품을 생산·판매하지 않고 소송과 라이선싱 등을 통해 수익을 창출하는 기업을 NPE 또는 특허괴물(patent troll)이라 한다.
   ⑤ NPE는 제품을 생산·판매하지 않기 때문에 크로스라이선스 협상 등을 통해 쉽게 분쟁이 해결되는 경우가 많다.

제3장
발명의 창출

03

3-1. 창의성과 아이디어 발상법

3-1-1. 창의성이란 무엇인가

백과사전에서 창의성(creativity)을 찾아보면, "어떤 문제에 대한 새로운 해결안, 새로운 방법이나 고안, 새로운 예술적 대상이나 형태 등"(다음 백과사전), "새로운 물건을 만들거나, 새로운 아이디어를 생각해 내는 능력"[189](Merriam-Webster 사전), "무언가를 창조하기 위하여 상상력이나 독창성을 활용하는 것"[190](옥스퍼드 영어사전), "새롭고, 독창적이며, 유용한 것을 만들어 내는 능력"(교육 심리학 용어사전)이라고 정의하고 있다.

심리학자 스턴버그와 루바트는 창의성을 "새롭고 유용한 산출물을 생산해 낼 수 있는 능력"[191]으로 정의하였고, 런코와 가레트에 따르면, 창의성은 독창성(originality) 또는 참신성(novelty)과 함께 유효성(effectiveness)을 요구하며, 유효성은 유용성(usefulness) 또는 가치(value)를 의미한다.[192] 결국 창의성(creativity)이란 "새롭고 유용한 것을 창작해 낼 수 있는 능력"을 의미한다고 할 수 있다.

창의성은 인간만이 가질 수 있는 고유한 능력으로서 인간은 석기시대 이래로 창의성을 발휘하여 생존해 왔다. 창의성은 하나의 정답을 찾아가는 방식이 아니라, 여러 가능성을 고려하는 확산적 사고로부터 시작된다. 창의적이었던 사람들이 창의성에 대하여 어떻게 생각하였는지 살펴보자.

■ 알베르트 아인슈타인(Albert Einstein)

창의성은 다른 사람들과 같은 것을 보고서 다른 사람들이 생각하지 못했던 것을 생각해 내는 것이다. 창의성의 비밀은 그 원천을 숨기는 방법을 아는데 있다 (Creativity is seeing what others see and thinking what no one else has ever thought. The secret to creativity is knowing how to hide your sources).

---

189) The ability to make new things or think of new ideas.
190) The use of imagination or original ideas to create something; inventiveness.
191) Creativity is the ability to produce work that is both novel(i.e., original, unexpected) and appropriate(i.e., useful, adaptive concerning task constraints). Robert J. Sternberg & Todd I. Lubart, "The Concept of Creativity: Prospects and Paradigms", Handbook of Creativity, Cambridge University Press(1999), p.3.
192) Mark A. Runco & Garrett J. Jaeger, The Standard Definition of Creativity, Creativity Research Journal, 24(1), 92-96, 2012.

■ 오거스트 로댕(Auguste Rodin)

내가 발명(창작)한 것이란 없다. 나는 재발견했을 뿐이다(I invent nothing, I rediscover).

■ 스티브 잡스(Steve Jobs)

창의적인 사람들에게 어떻게 그렇게 엄청난 일을 했느냐고 묻는다면, 그들은 약간 양심의 가책을 느낄 것이다. 왜냐하면 그들이 실제 그 일을 했다기보다는 그저 사물을 보고 얼마 후 명백한 것을 알아냈을 뿐이다(When you ask creative people how they did something, they feel a little guilty because they didn't really do it, they just saw something. It seemed obvious to them after a while).

트리즈(TRIZ)에서 특허 수십만 건을 조사해 본 결과, 새롭다고 할만한 발명은 2%에 불과하고, 나머지 98%는 개량발명이었다고 한다. 결국 창의성이란 무에서 유를 창출하는 것이 아니라, 남들이 무심코 지나친 것을 새롭게 해석하여 새로운 의미나 가치를 부여하는 것이라고 할 수 있다.

창의성에는 수직적 사고(vertical thinking)와 달리 어떤 전제조건에도 지배받지 않고 수평방향으로 시점을 확대하는 수평적 사고(lateral thinking)가 필요하며, 수평적 사고의 핵심요소는 고정관념 파괴하기와 문제의 본질을 파악하는 것이다. 머리 회전을 점검하기 위한 간단한 문제들을 풀어보자.

(예제 3-1)

■ 아래 그림들은 수학자이면서 다양한 퍼즐을 만들어 내기로 유명했던 미국의 마틴 가드너(Martin Gardner)의 퍼즐이다. 첫 번째 퍼즐의 100이라는 숫자에서 막대 2개만 옮겨 CAT로 만들어 보라.

[막대 퍼즐]

■ 다음 퍼즐은 성냥개비 2개를 움직여 사과를 성냥개비 밖으로 빼내는 문제이다. 단, 사과를 빼내고 나서도 성냥개비들은 동일한 형상을 유지해야 한다.

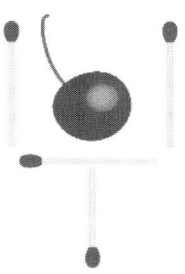

[성냥개비 퍼즐]

■ 아래 그림은 저명한 심리학자 길포드(J. P. Gilford)가 1970년대 초 최초로 소개한 이후 널리 알려진 'Nine-dot puzzle'이다. 9개의 점을 한 번에 모두 지나가도록 선을 긋는다면 몇 개의 선이 필요한가. 가능한 적은 선으로 연결하는 방법을 찾아보라.

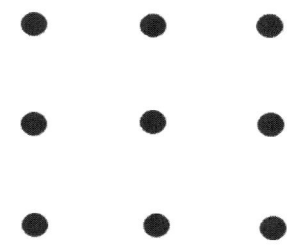

[Nine-dot puzzle]

■ 한 회사가 사원을 뽑기 위하여 다음과 같은 문제를 준비하였다.

세찬 바람이 불고 비가 오는 어느 날 저녁, 당신은 회사를 출발하여 집 근처까지 차를 몰고 가고 있었다. 버스 정류장을 지날 때 그곳에 세 사람이 버스를 기다리고 있었다.

  - 병색이 짙은 할머니
  - 얼마 전 당신 생명을 구해주었던 의사
  - 당신이 흠모하던 아름다운 아가씨

그러나 당신의 2인승 스포츠카에는 오직 두 명만 탈 수 있다. 당신은 누구를 태울 것인가? 과연 어떻게 하면 당신을 포함한 모두가 만족 할 수 있을까?

3-1-2. 아이디어 발상법

창의성(창의적 잠재력)은 선천적으로 갖고 태어날 수 있지만 교육에 의하여 후천적으로 개발될 수 있다는 관점에서 다양한 형태의 아이디어 창출법이 제시되어 왔다.

① 브레인스토밍(brainstorming) 기법

브레인스토밍은 1940년대 미국의 알렉스 오스번(Alex Osborn)에 의해 처음 활용되기 시작하여 가장 널리 알려진 아이디어 창출기법이다. 브레인스토밍은 자유로운 분위기에서 여러 명이 모여 가능한 한 많은 아이디어를 도출한 다음, 그 가운데 좋은 아이디어를 찾아내는 것이 목적이다. 브레인스토밍은 아래와 같은 몇 가지 원칙을 갖고 있다.

- 질 보다 양 우선 원칙: 아이디어는 많을수록 좋다.
- 비판 금지의 원칙: 타인의 아이디어에 대한 비판을 금지한다.
- 자유분방의 원칙: 어떠한 아이디어든지 자유롭게 말한다.
- 결합과 개선의 원칙: 다른 사람의 아이디어를 토대로 새로운 아이디어를 도출한다.

브레인스토밍은 다양한 경험과 지식을 가진 사람들의 아이디어가 합쳐지고 융합되면서 효과적인 아이디어를 창출할 수 있다는 점에서, 다양한 분야의 사람들이 참여하는 것이 중요하다. 한편 브레인스토밍은 가장 많이 활용되고 있는 아이디어 창출기법이기는 하나, 해결하고자 하는 문제에 대한 분석이 없고 문제해결을 위한 구체적 방법론이 없다는 비판도 받고 있다.

(예제3-2)

■ 아래와 같은 형태의 자전거에 물을 싣고 먼 거리를 달리려고 한다. 물을 운반하기에 적합하도록 자전거를 개조하는 방법들은 어떤 것이 있을까?

- 아래와 같은 건조대에 빨래를 널때에 통상 빨래바구니를 바닥에 놓고 빨래를 하나씩 집어 넣게 된다. 이때 계속 허리를 굽혔다가 폈다가 하는 동작을 반복하게 되어 허리에 부담이 가게 된다. 이러한 불편함을 해소할 수 있도록 건조대의 구조를 개량할 수 있을까?

② 속성열거법

해결하고자 하는 과제 또는 물건의 속성을 목록으로 작성하고 각 속성에 대한 체크리스트를 만들어서 문제를 해결하는 기법으로서 체크리스트 기법의 일종이라고 할 수 있다. 예를 들어 '페트병 뚜껑 쉽게 따기'가 과제라면 페트병 뚜껑의 속성을 "둥글다, 플라스틱 재료이다, 회전력을 이용한다" 등으로 적고, 각 속성에 대하여 용도를 바꾸면, 반대로 하면, 다른 것으로 대체하면, 다른 것과 결합하면, 모양을 변경하면 등의 체크리스트를 적용하며 아이디어를 창출하는 방법이다.

(예제 3-3)

- 텀블러의 속성을 아래와 같이 목록으로 작성할 수 있다. 이들 각 속성에 대하여 "바꾸기, 반대로하기, 결합하기"라는 체크리스트를 적용하여 개량 발명을 생각해 보라.

  - 명사적 속성 :
    - 몸체, 뚜껑, 바닥, 주둥이 등
  - 형용사적 속성 :
    - 둥글다, 플라스틱이다, 원통형이다 등
  - 동사적 속성 :
    - 음료(커피)를 담는다, 흘러 넘칠 수 있다, 계속 사용한다 등

	속성	바꾸기	반대로하기	결합하기

명사적 속성	몸체/뚜껑/바닥
형용사적 속성	둥글다/플라스틱이다
동사적 속성	흘러넘칠수 있다/계속 사용한다

■ 아래 세탁기와 레이저포인터의 예와 같이 개량하고자 하는 자신의 아이템을 정하고 그 속성을 나열한 후, 바꾸기/결합하기로 개량발명을 생각해 보라.

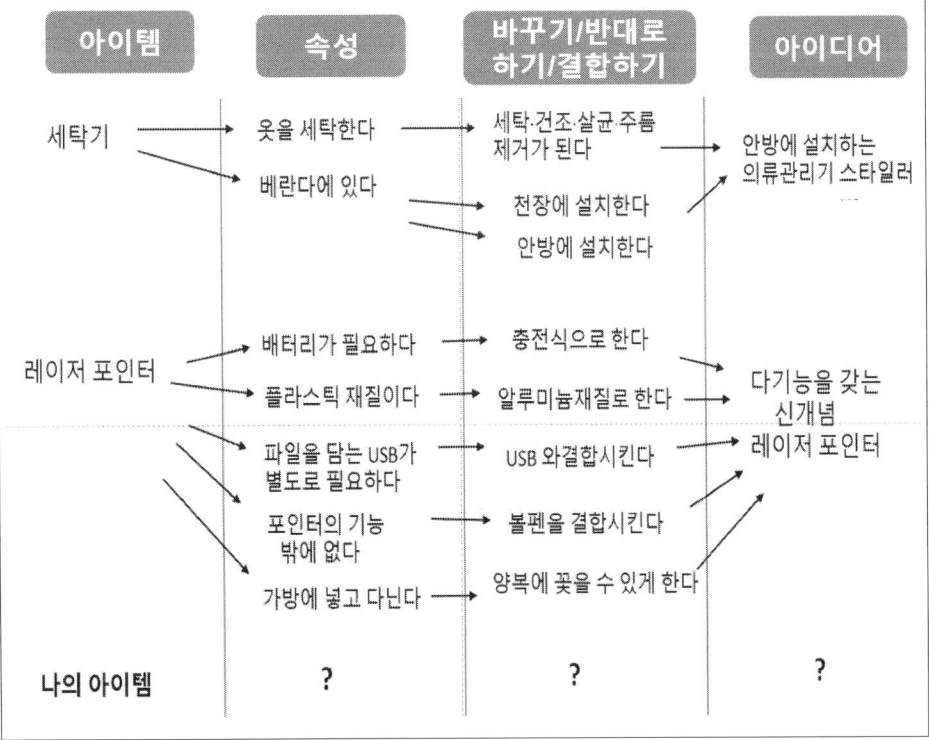

③ 희망점 열거법

해결하고자 하는 과제(물건)가 어떻게 바뀌었으면 좋겠다는 희망사항을 열거하고 이를 체크리스트로 활용하는 기법이다. 예를 들어, 시판되는 커피포트에서 아래와 같이 원하는 희망사항을 열거하고, 이를 체크리스트로 활용할 수 있다.

- 휴대할 수 있으면 좋겠다.
- 가습기로도 활용할 수 있으면 좋겠다.
- 태양열을 이용하여 물을 끓일 수 있으면 좋겠다.
- 커피잔이나 찻잔의 기능도 함께 가지고 있으면 좋겠다.

(예제 3-4)

■ 아래 손전등에 대하여 어떻게 바뀌었으면 좋겠다는 희망점을 열거하고 이를 체크리스트로 활용한 개량발명을 생각해 보라.

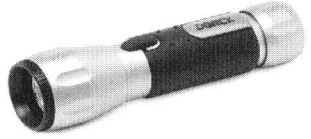

④ 강제열거법

많은 아이디어가 두 개 또는 그 이상의 사물이나 아이디어들이 합쳐져서 만들어진다. 강제 결합법은 겉으로 보기에는 관계가 없어 보이는 두 가지 이상의 아이디어나 사물을 억지로 관련시켜 새로운 아이디어 창출을 하는 기법이다. 생각이 막혀서 아이디어가 떠오르지 않거나, 다양한 시각에서 전혀 새로운 아이디어를 창출하고자 하는 경우에 유용하다. 예를 들면 의자와 관련이 없는 바퀴를 강제로 연결하여 '바퀴가 달린 의자'가 탄생하였다.

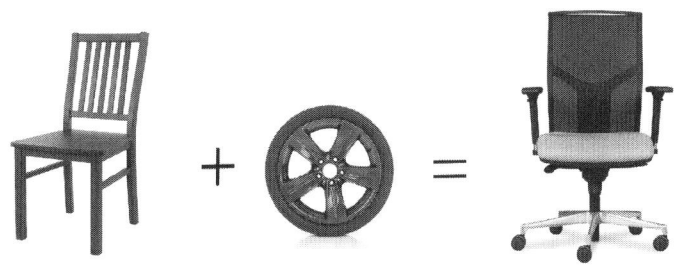

강제결합법에는 목록표 작성하기, 카탈로그 기법, 임의 강제결합법 등 3가지 접근방법이 있다. 강제결합법은 아래와 같은 순서로 실행할 수 있다.
- 해결하고자 하는 문제를 분명하게 기술한다.
- 문제와 관련이 없는 사물이나 아이디어를 여러 개 선택한다.
- 강제결합법을 활용하여 새로운 사물이나 아이디어를 창출한다.

(예제 3-5)
■ 선풍기, 손난로를 우리 주변에 있는 여러 물품(지갑, 가방, 안경, 볼펜, 휴대폰, 포인터, 모자, 신발, 재킷, 손수건, 장갑, 텀블러, 자전거, 자동차 등)과 임의 결합하여 개량발명을 생각해 보라.

3-2. 트리즈와 ASIT

3-2-1. 트리즈(TRIZ)

(1) 트리즈의 기본 개념

트리즈는 1946년 이래 러시아의 겐리히 알츠슐러(Genrich Altshuller)와 그의 동료 및 제자들이 300만 건의 특허문헌을 분석하고, 거기에 존재하는 공통의 문제해결 원리를 요약·정리한 것이다.[193] 알츠슐러는 평범한 사람도 이러한 공통의 문제해결 원리를 활용하여 대부분의 기술적 문제를 해결할 수 있다고 믿었다.

트리즈(TRIZ)는 '창의적 문제해결 이론'이란 의미의 러시아어인 'Teoriya Resheniya Izobretatelskikh Zadatch'의 머리글자를 딴 것으로서, 영어로는 Theory of Inventive Problem Solving(TIPS)이다.

트리즈의 기본개념으로는 모순, 이상해결책, 자원 등을 들 수 있다.

- 모순(contradiction): 창의적 특허들은 '모순'을 극복하고 있다는 공통점을 갖는다. 모순은 문제를 일으키는 근본원인이고, 이를 해결하여야 문제가 해결되었다고 할 수 있다.
- 이상해결책(IFR; Ideal Final Result): 타협하여 문제를 해결하는 것이 아니라 문제를 근본적으로 해결할 수 있는 이상적 해결책을 찾는다.
- 자원(resources): 모순 해결 및 이상해결책 달성을 위해 적절한 자원을 활용하는 것을 말한다.

결국 트리즈는 주어진 문제의 근본적인 모순을 찾고 그 모순을 극복할 수 있는 이상해결책을 달성하기 위하여 적절한 자원[194]을 탐색하여 활용하는 방법론이라고 할 수 있다. 트리즈는 모순 자체를 제거함으로써 모순에 대한 근본적인 해결책(Ideal Final Result; IFR)을 추구한다.

아래의 사례를 보면, 예전의 냉장고 홈바(그림 왼쪽)에는 접이식 이음새가 달려 있었는데 여기에 아이들 손가락이 자주 끼는 문제점이 있었다. 트리즈 전문가는 이 문제를 이음쇠를 아예 없애면서 홈바의 문이 안쪽으로 말려 들어가

---

193) 최유현, 발명교육학연구, 형설출판사, 2014, 200면.
194) 트리즈에서 자원(resources)이란 물건, 물질, 에너지, 시간, 공간 등 문제 해결(problem solving)에 쓸 수 있는 모든 것을 말한다. 예를 들면 최근에 출시되는 자동차에는 안테나가 없고, 자동차 뒷면 유리에 장착되는 열선이 안테나의 기능을 겸한다. 여기서 '열선'이 문제 해결을 위한 '자원'에 해당한다.

게 하는 방법(그림 오른쪽)으로 해결하였다.

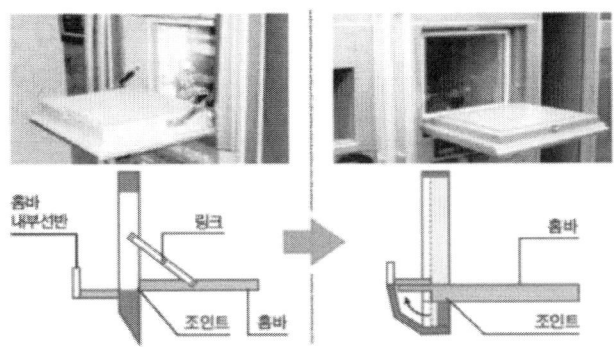

[냉장고 홈바 트리즈 사례]

(2) 모순의 개념

알츠슐러는 누가 보아도 인정할 수 있는 창의적 특허들을 분석해 본 결과 '모순'(contraction)을 극복하고 있다는 공통점을 발견하였다. 모순은 트리즈의 가장 중요한 개념이며, 기술적 모순과 물리적 모순으로 구분된다.

① 기술적 모순(Technical Contradiction)

시스템의 어느 하나의 특성을 개선하고자 하면 다른 특성이 악화되는 상황을 말하는데, 다음과 같은 예를 들 수 있다.

- 자동차에서 엔진의 배기량을 늘리면 출력은 높아지지만 연비가 저하되고, 엔진의 배기량을 줄이면 연비는 좋아지지만 출력이 저하된다.
- 상품을 튼튼하게 포장하면 안전도는 높아지지만, 무게가 증가하고 비용이 더 든다.
- 고수익을 얻을 수 있는 금융상품은 위험도가 높고, 위험도가 낮은 금융상품은 수익률이 낮다.

② 물리적 모순(Physical Contradiction)

물리적 모순은 시스템의 어느 하나의 특성이 상반되는 특징을 가져야 하는 것을 말한다. 즉 '이래야 되면서 또 저래야 된다'고 한다면 물리적 모순이 존재하는 것인데, 아래와 같은 예를 들 수 있다.

- 비행기의 바퀴는 이착륙을 위해서는 있어야 하지만, 비행 중에는 공기 저항을 줄이기 위해 없어야 한다.

- 수염을 잘 깎기 위해서는 면도날이 날카로운 것이 좋으나, 사용 중에 상처를 입지 않으려면 너무 날카롭지 않은 것이 좋다.

알츠슐러는 트리즈 개발 초기에 누가 보아도 창의적이라고 인정되는 특허 4만 건을 집중적으로 분석하면서 모순을 극복하는 공통적인 원리를 발견하였다. 기술적 모순을 극복하는 원리로 '40가지 발명원리'를, 물리적 모순을 해결하는 원리로는 '분리의 원리'를 도출하였다.

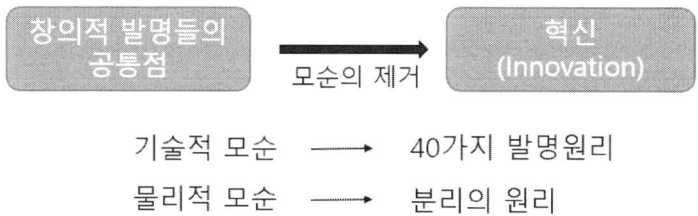

기술적 모순 ⟶ 40가지 발명원리
물리적 모순 ⟶ 분리의 원리

[트리즈와 모순의 관계]

(3) 물리적인 모순의 해결- 분리의 원리

트리즈에서 물리적인 모순을 해결하기 위한 원리가 분리의 원리이다. 분리의 원리에는 시간에 의한 분리, 공간에 의한 분리, 조건에 의한 분리, 부분과 전체에 의한 분리가 있다.

① 시간에 의한 분리

시간에 의한 분리의 사례로 아래의 예를 보자. 겨울에 기초공사를 위해 얼어 있는 땅 속에 말뚝을 박기 위해서는 말뚝의 끝이 뾰족해야 한다. 그러나 말뚝이 일정한 깊이로 박힌 후에는 더 이상 밑으로 내려가지 않아야 기둥의 역할을 할 수 있다. 즉 말뚝이 "들어갈 때는 뾰족하고 들어가고 나서는 뾰족하지 않아야 한다"는 물리적 모순이 존재한다.

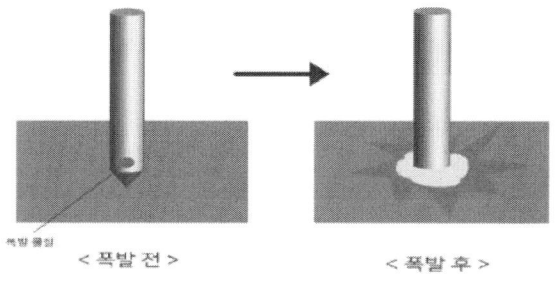

[트리즈를 이용한 말뚝박기 사례]

이러한 모순은 시간에 의한 분리의 원리를 적용하여 해결할 수 있다. 위의 그림과 같이 말뚝의 끝에 소량의 폭약을 설치하고 말뚝을 박은 후, 말뚝이 일정한 깊이에 도달하면 폭약을 폭파시켜 말뚝의 끝을 뭉툭하게 만들면 된다. 시간에 의한 분리의 다른 예로는 일정 시간 간격으로 파란불과 빨간불이 바뀌는 교통시스템의 신호등, 승용차 요일제 등이 있다.

② 공간에 의한 분리

공간에 의한 분리의 사례로 아래의 예를 보자. 100층 이상의 고층 건물에서 승객을 원활히 실어 나르기 위해서는 엘리베이터 수가 많아야 한다. 그러나 효율적인 공간 활용을 위해서는 엘리베이터 수가 적어야 한다. 이러한 모순은 공간을 분리하여 여러 대의 엘리베이터를 설치함으로써 해결할 수 있다. 다른 공간적 분리의 사례로 고가도로와 지하도, 짬짜면 그릇, 냉장고의 냉동실과 냉장실 등을 들 수 있다.

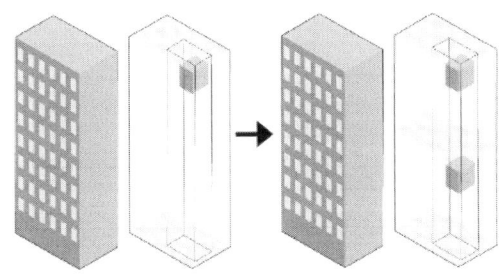

[트리즈를 활용한 고층엘리베이터 설치 사례]

③ 조건에 의한 분리

조건에 의한 분리는 조건에 따라 시스템의 구성요소를 변경시켜 서로 다른 물리적 특성을 갖도록 만드는 것이다. 첫 번째 방법은 시스템에 반대 기능을 수행하는 안티시스템을 결합시키는 것이다. 예를 들면 가속장치와 브레이크 장치를 갖는 자동차, 찬물과 뜨거운 물이 나오는 정수기, 전류를 흐르게도 하고 단절시키기도 하는 스위치 등이다.

두 번째 방법은 물리적, 화학적, 기하학적 효과를 활용하여 시스템이 다른 특성을 나타내도록 만드는 것이다. 예를 들면 염화은 물질을 안경렌즈 안에 넣어 자외선이 강할 때 검게 변하는 안경, 두 가지 종류의 금속을 붙여 놓은 바이메탈을 이용하여 온도가 높아지면 자동으로 전원이 차단되는 가전제품 등을 들 수 있다.[195]

④ 전체와 부분의 분리

전체와 부분의 분리의 대표적인 예로는 자전거 체인이 있다. 자전거 체인은 강하면서 유연하기도 해야 하는 모순된 특성이 요구된다. 이러한 상반된 특성을 만족시키기 위해서 부분적으로는 매우 단단한 금속부품이지만 그것들을 전체적으로 연결한 체인은 상당히 유연한 특성을 가지고 있다.

(예제 3-6)

■ 어떤 온라인 게임의 초기 단계에서 고객유치를 위한 무료서비스와 수익 창출을 위한 유료서비스를 적절히 혼합하여 제공하려고 한다. 분리의 원리를 이용하여 적절한 유무료 이용서비스 방법을 생각해 보라

■ 수분이 많은 채소나 치즈 등을 칼로 자르다 보면, 잘린 조각이 칼에 달라 붙어서 불편하다. 분리원리를 활용하여 이 문제의 구체적인 해결책을 찾아 보라.

---

(4) 기술적인 모순의 해결 - 40가지 발명원리

알츠슐러가 누가 보아도 창의적이라고 인정할 만한 특허 4만 건 중에서 기술적 모순을 해결한 특허 2만 건을 따로 분석하여 해결책의 공통점으로 뽑아낸 것이 '40가지 발명원리'이다.

1. 분할 (Segmentation)	2. 추출 (Extraction)	3. 국부적 성질 (Local quality)	4. 비대칭 (Asymmetry)
5. 통합 (Combining)	6. 범용성 (Universality)	7. 포개기 (Nestling)	8. 평형추 (Counterweight)
9. 사전 반대 조치 (Preliminary counteraction)	10. 사전 조치 (Preliminary action)	11. 사전 보호조치 (Cushion in advance)	12. 높이 맞추기 (Equipotentiality)
13. 반대로 하기 (Reverse)	14. 타원체 형상 (Spheroidality)	15. 역동성 (Dynamicity)	16. 과부족 조치 (Partial or Excessive action)

---

195) 송용원·김경모·김성환, 창의적 문제해결이론 TRIZ, 한국표준협회미디어, 2017, 134-135면.

17. 차원 바꾸기 (Dimension change)	18. 기계적 진동 (Mechanical vibration)	19. 주기적 작동 (Periodic action)	20. 유용한 작용의 지속 (Continuity of useful action)
21. 고속처리 (Rushing through)	22. 유해한 것을 좋은 것으로 (Convert harm into benefit)	23. 피드백 (Feedback)	24. 중간 매개물 (Intermediary)
25. 셀프 서비스 (Self-service)	26. 복제 (Copying)	27. 일회용품 (Disposable product)	28. 기계시스템 대체 (Replacement of mechanical system
29. 공기압과 수압 (Pneumatics and hydraulics)	30. 유연한 막/얇은 필름 (Flexible membrane or thin film	31. 다공성 재료 (Porous material)	32. 색상 변화 (Color change)
33. 동질성 (Homogeneity)	34. 폐기 및 재생 (Rejection and regeneration)	35. 속성 변화 (Parameter change)	36. 상전이 (Phase transition)
37. 열팽창 (Thermal expansion)	38. 산화제 (Oxidizer)	39. 불활성 환경 (Inert environment)	40. 복합 재료 (Composite material)

[40가지 발명원리]

(5) 트리즈의 기타 문제해결 도구

① 모순행렬(contradiction matrix)

모순행렬은 39가지 공학변수와 40가지 발명원리로 이루어진 테이블을 말하는데, 39가지 공학변수는 speed, force, strength, temperature, brightness, tension·pressure·stress 등이다. 해결하고자 하는 과제를 진행할 때 개선되는 공학변수와 원하지 않는 공학변수를 정하면 이들로부터 40가지 발명원리 중 어떤 것을 적용할 것인지를 테이블에서 확인할 수 있다. 예를 들어 높은 곳에서 통증없이 다이빙하는 방법을 찾을 때, 높은 곳에서 다이빙하면 개선되는 공학변수는 속도이고, 원하지 않는 공학변수(결과)는 tension·pressure·stress이므로 이를 모순행렬에 대입하여 6, 18, 38, 40번 발명원리의 적용이 적합하다는 것을 알 수 있다.

② 76가지 표준해(standard solution)

76가지 표준해는 40가지 발명원리로 해결하기 어려운 문제들을 위하여 개발된 것으로서, 기본적으로 물질-장(su-field) 분석을 문제의 유형별로 나누어 정리한 것이다. 이 분석은 시스템의 문제를 모델링하기 위한 트리즈의 도구라고 할 수 있다.[196]

③ 아리즈(ARIZ)

아리즈는 '창조적 문제해결 알고리즘'(algorithm for inventive problem solving)이란 뜻의 러시아어 머리글자이다. 복잡한 문제를 해결하기 위한 일련의 논리적이고 구조적인 문제해결 과정으로서, 트리즈의 40가지 발명원리, 모순극복, 표준해결책, 물질장 등 다양한 툴들을 프로세스화한 것이다. 아리즈는 여러 가지 연구 방법론을 종합적으로 사용하기 때문에 트리즈의 방법론 중에서 가장 수준 높은 문제해결방법론이라고 할 수 있다. 다만 너무 어렵기 때문에 그 실용성이 높게 평가되고 있지는 않다.[197]

3-2-2. ASIT

트리즈는 창의적 문제해결을 위한 강력한 도구이기는 하지만, 배우기가 어렵고 실제로 사용할 수 있을 정도로 익히려면 상당한 시간이 소요된다. 이러한 트리즈의 문제점을 개선하기 위하여 이스라엘 출신의 로니 호로위쯔 (Roni Horowitz) 박사가 개발한 기법이 ASIT(Advanced Systematic Inventive Thinking)이다.

ASIT는 트리즈의 모순행렬표, 40가지 문제해결 원리, 그리고 이상적인 해결책을 2개의 조건(닫힌 세계의 조건, 질적 변화의 조건)과 용도통합, 복제, 분할, 대칭파괴 및 제거 등 5가지 문제해결기법으로 단순화하였다.[198]

① 2개의 조건

(i) 닫힌 세계의 조건

닫힌 세계의 조건(Closed World; CW)이란 문제의 세계에 없었던 새로운

---

196) 김창환, 최신 창의적 공학설계기초, 복두출판사, 2017, 224면.
197) 최유현, 앞의 책, 211면.
198) 로니 호로위쯔, 누구나 창의적인 사람이 될 수 있다, 김준식 역, FKI미디어, 2003, 43면.

요소를 해결의 세계에 추가하지 말라는 것이다. 즉 외부자원을 활용하지 말고 기존의 가용자원으로 문제를 해결하라는 것이다. 아래의 사례를 보자.

적지 한가운데에서 적의 정보를 수집하여 아군에게 전송하는 안테나를 제작하고자 하였다. 이 안테나는 아군 한 명이 적지로 운반하기 쉽도록 가벼워야 한다. 그런데 이 지역은 춥고 눈이 많이 내리는 곳이기 때문에 추운 겨울에는 안테나에 쌓인 눈이 얼어붙어 얼음의 무게로 안테나가 부러지는 일이 자주 발생하였다. 이 문제를 어떻게 해결할 수 있을까?

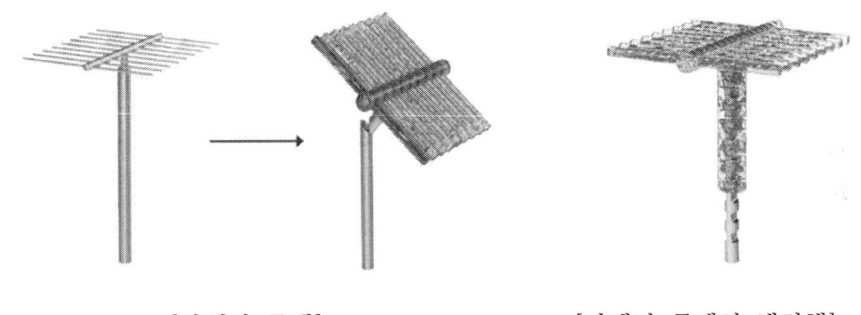

[안테나 문제]　　　　　　　　[안테나 문제의 해결책]

이 문제에 대하여 떠올릴 수 있는 일반적인 해결책은, 가열장치를 추가하거나 지지대를 추가하거나 안테나 기둥의 두께를 늘리거나 재료를 튼튼한 합금으로 바꾼다거나 하는 것이다. 그러나 ASIT를 활용한 창의적인 해결책은 안테나의 기둥에 많은 흠집을 냄으로써 눈이 안테나는 물론 기둥 위에도 쌓이게 하는 것이다. 이렇게 함으로써 기둥에 얼어붙은 얼음이 기둥을 강화시켜, 얼음으로 덮힌 안테나의 무게를 지탱하도록 한다. 여기에 외부자원이 추가된 것은 없으므로, 닫힌 세계의 조건이 충족되는 해결책이다.

(ii) 질적 변화의 조건

질적 변화의 조건(Qualitative Change; QC)은 원하지 않는 결과(undesired effect)와 악화요인(worsening factor) 사이의 관계가 창의적 해결책에 의해 본질적으로 변해야 한다는 것이다. 통상 악화요인이 많아지면 원하지 않는 결과도 증가한다. 앞의 안테나 문제에서 악화요인인 안테나에 쌓인 얼음의 양이 증가하면, 원하지 않는 결과인 안테나가 부러질 가능성은 높아진다.

그러나 안테나의 위 해결책에서 보면, 악화요인인 얼음이 기둥을 강화시키는 역할을 하므로 얼음의 양이 많아지더라도 원하지 않는 결과인 안테나가 부러질 가능성은 증가하지(변하지) 않는다. 따라서 이 해결책은 질적 변화의 조건을 충족시킨다. 아래 오른쪽 그림과 같이 악화요인이 증가할수록 원하지 않는 결과가 감소한다면 더욱 이상적이다.

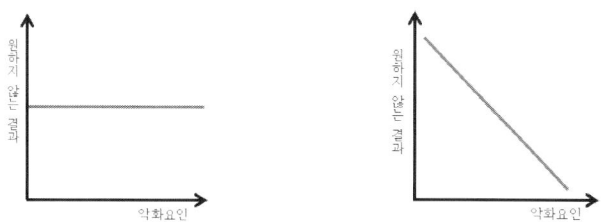

[변화된 악화요인과 원하지 않는 결과와의 관계]

(예제 3-7)

■ 어떤 제한구역 내로 사람들이 진입하는 것을 막기 위하여 바리케이드가 사용되고 있다. 그런데 한꺼번에 수많은 사람이 접근하여 밀면 바리케이드가 넘어지게 된다. 어떻게 하면 바리케이드가 쉽게 넘어지지 않도록 할 수 있을까?

■ 아래 그림에서 쇠구슬이 파이프를 통과하는 부분에서 파이프와 충돌하며 구부러진 부분의 마모가 일어난다. 이 부분을 여러 가지로 코팅해 보았으나 효과가 크지 않았다. ASIT의 2가지 조건을 고려하여 이 부분의 마모를 방지할 아이디어를 생각해 보라.

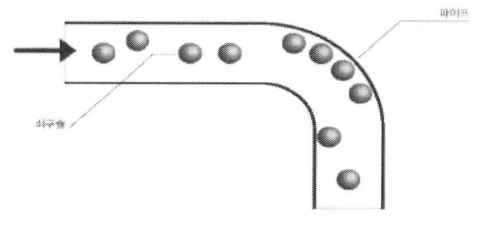

[쇠파이프 마모방지 퍼즐]

② 5가지 문제해결 기법

(i) 용도통합(Unification)

용도통합(unification)은 기존의 구성요소에 새로운 용도를 부여함으로써 문제의 해결책을 찾는 기법이다. 즉 문제에 존재하는 구성요소들의 새로운 사용방법을 발견하여 문제를 해결하는 것이다. 예를 들면 자전거 바퀴의 공간을 활용한 다용도 가방과 어깨에 매는 가방을 물통으로 활용한 물통용 가방을 들 수 있다.

[자전거 바퀴를 활용한 다용도 가방과 물통용 가방]

(ii) 복제(multiplication)

복제는 현재 존재하는 구성요소와 같거나 유사한 유형의 구성요소를 복제하여 추가함으로써 문제를 해결하는 것이다. 복제를 이용한 대표적인 발명품은 질레트(Gillette)의 여러 개 날을 가진 안전면도기(safety razor), 십자드라이버, 트윈세탁기 등을 들 수 있다.

(iii) 분할(division)

분할은 선택한 하나의 구성요소를 여러 개의 부분으로 나눈 후, 그 나누어진 부분을 시간적 또는 공간적으로 새롭게 구성하거나 재배치하여 문제를 해결하는 기법이다. 커터 칼, 조립식 가구, 접는 자전거 등을 예로 들 수 있다.

(iv) 대칭파괴(breaking symmetry)

대칭파괴는 대칭이 주는 안정감 때문에 대칭을 깨뜨리지 않으려고 하는 고정관념을 파괴함으로써 문제를 해결하는 기법이다. 대칭파괴의 대표적인 예로는 주름잡힌 빨대와 발가락 양말을 들 수 있다. 자외선의 양에 따라 색상이 변하는 안경렌즈, 온도에 따라 색이 변하는 젖병의 꼭지 등은 시간대칭 파괴의 예이다.

(v) 제거(removal)

제거기법은 문제요소 가운데 하나 또는 그 이상의 요소를 제거함으로써 해결책을 찾는 기법으로서, 가능하면 핵심적인 것을 제거하는 것이 효과가 크다. 제거기법의 대표적인 사례에는 날개 없는 선풍기, 공기없는 타이어, 무선 이어폰, 줄없는 줄넘기(jump snap) 등을 들 수 있다.

(예제 3-8)

■ 어느 회사가 내구성이 강한 금속재료를 개발하고자 하였다. 이 재료가 산(acid)에 얼마나 잘 견디는 지를 실험하기 위하여 아래 그림과 같이 금속으로 만들어진 용기에 산(acid)과 재료를 넣어 다양한 압력과 온도에서 내부식성 실험을 하였다. 그런 후 이들 재료를 용기에 넣을 때 용기 자체가 부식되어 그 용기를 자주 바꿔주어야 하는 문제점이 발생하였다. 어떻게 하면 이러한 문제점을 해결할 수 있을까?

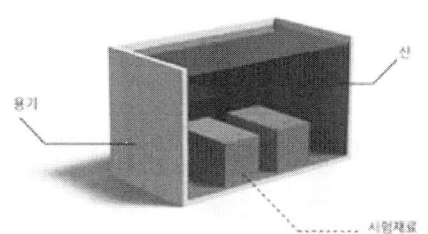

[산에 의한 금속재료 부식 퍼즐]

■ 어느 왕이 두 명의 아들에게 재산을 물려주면서 경마게임을 시켜 이긴 사람은 유산의 2/3를, 진 사람은 유산의 1/3을 갖도록 하였다. 게임의 룰은 두 사람이 말을 타고 경마를 하면서 결승점에 늦게 들어오는 사람이 이기는 게임이었다(단, 뒤로 갈 수는 없다).

이 내용을 들은 아들들은 당황할 수 밖에 없었는데, 만약 이 게임의 규칙을 따른다면 서로 늦게 들어오려고 최대한 천천히 걸을 것이므로 아마도 영원히 끝나지 않는 게임이 될 것 같았기 때문이다. 어떻게 하면 슬기롭게 이 문제를 해결할 수 있을까?

3-3. 발명 창출 프로세스 및 사례

3-3-1. 발명창출 프로세스

(1) 발명창출 프로세스 개요

발명의 창출 프로세스는 통상 아래에서 보는 바와 같이 문제의 인식 → 발명의 창출 → 선행기술검색 및 평가 → 시제품 제작 → 특허출원의 과정을 거치게 된다. 이후 해당 발명을 상품으로 생산·판매하기 위해 직접 창업을 모색하거나 제3자에게 양도하거나 라이선스(실시권)을 부여하는 것을 모색해 볼 수 있다.

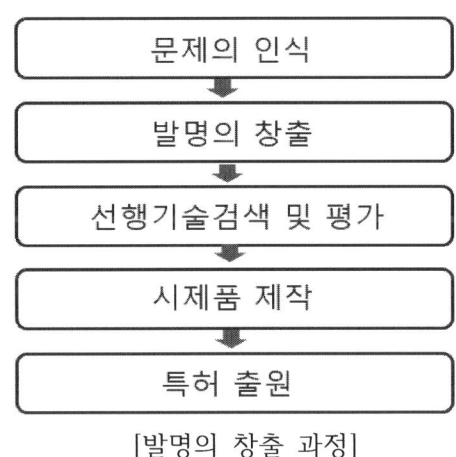

[발명의 창출 과정]

(2) 문제의 인식

아이디어 창출 과정에서의 첫 번째 단계는 문제의 인식이다. 이를 위해 주변의 사물과 사건들을 자세하게 들여다보고 관찰하며 사소한 것이라도 기록하는 습관을 갖는 것이 중요하다. 이러한 관찰을 통해 주변의 불편한 점을 찾아내는 문제의 인식이 발명을 위한 첫걸음이다. 예를 들어 아래와 같은 경우가 문제의 인식이라고 할 수 있다.

- 목이 좁은 면티를 옷걸이에 걸려면 면티의 목부분을 잡아당겨 늘려야 하는 불편함이 있다. 이러한 불편함을 해소하기 위하여 목이 좁은 면티를 위한 새로운 옷걸이가 있었으면 좋겠다.

- 많은 시간을 앉아 있는 학생이나 직장인의 경우 허리에 문제가 있는 경우가 많다. 올바른 자세로 앉아 있는지를 시각적으로 알려주는 모형이 있었으면 좋겠다.
- 사용자의 신장이나 사용공간의 광협에 맞추어 착석면의 넓이를 조절할 수 있는 의자가 있으면 편리할 것이다.
- 시각장애인의 경우 시계를 볼 수 없다. 시각장애인들도 시간을 알 수 있는 시계를 만들 수 없을까.

(3) 발명의 창출

문제에 대한 인식을 하고 나면 이를 해결할 수 있는 발명을 창출해 내어야 한다. 이 과정은 통상 ① 개략적인 아이디어를 구상하는 단계와, ② 아이디어를 제품을 만들 수 있을 정도로 구체화하여 발명을 창출하는 단계로 나눌 수 있다.

① 아이디어 구상단계

아이디어는 약간 엉뚱하더라도 참신하고 개척적인 아이디어를 생각해 볼 필요가 있으며, 대학교에서 배운 공학기술을 활용할 수 있는 아이디어를 내면 더욱 좋다. 선행기술 검색을 하다 보면 동일·유사한 아이디어가 존재하는 경우가 많기 때문에 가능한 여러 형태로 생각해 두고 그림으로 그려본다. 이 때 앞서 기재한 아이디어 발상법을 활용할 수 있다.

앞에서 언급한 문제인식과 관련하여 생각해 낸 아이디어를 아래와 같이 개략도로 그려 볼 수 있다.

㉠ 목이 좁은 면티를 위한 옷걸이

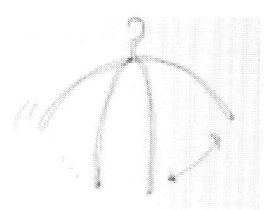 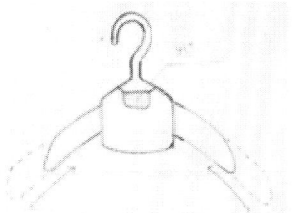 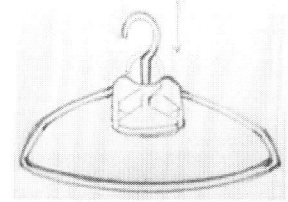

ⓒ 착석면의 넓이 조절이 가능한 의자

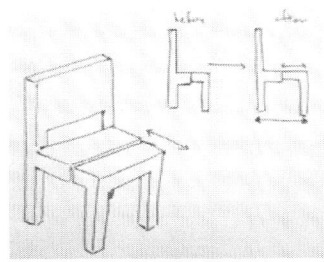

ⓒ 자세모사 모형

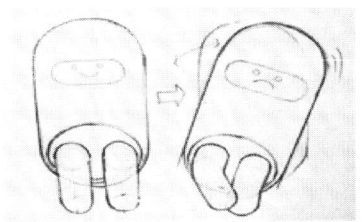 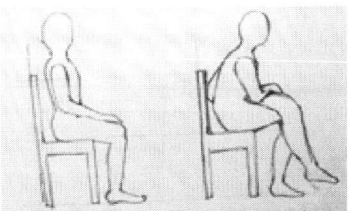

② 발명의 창출

아이디어와 발명은 서로 다른 개념이라고 할 수 있다. 아이디어가 구체화되어 실제 제품을 제작할 수 있도록 구성요소들과 그 연결관계 및 역할 등이 정해지고 나서야 발명이 창출되었다고 할 수 있다.

예를 들어 위 자세모사모형 아이디어에서 책상에 얹어 놓은 자세모사 모형이 사용자의 자세를 모사하여 보여주기 위해서는 사용자의 자세를 인식하는 센서부, 센서부에서 얻은 정보를 자세모사모형에 전달하는 통신수단, 센서부에서 얻은 정보를 바탕으로 자세모사모형을 작동시키는 구동수단 등이 필요하다.

구체적인 구성으로 의자에는 자세인식센서(의자의 방석부분에 설치) 및 카메라(의자의 다리부분에 설치)로 이루어진 센서부, 센서부에서 얻은 정보를 자세모사모형에 보내기 위한 통신모듈 및 이들을 제어하기 위한 컴퓨터칩이 설치되어야 하고, 자세모사모형에는 통신모듈 및 모터, 그리고 이들을 제어하기 위한 컴퓨터 칩 등이 설치되어야 할 것이다.

(3) 선행기술 검색 및 평가

선행기술검색이란 창출한 아이디어 또는 발명에 대하여 이미 공개된 선행기술이 있는지를 찾는 것을 말한다. 선행기술 검색은 한국특허정보원의 무료 검색사이트인 키프리스(www.kipris.co.kr)를 통해 실시할 수 있다. 경험상 키프리스 검색을 해보면, 어렵게 생각해 낸 아이디어의 70~80%는 이미 키프리스에 동일·유사한 아이디어로 공지되어 있음을 확인할 수 있다.

선행기술 검색을 하는 목적은 동일한 발명이 있는지를 검색하는 목적도 있지만, 동일 분야의 선행기술 검색을 통하여 나의 아이디어를 개량하고 구체화하는데 도움을 받을 수 있다. 따라서 이미 유사한 아이디어가 존재한다고 하여 포기해야만 하는 것은 아니다. 유사한 선행기술들을 검토하여 회피설계를 통해 새롭고 유용한 개량발명을 창출할 수 있는지 연구해 볼 필요가 있다.[199]

아래는 위 (3)에서 구상했던 아이디어 중 '착석면의 넓이 조절이 가능한 의자'에 대하여 키프리스에서 선행기술을 검색한 결과로서, 의자의 시트부를 다단으로 형성하여 다단의 시트부를 겹치거나 빼내어 시트의 길이를 조절하는 구성을 가진 선행기술은 찾지 못하였다. 한편 아래의 선행기술 중 '접철식 좌식의자'로부터 본 발명(착석면의 넓이 조절이 가능한 의자)에서 운반과 보관이 편리하도록 등받이와 의자를 접을 수 있도록 힌지를 형성하는 구성을 추가하는 개량발명을 도출할 수 있다.

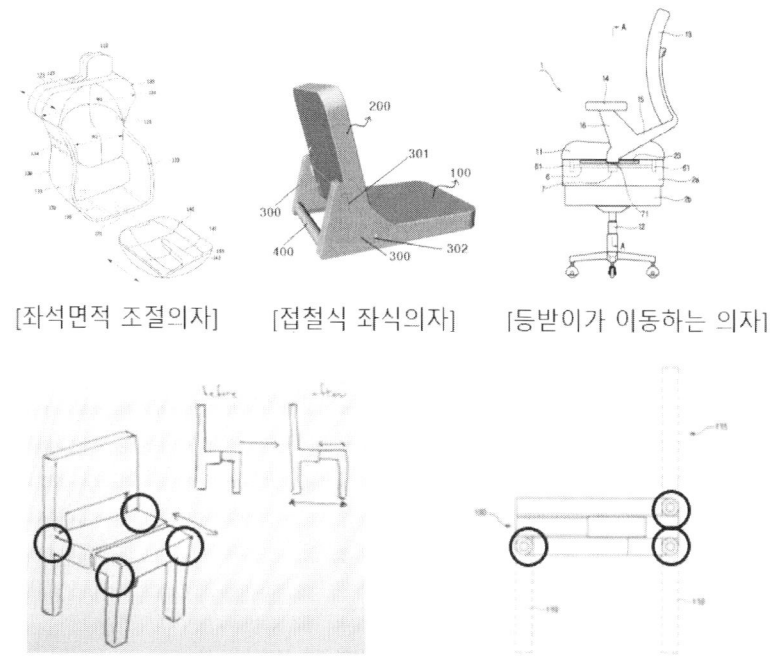

[좌석면적 조절의자]   [접철식 좌식의자]   [등받이가 이동하는 의자]

[등받이와 의자를 접기 위한 힌지를 형성한 접철식 의자]

---

199) 선행기술 검색과 선행기술 검색을 통한 개량발명 도출에 대한 구체적인 내용은 이 책의 4장을 참고할 것.

(4) 시제품 제작

발명이 구체화되고 나면 3D프린터 등을 이용하여 시제품을 제작해 보는 것이 좋다. 발명의 특성상 실물 제작이 어렵다면[200] 축소판을 제작하거나, 이마저도 어렵다면 3D 모델링을 해 본다. 시제품을 제작해보면 실제 계획했던 아이디어대로 제품이 작동하지는 지를 확인해볼 수 있다. 따라서 발명을 제품으로 제작하여 사업을 시작해 보려고 하는 경우에는 특허를 출원하는 것과 함께[201] 시제품(프로토타입)을 만들어 보는 것이 매우 중요하다.

(5) 특허출원

특허를 출원하고 등록받기 위하여 시제품이 반드시 필요한 것은 아니다. 발명의 구성요소들을 기재하고 이들이 어떻게 기능하는 지를 논리적으로 명세서에 기술하여 특허출원을 하면 된다. 특허출원을 하기 위해서는 발명의 내용을 상세히 기술한 명세서를 작성하여야 하고, 이를 전자출원이라는 절차를 거쳐 특허청에 출원하여야 한다. 명세서 작성과 전자출원에 관한 사항은 제5장에서 후술한다.

3-3-2. 임베디드 시스템과 사물인터넷 발명

최근 4차 산업혁명의 시대를 맞아 우리 주변의 사물들이 임베디드 시스템이나 사물인터넷을 장착한 경우가 많다. 대학교에서 학생들의 발명의 경우에도 기존의 사물에 임베디드시스템이나 사물인터넷을 덧붙이고 개량하여 우수한 발명을 창출하는 경우가 많아지고 있다.

(1) 임베디드 시스템과 사물인터넷의 의의

① 임베디드 시스템

임베디드 시스템(embeded system)이란 특정 장치내에서 하드웨어와 소프트웨어가 조합되어 설치된 내장형 소형 컴퓨터시스템을 의미하며, 가전제품, 자동차, 통신기기, 의료기기, 기계장치, 게임기기 등 우리 주변이 사물 대부분에 임베디드 시스템이 장착되어 있다. 임베디드 시스템은 아래에서 보는 바와

---

[200] 이 경우 비용이 들기는 하지만 외부의 시제품(목업) 제작 업체를 활용하는 것도 방법이 될 수 있다.
[201] 발명을 제품으로 생산·제작하여 판매하던 중에 제3자가 해당 제품을 모방하여 동일·유사한 제품을 시장에 출시하는 경우 특허가 없다면 이를 막을 수 있는 방법이 없다.

같이 통상 센서+제어부+구동부(엑추에이터)로 이루어지며, 센서부에서 정보를 인식하여 제어부(MCU)로 보내면 제어부에 기록된 소프트웨어(coding)에 의해 구동부에 작동 명령을 내리게 된다.

센서는 기본적으로 자연 상태에 존재하는 물리적 값(온도, 습도, 압력, 거리, 가속도, 주파수, 생체신호 등)을 전기 값(전압, 전류 등)으로 변환시켜 전기회로에 기반한 컴퓨터 등 장치들이 그 정보를 인식할 수 있도록 해주는 것이다. 센서는 그 감지대상이 어떤 것인지에 따라 온도센서, 습도센서, 광센서, 가속도센서, 자이로스코프센서, GPS, 오실로스코프, 생체신호 인식센서, 동작감지센서 등 다양한 종류로 존재하며, 카메라나 마이크 등도 센서의 일종으로 볼 수 있다.202)

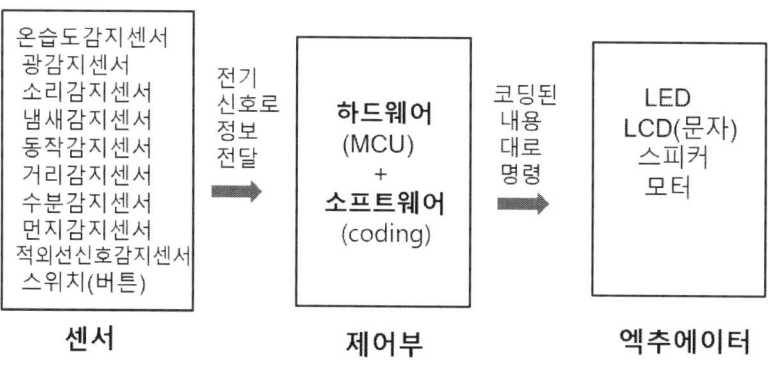

[임베디드시스템의 기본 구성]

제어부로는 특정 기능을 하도록 코딩(coding)된 MCU(Microcontroller Unit)203)가 많이 사용되며, 가전제품이나 사무기기, 스마트폰 등과 같은 장치에서는 그 사물에 장착된 프로세서가 제어부의 역할을 할 수 있다.

임베디드 시스템의 쉬운 예로는 냉장고의 냉장시스템이나 전기밥솥을 들 수 있다. 냉장고 내의 온도감지센서가 내부 온도를 측정하여 그 정보를 제어부(MCU)로 보내고 제어부는 이 온도정보를 바탕으로 냉각모터를 주기적으로 작동시켜 냉장고 내의 온도가 일정범위 내로 유지되도록 한다. 또한 아래 영아용

---

202) 스마트폰에는 기압, 온도·습도, 가속도, 자이로스코프, GPS, 생체신호 등을 감지할 수 있는 센서가 존재하므로, 스마트폰에서 이들 센서를 이용하는 앱을 만들 수 있다.
203) 제어부는 하드웨어와 하드웨어에 기록된 소프트웨어로 구성된다. 임베디드 시스템의 하드웨어를 통상 MCU(Microcontroller unit)라 하는데, MCU는 통상 CPU(마이크로프로세서), 메모리 및 입출력장치 등으로 구성된 컴퓨터 칩을 말한다. 아두이노와 라즈베리파이도 임베디드시스템의 MCU로 활용할 수 있다.

손목에 착용하는 밴드를 예로 들 수 있는데, 센서로 영아의 체온을 측정하여 일정 온도 이하로 내려가면 경고음과 함께 불빛을 내는 장치이다.

② 사물인터넷

사물인터넷(internet of things; IoT)은 인간을 둘러싼 사물들이 서로 연결되어 인간에게 새로운 편의 또는 가치를 제공하는 것을 말하는데, 통상 임베디드 시스템에 통신네트워크와 통신모듈 및 모바일 기기가 연결되면 사물인터넷 발명이 된다.

사물인터넷에서 데이터를 주고받는 네트워크는 유선을 이용하거나 이동통신사의 통신회선(5G 등)을 이용하는 방법이 있을 수 있으나, 통상의 아이디어 창출에서 많이 활용할 수 있는 네트워크는 WiFi나 블루투스이다. WiFi나 블루투스 모듈을 통해서 사물인터넷 디바이스를 부근에 있는 스마트폰이나 PC 등의 통신 기능을 가진 기기에 접속할 수 있다.

우리가 주변에서 접할 수 있는 사물인터넷의 예로는 가속도 센서를 이용하여 걸은 거리와 걸음 수를 알려주는 스마트폰 앱, 운동화 내부에 센서를 부착하여 달린 시간과 소모된 칼로리 등을 알려주는 앱으로 알려주는 나이키 플러스 운동화, 삼성전자의 기어핏(Gear Fit)[204] 등을 들 수 있다. 아래는 2017년 D2B디자인페어 수상작인 'Pet bowl sensor'로서 가장 간단한 형태의 사물인터넷 발명이다. Pet bowl 하단에 무게감지센서, MCU 및 wifi모듈을 달아 사료양과 물의 양을 측정하여 스마트폰 앱으로 주인에게 알려준다.

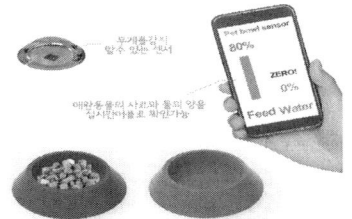

[pet bowl]

또한 미국 스타벅스에서 출시한 아래 'Ember mug cup'은 스테인레스 재질에 흰색 세라믹이 코팅된 머그컵으로서 블루투스로 스마트폰과 연결된다.

---

204) 삼성전자의 기어핏은 운동량을 체크하고 맥박과 심장박동 수를 측정하여 실시간으로 운동을 코치하고 관리해 주는 헬스케어 기능을 제공하며, 스마트폰과 연결하여 메시지 및 알람기능, 만보계, 수면관리 및 분석 등의 기능을 제공하는 웨어러블 기기이자 사물인터넷 제품이다.

스마트폰 앱에서 음료의 온도를 49℃ 내지 63℃의 범위내에서 맞춰 놓으면 그 온도를 유지한다. 전형적인 사물인터넷 기기라 할 수 있으며 머그컵 내에 온도 센서, 가열기, MCU, 블루투스 모듈 및 충전장치 등이 내장되어 있다.

[Ember mug cup]

아래 작품은 2015년 대학창의발명대회 수상작인 '음성인식 다용도 수납함'이다. 멀티박스 수납함에 통신선로를 설치하여, 스마트폰에 원하는 물건명을 터치 또는 음성으로 말하면 원하는 물건이 들어 있는 수납함 위치를 바로 찾아낼 수 있다.

[음성인식 다용도 수납함]

3-3-3. 발명창출 사례

다음은 수업에서 창출한 발명들의 예이다.

(1) 착석면의 넓이 조절이 가능한 다단 접철식 의자

아래 발명은 사용자의 신장에 맞추거나 또는 공간의 광협에 따라 착석면의 넓이를 조절할 수 있는 '착석면의 넓이 조절이 가능한 다단 접철식 의자'이다. 착석자가 손으로 쉽게 넓이 조절을 할 수 있도록 착석면 안쪽에 손잡이를 두고, 착석면의 후면부에 공기배출용 기공을 형성하였다.

  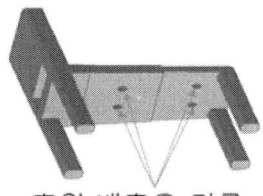

[착석면의 넓이 조절이 가능한 다단 접철식 의자]

(2) 화장실 휴지절약 장치

본 발명은 공중화장실에서 휴지걸이에 걸린 두루마리 휴지가 한꺼번에 너무 많이 배출되는 것을 방지하는 휴지절약 장치에 관한 것으로서, 사용자가 한 번 휴지를 당기면 휴지걸이는 정해진 바퀴수를 회전한 후 일정 시간 동안 멈춘다.[205] 휴지걸이 주변에 회전수를 측정하는 엔코더(encorder)센서, MCU, 브레이크 장치 등의 임베디스 시스템이 장착되게 된다.

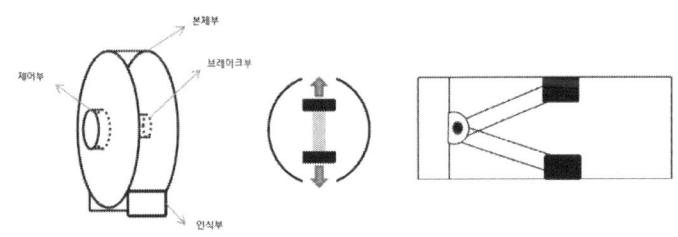

[화장실의 휴지절약 장치]

(3) 스마트 무인도서관 시스템

본 발명은 도서관 또는 서점에서 자동으로 책을 받고 반납하는 '무인 도서관 시스템'에 관한 발명이다. 이 발명은 접수대의 컴퓨터에 대출하고자 하는 책에 관한 정보를 입력하면, 자동으로 대출하고자 하는 책이 서가 주변에 설치된 레일을 거쳐 접수대로 이송되도록 하는 것을 특징으로 한다. 파손 방지를 위해 모든 책은 종이나 플라스틱 재질의 얇은 박스에 담겨지고, 책을 밀어 레일 위로 보내는 푸쉬바가 서가에 설치된다.

---

[205] 한편 휴지걸이에 걸린 두루마리 휴지의 양이 적어지면 동일한 회전수에서는 배출되는 휴지의 양이 적어질 것이므로, 두루마리 휴지를 처음 장착한 때부터 일정 회전수를 지날 때마다 단계적으로 한 번에 회전하는 휴지걸이의 회전수가 증가하도록 프로그래밍할 필요가 있다.

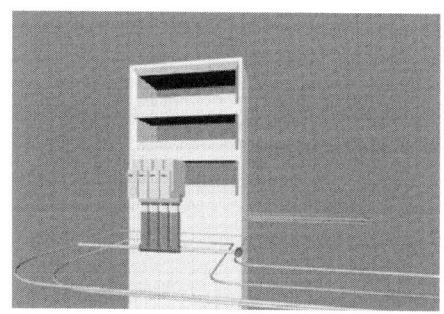
[스마트 무인도서관 시스템]

(4) 스마트 약복용 알림시스템

약은 통상 식사후 일정 시간내에 복용하도록 되어 있는데, 식사후 이야기를 나누거나 다른 일을 하다 보면 (특히 노인들의 경우) 약을 복용했는지 여부를 잊어버리는 경우가 있다. 본 발명은 복용할 약을 넣어 놓은 약통 하단에 무게감지센서와 블루투스 모듈이 달린 소형 하드웨어 장치(MCU)를 장착하고, 사용자가 약을 복용하면 변동된 약통의 무게정보가 스마트폰 앱에 전달되도록 하여 사용자가 스마트폰의 앱을 통해 확인할 수 있는 발명이다.

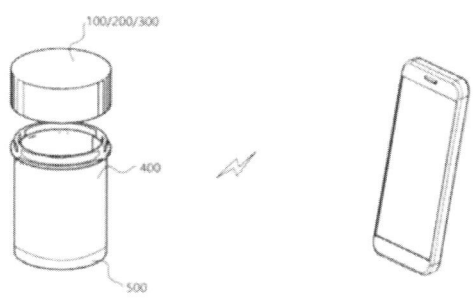
[스마트 약복용 알림시스템]

(5) 베개를 이용한 스마트폰 알람해제 시스템

본 발명은 정해 놓은 시간에 스마트폰의 알람이 울리면, 사용자가 일어나서 베개를 머리 위로 크게 흔들어야만 스마트폰의 알람이 꺼지도록 한 발명이다. 베개내에 모션인식센서(자이로센서) 및 블루투스 모듈이 달린 소형 하드웨어 장치(MCU)를 장착하고, 스마트폰에는 알람 앱을 설치하였다. 알람이 울려도 계속 자는 것을 방지하고 아울러 스트레칭 효과도 얻을 수 있다.

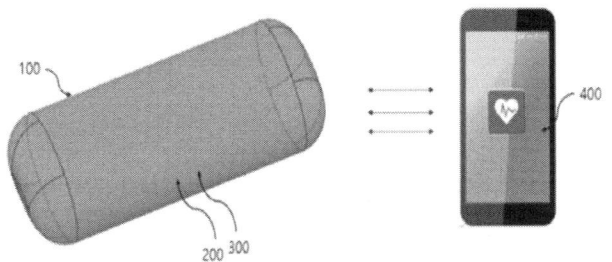

[베개를 이용한 스마트폰 알람해제 시스템]

(6) 스마트 펫 웨어러블 밴드

본 발명은 애완견의 배 부분에 배변 및 건강정보를 체크할 수 있는 센서들 및 소형 하드웨어 장치를 설치하고 스마트폰의 앱에서는 이들 정보를 분석하여 애완견의 배변 및 건강정보를 알려주는 발명이다.

[스마트 펫 웨어러블 밴드]

(7) 스마트 안전 삼각대

도로에서 자동차가 고장나게 되면 자동차에서 일정 거리 떨어진 위치에 삼각대를 설치하는 것이 필요하다. 본 발명은 사람이 삼각대를 옮길 때의 사고의 위험 등을 감안하여, 스마트폰의 앱을 통해 삼각대의 위치나 모양 등을 조정할 수 있는 발명으로서, 삼각대에는 센서와 MCU, 통신모듈 및 모터 등이 장착되게 된다. 본 발명은 이미 알려진 사물에 단순히 IoT를 덧붙여 새로운 발명을 창출한 대표적 사례라고 할 수 있다.

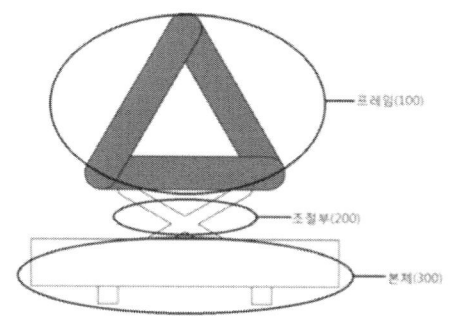

[스마트 안전 삼각대]

(8) 다기능 반지형 레이저 프리젠터

본 발명은 다기능 반지형 레이저 프리젠터에 관한 것으로서, 반지처럼 손가락에 끼운 후 버튼을 통해 레이져를 방출하여 프리젠터의 역할을 함과 아울러, 반지를 낀 손의 좌우 움직임으로 파워포인트 화면을 전후 이동하도록 한 발명이다. 프리젠터내에 모션인식센서와 이를 인식하고 제어하여 컴퓨터로 전송하는 초소형 하드웨어 장치가 필요하다.

[다기능 반지형 레이저 프리젠터]

(9) 자세모사 모형 및 모바일 앱을 이용한 자세교정 시스템

아래 발명은 사용자가 앉는 시트 하단에 설치된 자세인식센서 및 카메라를 통해 사용자의 앉은 자세를 인식하고, ㉠ 판별된 자세상태를 시각적으로 모형물이 모사하며, ㉡ 스마트폰의 앱화면으로 상세한 자세정보를 사용자에게 제공하는 자세인식 제어 시스템에 관한 발명이다.

[자세모사 모형 및 모바일 앱을 이용한 자세교정 시스템]

(10) 아동 교육용 스마트 실로폰

아래 발명은 유치원 학생들의 음악교육을 돕기 위한 아동 교육용 스마트 실로폰에 관한 발명이다. 컴퓨터에서 이미지로 된 악보를 찾아 이를 이미지 프로세싱 소프트웨어를 활용하여 전자신호로 변경한 후, ㉠ 서보모터를 작동시켜 실로폰에서 자동적으로 음악이 연주되게 하거나, ㉡ 실로폰의 각 음계마다 설치된 LED 등이 음악에 따라 점등되게 하고 유치원 학생들이 따라 칠 수 있도록 한 발명이다. 이 발명은 실제 유치원생들에게 시연하여 좋은 반응을 얻었으나, 소형화·제품화 단계까지 이르지는 못하였다.

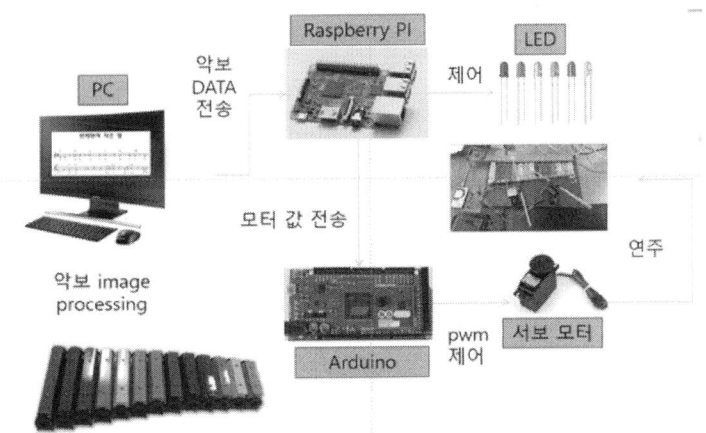

[아동교육용 스마트 실로폰]

학습 문제 - 3장

1. 당신이 어떤 큰 홀에 갇혀 있다고 가정하자. 홀에는 100개의 문이 있고, 각 문마다 열릴 확률은 1%이고 닫혀 있을 확률은 99%이다. 당신은 갇혀 있는 홀을 빨리 벗어나고자 할 때 당신이 갇혀 있는 홀을 벗어날 확률은 얼마인가?

2. 주물품 가공 공장에서는 주조된 부품의 표면을 연마하기 위하여 주물품의 표면에 모래를 고속으로 분사하여 가공하는 샌드블라스트 공정이 있다. 그런데 분사된 연마용 모래가 부품의 틈새에 끼는 문제가 발생하였다. 이 문제를 해결하기 위한 모순관계와 해결책을 찾아보라.

3. 전세계적으로 1인 가구는 크게 증가하는 추세이며 많은 1인 가구가 협소한 생활하고 있다. 그런데 협소한 공간에서는 보통 통풍이 되지 않아 빨래가 잘 마르지 않는다. 또한 기존의 빨래 건조대는 대부분 가로로 긴 형태라서 수납공간을 많이 차지하는 단점이 있다. 이러한 문제점에 대한 해결방안을 찾고자 건조대와 선풍기를 강제결합하여 새로운 "선풍기 겸용 건조대"에 관한 아이디어를 창출해 보라.

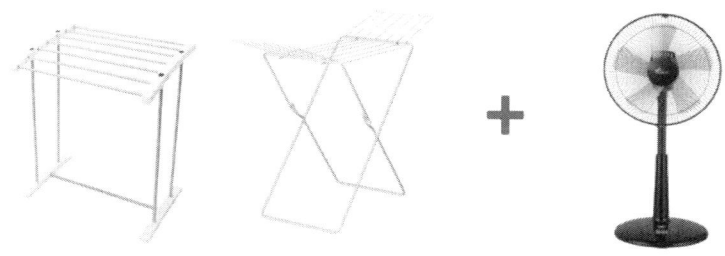

4. 커피를 좋아하는 현대인은 집안에 커피머신을 가지고 있는 경우도 많다. 바쁜 현대인들을 위해 4차 혁명시대의 다양한 기능을 추가하여 아침에 잠을 깨워 주면서 원하는 시간에 커피와 스넥을 만들어 주고 다양한 정보까지 제공하는 홈도우미 커피머신에 관한 아이디어를 창출해 보라.

5. 다음 중 창의력 사고에 대한 설명으로 옳지 않은 것은?
    ① 창의성(creativity)이란 "새롭고 유용한 것을 창작해낼 수 있는 능력"을 의미한다.
    ② 창의성이란 주로 선천적으로 타고 나는 것으로서, 후천적으로 개발하는 것은 거의 어렵다.
    ③ 브레인스토밍은 가장 널리 알려진 아이디어 창출기법으로서 어떠한 아이디어든지 자유롭게 말하고 타인의 아이디어에 대한 비판을 금지한다.
    ④ 우리 주변의 대부분의 발명은 타인의 발명을 보완하여 발전시킨 개량발명이다. 결국 창의성이란 무에서 유를 창출하는 것이 아니라, 남들이 무심코 지나친 것을 새롭게 해석하여 새로운 의미나 가치를 부여하는 것이라고 할 수 있다.
    ⑤ 아이디어와 발명은 같은 개념이라고 할 수 없다. 아이디어가 구체화되어 구성요소들과 그 연결관계 및 역할 등이 정해지고 나서야 발명이 창출되었다고 할 수 있다.

6. 아이디어 창출과정에 대한 다음 설명중 맞지 않는 것은?
    ① 아이디어 창출과정을 통해 만들어진 아이디어를 특허출원하기 위해서는 발명의 시제품 또는 모형이 필요하다.
    ② 아이디어 창출과정은 통상 문제의 인식→아이디어 창출→선행기술검색→아이디어 구체화→시제품 제작→특허출원의 과정을 거친다.
    ③ 아이디어 창출은 약간 엉뚱하더라도 참신하고 개척적인 아이디어를 생각해 볼 필요가 있으며, 대학교에서 배운 공학기술을 활용할 수 있는 아이디어를 내면 더욱 좋다.

④ 창출된 아이디어에 대하여 키프리스로 선행기술 검색을 하여 보면 동일·유사한 선행기술이 이미 있는 경우가 많으므로, 가능한 다양한 형태의 아이디어를 생각해 두는 것이 좋다.

⑤ 선행기술 검색을 통하여 발견한 선행기술을 기초로 하여 아이디어를 개량하거나 구체화하는데 도움을 받을 수 있다.

7. 다음 중 트리즈 기법과 관련이 없는 것은?
   ① 난쟁이 이론
   ② 히트 기법
   ③ 물질-장 분석 및 76가지 표준해
   ④ 모순행렬표
   ⑤ 기술시스템 진화 법칙

8. 창의적 문제해결 방법론인 트리즈(TRIZ)에 대한 다음 설명중에서 옳지 않는 것은?
   ① 트리즈는 모순, 이상해결책, 자원 등을 기본 개념으로 한다.
   ② 구소련의 알츠슐러(Altshuller)가 창의적 특허들을 분석해 본 결과 "모순(contraction)"을 극복하고 있다는 공통점을 발견하였으며, 모순에는 기술적 모순과 물리적 모순이 있다.
   ③ 트리즈에서 기술적 모순을 극복하기 위한 원리가 "40가지 발명원리"이며, 물리적 모순을 극복하기 위한 원리가 "분리의 원리"이다.
   ④ 트리즈는 모순을 해결하기 위한 도구로 모순행렬, 물질-장 모델링을 통한 76가지 표준해결책, ARIZ 등을 제시하였는데, ARIZ는 트리즈와는 별개의 발명창출기법이다.
   ⑤ 시스템의 최소 단위를 물질과 장으로 구성된다고 정의하고 이를 분석하는 것을 물질-장 분석이라고 한다.

9. 다음 ASIT에 관한 설명중 옳지 않은 것은?
   ① ASIT는 트리즈의 모순행렬표, 40가지 문제해결 원리, 그리고 이상적인 해결책을 2개의 조건(닫힌 세계의 조건, 질적 변화의 조건)과 5가지 문제해결기법으로 단순화하였다.
   ② ASIT의 닫힌 세계의 조건(Closed World; CW)이란 문제의 세계에 없었던 새로운 요소를 해결의 세계에 추가하지 말라는 것이다. 즉 외부자원을 활용하지 말고 기존의 가용자원으로 문제를 해결하라는 것이다.
   ③ ASIT의 5가지 문제해결기법은 복제, 대칭파괴, 분할, 제거, 결합이다.
   ④ ASIT의 질적변화의 조건(Qualitative Change; QC)은 원하지 않는 결과(undesired effect)와 악화요인(worsening factor) 사이의 관계가 창의

적 해결책에 의해 본질적으로 변해야 한다는 것이다.
⑤ 트리즈가 창의적 문제해결을 위한 강력한 도구이기는 하지만 배우고 익히기에 많은 시간이 소요되는 문제점을 개선하기 위하여 이스라엘 출신의 로니 호로위쯔(Roni Horowitz) 박사가 개발한 기법이 ASIT이다.

10. 다음 중 트리즈에서 물리적 모순을 해결하기 위한 분리의 원리에 해당하지 않는 것은?
① 시간에 의한 분리
② 물질-장에 의한 분리
③ 조건에 의한 분리
④ 공간에 의한 분리
⑤ 부분과 전체에 의한 분리

에듀컨텐츠·휴피아

제4장
특허정보검색

04

4-1. 특허정보검색 개요

4-1-1. 특허정보검색의 의의

특허정보란 세계 각 국의 공개특허공보 및 등록특허공보(이하 공개특허공보와 등록특허공보를 묶어 '특허공보'라 한다)206)에 수록된 서지사항, 명세서·도면 및 요약서에 기재된 정보와 특허절차 등에서 발생되는 특허출원의 법적 상태나 행정처리현황, 인용관계 등의 정보를 총칭한다. 전 세계에서 연간 출원되는 특허건수가 3백만 건을 넘고, 특허출원서 및 명세서에 기재된 내용의 거의 전부가 특허공보에 수록되기 때문에 특허정보는 그 양이 매우 방대하다.

특허정보검색이란 특허정보검색DB를 통해 검색하여 원하는 특허정보를 찾아내는 것을 말하며, 특허정보검색DB는 방대한 특허정보를 수록하고 키워드 및 문헌번호 등을 통해 쉽게 검색할 수 있도록 정리해 놓은 데이터베이스를 의미한다. 우리나라를 비롯하여 미국, 일본, 유럽, 중국 등의 특허청은 무료 특허정보 검색DB를 온라인으로 제공하고 있으므로, 누구든지 인터넷을 통하여 국내외 특허정보를 쉽게 검색할 수 있다.

특허정보검색은 공개된 특허정보만을 대상으로 하므로, 특허출원되지 않은 기술문헌이나 특허출원후 1년 6개월이 경과되지 않은 특허문헌은 특허정보검색DB에 수록되지 않는다. 따라서 특허정보검색은 매우 유용하지만 완벽하지는 않다. 특허정보검색을 특허정보원, 웹스 등 선행기술조사기관이나 특허사무소에 비용을 들여 의뢰할 수 있지만, 특허정보검색DB의 활용방법만 제대로 숙지한다면 개인적으로도 충분히 필요한 수준의 검색이 가능하다.

4-1-2. 특허공보

(1) 특허공보의 구성

특허공보에는 출원인이 특허출원을 하면서 제출한 출원서·명세서·도면 및 요약서의 기재내용이 수록된다. 또한 공보국가, 공보종류, 출원일자 및 출원번

---
206) 우리나라 뿐아니라 외국에서도 통상 출원일(또는 우선일)로부터 1년 6개월(출원인이 조기공개신청을 하면 훨씬 빨리 공개될 수 있다)에 공개특허공보가 발간되며, 심사를 거쳐 등록되면 등록특허공보가 발행된다.

호, 공개일자 및 공개번호, 특허분류, 출원인 및 발명자 등 많은 서지적 정보가 기재되어 있다.

이러한 각 서지사항의 앞에는 아라비아 숫자로 된 번호가 기재되어 있는데,[207] 동일한 서지사항에 대해서는 원칙적으로 동일한 번호(코드)가 부여되도록 전 세계적으로 통일되어 있다. 이를 INID(Internationally Agreed Numbers for the Identification of Data) 코드라 한다. INID 코드에 의해 언어가 다르더라도 서지사항을 쉽게 식별할 수 있다.

서지사항	특허청, 공보의 종류, 발명자, 출원인, 특허권자, 대리인, 심사관, 출원번호, 출원일, 공개번호, 공개일, 등록번호, 등록일, IPC, CPC, 우선권주장국가·번호·일자, 심사청구일자, 발명의 명칭(국문, 영문), 선행기술조사문헌 등
명세서	발명의 설명 및 특허청구범위
도면	도면(도면부호 포함)
요약서	요약서 및 대표도

[특허공보의 구성]

(2) 특허분류

특허분류는 특허출원되는 기술을 세분화한 기술분류 도구로서, 특허정보검색 및 통계정보 추출 등의 용도로 사용된다. 대표적인 것이 IPC로 통칭되는 국제특허분류(International Patent Classification)이다. IPC는 모든 기술을 7만여 개의 세분류로 구분한 것으로서, 1968년 도입되어 전 세계 대부분의 국가에서 사용되고 있다. 최근에는 세계지식재산권기구(WIPO)에 의해 해마다 개정되어 새로운 버전(version)이 발행되고 있다.

모든 특허출원은 출원후 IPC 코드가 부여되며,[208] IPC 코드에 따라 관련 기술분야를 담당하는 심사관이 결정된다. IPC는 기술분야에 따라 A부터 H까지의 8개 섹션으로 나뉘고, 섹션 → 클래스 → 서브클래스 → 메인그룹 → 서브그룹의 계층구조를 갖는다.

---

[207] 예를 들어 출원번호는 21, 발명의 명칭은 54, 출원인은 71이다.
[208] 특허분류는 2가지 원칙에 의해 분류될 수 있다. 첫째는 같은 기술적 과제를 해결하는 유사한 해결방법을 묶은 것으로서(예: 분리·여과), 이를 기능지향분류라 한다. 둘째는 해당 산업기술에 따라 분류할 수 있는데(예: 섬유기술), 이를 응용지향분류라 한다. IPC는 주로 기능지향분류를 채택하고 있지만, 응용지향분류를 채용하고 있는 경우도 많다. 이러한 이유로 분류하는 사람에 따라 IPC가 달라질 수 있기 때문에 기술적 특징이 기능과 응용 모두 관련된 것이면 기능지향분류와 응용지향분류를 모두 확인할 필요가 있다.

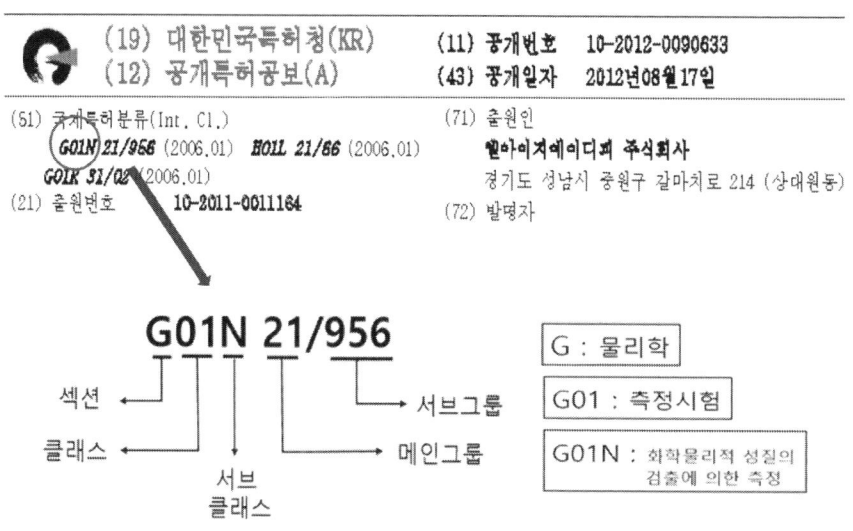

[IPC 특허분류의 체계]

CPC(Cooperative Patent Classification) 특허분류는 유럽특허청과 미국 특허청이 협력하여 개발한 새로운 특허분류로서 2013년부터 사용되기 시작하였다. 유럽특허분류(ECLA)를 기반으로 개발되었으며 분류개소가 26만개에 이른다. 우리나라는 2015년 1월 이후 신규출원에 IPC와 CPC를 함께 부여하고 있다. 기타 특허분류로는 미국의 USPC,[209] 일본의 FI와 F-term[210] 등이 있다.

(3) 출원번호 · 공개번호 · 등록번호

출원번호와 공개번호는 '10+연도(4자리)+번호(7자리)'의 형식으로 기재된다.[211] 예를 들어 2019년 3871호로 출원 또는 공개된 특허출원은 '1020190003871'의 출원번호 또는 공개번호를 갖는다.

한편 등록번호는 등록일자와 관계없이 등록된 순서대로 일련번호가 붙여지는 것이어서 연도와 관계가 없다. 따라서 '10+번호(7자리)'의 형식으로 기재된다(예: 100038715).

---

209) 미국특허분류코드(USPC: United States Patent Classification)는 IPC 코드 제정 이전부터 미국에서 자체적으로 사용하여 오던 특허분류로서 IPC와는 전혀 다른 분류체계이다(예: 297/135).
210) FI(File Index)는 IPC를 기반으로 더 세분화한 일본의 독자적인 분류체계이며(예: G06F9/30 349Z), F-term(File Forming Term)은 FI의 일부분을 다각적 관점(목적, 용도, 구조, 재료, 제법, 처리조작방법, 제어수단 등)에서 분류한 코드이다. 따라서 하나의 특허문헌에 대하여 여러개의 F-term이 부여될 수 있으며, 집합연산을 통하여 검색의 용이성과 정확성을 높일 수 있다(예: 2C001AA06).
211) 10은 특허를 표시하는 식별코드이며, 실용신안은 20, 디자인은 30, 상표는 40의 식별코드를 갖는다.

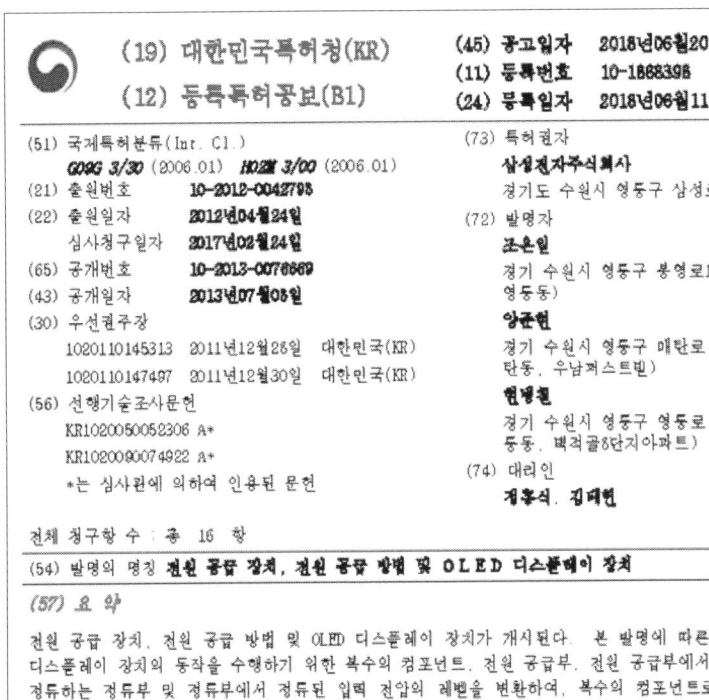

[특허공보의 첫 페이지 예]

4-1-3. 특허정보검색DB 및 검색연산자

(1) 특허정보검색DB

특허정보검색DB(검색시스템)는 특허정보검색을 제공하는 데이터베이스를 말하며, 우리나라를 비롯하여 미국, 일본, 유럽, 중국 등 주요 특허청은 각 특허청마다 무료 특허검색DB를 개발하여 공개하고 있다.

유료 특허검색DB로 DWPI(Derwent World Patent Index), STN(Scientific & Technical Information Network). LexisNexis 등이 세계적으로 알려져 있고, 우리나라에서 가장 많이 활용되고 있는 유료 특허정보검색DB는 윕스(WIPS)이며 최근에는 위즈도메인(WISDOMAIN)의 활용도 늘고 있다.

구분	DB명(국가)	URL	제공정보범위
무료DB	KIPRIS(KR)	www.kipris.or.kr	한국,해외특허
	USPTO(US)	patft.uspto.gov	미국특허
	J-PlatPat(JP)	https://www.j-platpat.inpit.go.jp	일본특허
	Espacenet(EP)	https://worldwide.espacenet.com	전세계(초록)
	CNIPA(CN)	www.cnipa.gov.cn	중국특허
	Google Patent(US)	https://patents.google.com	전세계
유료DB	WIPS(KR)	www.wipson.com	한국,해외특허
	WISDOMAIN(US)	www.wisdomain.com	한국,해외특허

[주요 특허정보검색DB]

(2) 검색연산자

검색연산자(search operator)는 검색에 사용되는 키워드를 어떻게 연결할 것인지를 표시하는 연산자를 말한다. 키워드 및 확장키워드를 연산자로 연결하면 검색DB에 입력할 검색식이 완성된다. 검색연산자는 and, or, not, 인접연산자, 우선연산자, 구문연산자, 절단연산자 등이 있다.

and 연산자	A and B	A와 B가 동시에 존재하는 문헌 검색
or 연산자	A or B	A 또는 B가 존재하는 문헌 검색
not 연산자	A not B	A는 존재하고 B는 없는 문헌 검색
인접연산자	A near[n]B	A와 B가 n 단어이내에 존재하는 문헌 검색
우선연산자 ( )	(A or B) and C	A와 B의 검색을 C에 우선하여 검색
구문연산자 " "	"A B"	"A B"를 하나의 단어로 하여 검색
절단연산자	A*, A?	A*는 A뒤에 다른 글자가 오는 문헌 모두 검색[212] A?는 하나의 글자를 치환하여 검색

[검색연산자의 종류]

---

212) 절단연산자 *는 단어의 후방에 사용되어 그 단어의 뒤에 어떤 글자가 있던지 모두 찾아준다. 예를

통상 and, or, 우선연산자가 많이 사용되고, not 연산자는 별로 사용되지 않는다. 연산자의 표시는 검색DB마다 차이가 있으며, 영문검색에서 대소문자는 구별하지 않는다.

	AND	OR	NOT	인접 연산자	절단 연산자	구문 연산자	디폴트 검색213)
KIPRIS	*	+	!	^[n]	-	" "	and
J-Platpat	*	+	-	-	-	" "	-
USPTO	and	or	andnot	-	$	" "	-
EPO	and	or	not	-	*, ?	" "	and
Google Patent	and	or	-	near[n] adj[n]	*, ?	" "	and
WIPSON	and	or	not	near[n] adj[n]	*, ?	" "	or
WISDOMAIN	and (&)	or (|)	not	N/n, W/n	*, ?	" "	and

[검색DB별 검색연산자]

들어 '커피*'와 같이 검색하면, 커피컵, 커피통, 커피머신, 커피추출물 등이 모두 검색된다. 한편 절단연산자 ?은 정확히 한 글자만을 대신한다. 즉 '커피?'를 검색하면 커피컵, 커피통 등만 검색된다.
213) 연산자를 사용하지 않고 단어와 단어 사이를 한 칸 띄었을 경우를 말하는데, 검색DB에 따라 and 또는 or 연산자를 대신한다.

4-2. 키프리스검색

4-2-1. 키프리스검색DB

(1) 키프리스검색DB 개요

키프리스(KIPRIS; Korea Intellectual Property Rights Information Service)는 특허청 산하 한국특허정보원에서 제공하고 있는 무료 특허정보검색DB로서 1996년에 상용서비스를 시작하였다. 키프리스에서 국내 특허·실용신안, 디자인, 상표, 해외특허, 해외상표, 해외디자인 및 심판정보까지 검색이 가능하다.

키프리스에서 미국, 유럽, 일본, 중국 등 25개 국가의 해외 특허정보를 검색할 수 있으며, 검색방법도 키워드 외에 문헌번호, 분류(IPC), 출원인 및 발명자 등을 통한 검색이 가능하다. 또한 키프리스는 기계번역으로 일본특허문헌에 대한 full-text 한국어 검색이 가능하며, 유사단어를 추천해 주는 검색어확장, 마이폴더를 통한 검색문헌 저장, 검색된 전체문헌 서지정보를 일괄하여 다운받기, 나의 관심기술(분류)에 대한 신규공보 제공서비스 등의 서비스 기능을 제공하고 있다.

[키프리스 홈페이지 초기화면]

(2) 키프리스검색DB의 특징

키프리스에서는 검색의 편의를 위하여 and 연산자는 *, or 연산자는 +, 인접연산자는 ^를 사용한다. 키프리스에는 웝스온 및 위즈도메인 등에서 제공하고 있는 절단연산자의 기능은 없다.

키프리스는 검색시 자동절단 기능(간단한 형태의 형태소 분석기능)을 갖고 있어서, 두 개의 단어로 분리될 수 있는 단어는 자동으로 분리하여 검색한다. 예를 들어 무선전화기, 유선전화기 처럼 2개의 단어로 분리될 수 있는 검색어는 무선*전화기, 유선*전화기로 분리하여 and 검색을 한다.214) 키프리스에서 디폴트 검색(연산자 없이 단어 사이를 한 칸 띄어쓰기한 경우)은 and 연산을 한다. 예를 들어 '골프 클럽'으로 검색하면 골프*클럽으로 검색된다.

(3) 스마트검색 화면과 검색항목

키프리스 검색은 주로 스마트검색 화면에서 이루어진다. 키프리스 홈페이지 상단의 특허·실용신안을 클릭하여 나타난 화면에서 스마트검색을 클릭하면 스마트검색 화면이 나타난다. 스마트검색 화면에서 자유검색(전문), 발명의 명칭, 요약, 청구범위, IPC, 출원번호, 공개번호, 출원인 등 검색식을 입력할 수 있는 항목들을 검색항목이라고 한다.

[키프리스 스마트검색 화면]

---

214) 마찬가지 이유로 골프장갑과 장갑골프의 검색결과가 동일하다.

4-2-2. 키프리스 특허 · 실용신안 검색

(1) 키워드 검색

키워드 검색이란 검색하고자 하는 발명의 키워드 · 확장키워드로 검색식을 작성하고 이를 키프리스 스마트검색의 검색항목에 입력하여 검색하는 것을 말하며, 통상 아래와 같은 순서를 거치게 된다.

① 키워드와 확장키워드의 선정

키워드란 검색하고자 하는 발명을 나타내는 핵심적인 용어이고, 확장키워드는 키워드의 동의어·유사어를 말한다. 쉬운 예로 '손잡이가 분리가능한 우산'을 검색할 때의 키워드와 확장키워드는 아래와 같이 선정할 수 있다.

키워드	확장키워드
우산	양산, 파라솔, 엄브렐라
손잡이	자루, 핸들, 고리
분리	분해, 분할, 격리, 이탈, 탈착

키프리스에는 특정 키워드를 입력하면 확장키워드를 알려주는 기능이 있다. 스마트검색 화면의 자유검색(전문) 검색항목에 키워드를 입력하고 우측 '검색어 확장'을 클릭하면 해당 키워드에 대한 동의어·유사어가 화면에 표시된다.

[키프리스 검색어확장 기능]

② 검색식 작성

키워드와 확장키워드를 연산자로 묶어 검색식을 만들 때, 확장키워드 끼리는 or(키프리스에서 +)로 연결한 후 우선연산자 ( )로 묶고, 키워드끼리는

and(키프리스에서 *)로 연결해 주어야 한다. 예를 들어 '손잡이가 분리가능한 우산'을 키프리스에서 검색할 때의 검색식은 아래와 같이 작성될 수 있다.

키워드	우산	손잡이	분리
확장키워드	양산, 파라솔, 엄브렐라	자루, 핸들, 고리	분해, 분할, 격리, 이탈, 탈착
검색식 (한글)	(우산+양산+파라솔+엄브렐라)*(손잡이+자루+핸들+고리)*(분리+분해+분할+격리+이탈+탈착)		
검색식 (영문)	(umbrella+sunshade+parasol)*(handle+grip+knob)*(seperate+isolate+disconnect+remove+divide+split+detach)		

['손잡이가 분리가능한 우산'에 관한 검색식]

③ 검색항목의 선정 및 검색

키프리스 스마트검색 화면에서 키워드검색을 할 수 있는 검색항목은 자유검색(전문), 발명의 명칭, 요약, 청구범위 등이 있다. 명칭이 의미하듯이 자유검색(전문)은 명세서를 포함한 문헌전체에서, 요약은 요약서에서 검색하는 것이며, 발명의 명칭과 청구범위도 이와 같다. 검색 후 도출되는 검색문헌의 숫자는 자유검색(전문)>>요약/청구범위>>발명의 명칭의 순서로 적어진다.

또한 많이 사용하는 검색방법이 발명의 명칭, 요약 및 청구범위 검색항목을 함께 사용하는 것이다. 발명의 명칭, 요약 및 청구범위에 각각 동일한 검색식을 입력하고 발명의 명칭과 요약의 오른쪽 'and' 표시는 'or'로 바꾸어 주어 검색하면, 발명의 명칭, 요약 또는 청구범위에서 검색된 문헌들이 함께 나타나게 된다.

위 '손잡이가 분리가능한 우산'에 관한 검색식을 스마트검색의 각 검색항목에 넣어 검색하면, 발명의 명칭에서 1건, 요약에서 248건, 청구범위에서 483건, 그리고 발명의명칭+요약+청구범위에서 704건, 자유검색에서 14,538건의 문헌이 검색된다.[215] 발명의명칭에서 검색하면 너무 적은 건수의 문헌이 검색되고, 자유검색(전문)에서 검색하면 너무 많은 건수의 문헌이 검색된다. 따라서 통상 처음 검색할 때는 요약'에서 검색하거나 발명의명칭·요약·청구범위를 묶어 검색한다.

검색방법은 정해져 있는 것이 아니고 상황에 따라 융통성을 발휘할 필요가 있다. 요약 또는 청구범위에서 검색했을 때 검색된 문헌수가 너무 적은 경

---

[215] 키프리스(www.kipris.or.kr)에서 2023.3.11. 오후 4시경 검색한 결과이다.

우, 키워드·확장키워드를 바꾸거나 일부 키워드를 생략하거나 검색항목을 자유검색(전문)으로 변경하여 검색할 수 있다. 만약 검색된 문헌수가 너무 많은 경우 키워드·확장키워드를 바꾸거나, 키워드를 추가하거나 IPC 검색항목에 기술분류를 추가하여 검색할 수 있다. 검색된 문헌수가 수백건 정도라면 검색을 중단하고 검색문헌을 확인하는 것이 좋다.

(예제 4-1)

> 1. 자유검색(전문)에 '스마트폰'을 입력하고 검색어확장을 클릭하여 확장키워드를 찾아보세요.
> 2. 골프장갑, 장갑골프, 골프 장갑, 골프*장갑을 각각 요약에서 검색하고 검색건수가 동일한지를 확인해 보세요.
> 3. 「자동차용 공기청정기」를 검색할 때, 자동차*공기청정기, 자동차*"공기청정기", 자동차*"공기 청정기", 자동차^3"공기 청정기"를 각각 요약에서 검색하여 검색건수가 어떻게 차이가 있는지 확인하세요.
> 4. "안전덮개가 부착된 가정용 멀티 콘센트"를 검색한다고 할 때의 키워드·확장키워드 및 검색식을 작성해 보세요.
> 5. "커튼에 광원감지센서와 MCU 및 및 모터를 달아 날이 어두워지면 스스로 커튼이 처지고 날이 밝으면 스스로 커튼이 펴지는 장치가 있으면 좋겠다는 생각이 들어 이러한 장치를 개발하려고 한다. 키프리스에서 관련 문헌을 검색하려고 하는데 검색식을 어떻게 작성해야 할까?
> 6. 말린 떡과 만두와 어묵이 라면과 함께 들어 있는 일회용 라면을 개발하려고 하는데, 키프리스에서 관련된 선행기술을 조사할 때의 검색식을 작성하여 보세요.

(2) 키워드+IPC 검색

IPC를 활용한 검색은 요약이나 청구범위에 입력했던 키워드 검색식은 그대로 놓고 IPC 검색항목에 해당 기술의 IPC를 추가로 입력하고 검색하여 관련이 없는 문헌을 제거하는 것이다. 입력하기 위한 IPC의 선정은 IPC검색프로그램에서 해당 기술용어로 검색할 수 있지만, 통상 키워드 검색을 통해 검색된 문헌들을 수십 건 확인하여 해당 기술의 IPC를 찾는 것이 편리하다.

'손잡이가 분리가능한 우산'에 관하여 요약에서 검색한 검색문헌을 보면서 IPC를 확인하면 A45B인 것을 알 수 있다.[216] 앞서 입력했던 키워드 검색식은 그대로 놓아두고, IPC 검색항목에 A45B를 입력하고 검색하면 아래와 같이 검색된 문헌 수가 줄어드는 것을 확인할 수 있다.[217]

검색항목	요약	발명의명칭 +요약 +청구범위	자유검색 (전문)	요약+IPC	발명의명칭+ 요약+청구 범위+IPC	자유검색 + IPC
검색된 건수	248	704	14,538	162	474	1,529

(3) 번호검색 및 일자한정 검색

출원번호, 공개번호로 검색할 때에는 특허를 나타내는 식별코드 10, 연도 4자리 및 출원(공개)번호 7자리를 입력한다. 예를 들어 특허출원 제2001-12345호를 찾고자 하는 경우에는 "1020010012345"를, 공개특허 제2012-123456호를 찾고자 하는 경우에는 "1020120123456"을 각각 출원번호 및 공개번호 검색항목에 입력한다. 등록번호(특허번호)는 연도에 관계가 없으므로, 등록번호 검색항목에 10과 등록번호 7자리를 입력하면 된다. 예를 들어, 등록특허 제123456호를 검색한다면 "100123456"을 입력한다.

일자를 한정하여 검색하려면 출원일자, 공개일자, 등록일자 검색항목에 일자의 범위를 입력한다. 예를 들어 2015년부터 2019년까지 5년간 공개된 특허문헌을 찾는다면 공개일자 항목에 "20150101~20191231"과 같이 입력하면 된다.

(예제 4-2)

1. 출원번호 2014-12345호는 무엇에 관한 특허출원인지 확인하세요.
2. 한국 공개특허 2001-12547호를 조사하여, 출원인이 누구인지와 현 법적상태를 확인하세요.
3. 한국 공개특허 2007-39613호를 조사하여, 출원인이 누구인지, 현 법적상태, 존속기간만료일자, 심사과정(행정이력)중 특이사항을 확인하세요.
4. 등록특허 11853호를 검색하여, 특허권자가 누구인지와 출원경과를 확인해 보세요.

---

216) IPC의 말단 그룹이 A45B 1/04, 3/04, 9/02, 21/00 등으로 다양하여 IPC 4자리(서브클래스까지)로 한정하였다. 만약 검색된 문헌들이 IPC 서브그룹까지도 몇 개 이내로 일치한다면 서브그룹을 활용할 수 있다.
217) 경험에 의하면 IPC를 추가하여 검색할 때 검색문헌수가 별로 줄어들지 않는 경우도 있고, 수십분의 1로 현저하게 줄어들기도 한다.

> 5. 특허권자(등록권자)가 '김철수'이고 IPC가 A45C인 특허는 몇 건인가?
>
> 6. 2021년 국민대학교 산학협력단에서 출원한 특허는 모두 몇 건인가요.
>
> 7. "(우산+양산+파라솔+엄브렐라)*(손잡이+자루+핸들)*(분리+분해+분할+격리+이탈)을 발명의 명칭+요약+청구범위에서 검색하고 검색건수를 확인해 보세요.
>
> 8. 위 7의 검색결과에서 4자리 IPC를 확인하여 키워드+IPC 검색을 하여 검색결과가 7과 어떻게 차이가 있는지 확인해 보세요.

(4) 출원인 검색

① 출원인 검색의 의의

특허정보에 포함되는 인적 정보는 발명자, 출원인, 대리인 정보가 있으나, 이중 출원인 정보가 가장 중요한 의미를 갖는다. 출원인 검색[218]은 키프리스 스마트검색 화면의 출원인 검색항목에 출원인을 입력하고 검색하는 것을 말한다. 출원인 검색을 통해 해당 출원인의 연도별 출원현황 및 IPC별(기술분야별) 출원현황, 해외출원현황 등을 확인할 수 있으며, 이를 통해 해당 출원인의 간략한 연구개발 동향 등을 파악할 수 있다.[219]

예를 들어 키프리스에서 '현대오토에버'에 대한 출원인 검색을 한 후, 화면 왼쪽 '검색결과 분류통계'를 클릭하면 하단의 표가 나타나며, 여기서 연도별 출원동향 및 기술분야(IPC)별 출원동향을 파악할 수 있다.

---

218) 출원인 검색에 있어서는 출원인(기업)의 명칭이 변경될 수 있음에 유의하여야 한다. 출원인의 명칭이 변경된 경우 변경전 명칭도 검색어에 추가할 필요가 있다.
219) 기업의 경우 특정 경쟁회사에 관한 특허정보를 파악하기 위한 목적으로 출원인 검색을 실시하며, 대학(원)생의 경우 입사를 원하는 기업 또는 면접을 앞두고 있는 기업에 관한 출원인 검색을 통하여 해당 기업이 주력하고 있는 연구개발 분야와 해외시장 등을 파악할 수 있다.

[검색결과 분류통계]

한편 스마트검색 화면 상단의 서지정보엑셀저장을 클릭하면 검색된 문헌들의 연도별 및 IPC별 출원건수, 출원번호 등 서지적 사항을 엑셀로 다운로드 받을 수 있다.

[서지정보 다운로드 화면]

② IPC별 기술내용 파악

각 IPC가 어떤 기술인지는 IPC분류표에서 확인할 수 있다. IPC분류표는 키프리스 스마트검색 화면에서 번호정보 옆 도우미>코드분류>IPC분류표를 클릭하여 다운로드받을 수 있다.

[IPC분류표]

③ 연도별/기술분야별 출원건수 차트

연도별 및 기술분야별 출원건수를 도표로 작성한 후 엑셀의 피벗테이블 기능을 이용하여 아래와 같은 차트로 작성할 수 있다.

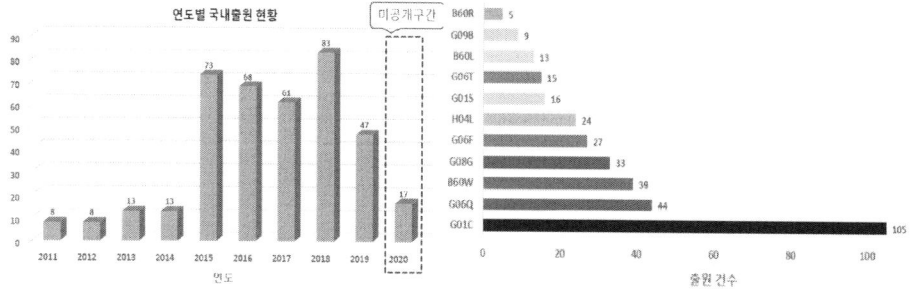

[연도별 출원건수/기술별 출원건수]

한편, 해외특허 검색에서 Applicant란에 'Hyundai autoever'를 입력하고 검색하면, 미국 52건, 유럽 및 일본 각 1건, 중국 4건의 해외특허를 출원한 것을 알 수 있으며, 이 데이터를 토대로 아래와 같은 원형차트를 작성할 수 있다.

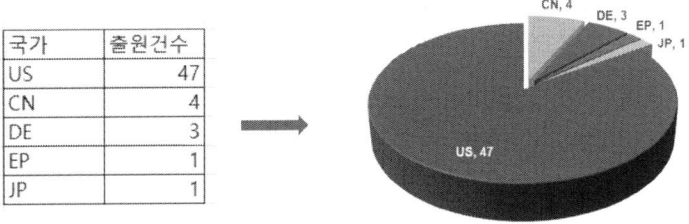

[국가별 출원건수]

(예제 4-3)

1. 키프리스에서 아래 회사들에 대한 국내출원인 검색후 연도별 출원동향 및 기술분야(IPC)별 출원동향을 알아보세요.
   - 현대오토에버   - 카카오게임즈
   - 한미반도체   - 어보브반도체

2. 키프리스에서 IPC분류표를 다운받아 아래 IPC가 어떤 기술인지를 확인하여 보세요.
   - G09G   - A47L
   - F04D 25/08   - G06N 20/00

3. 위 1.에서 특정 회사를 선택하고 기술분야별 출원동향에서 가장 출원이 많은 3개 IPC의 기술내용이 무엇인지를 IPC분류표에서 확인해 보세요.

4. 위 1.에서 특정 회사를 선택하여 검색하고 '서지정보엑셀저장'을 한 후, 출원연도별 출원동향(가로막대차드)과 기술분야별 출원동향(세로막대차트)를 작성해 보세요.

5. 위 1.의 회사들의 연도별 및 기술분야별 해외출원동향을 알아보세요.

(5) 키프리스 상세정보

검색된 특허문헌 리스트에서 특정 문헌 하나를 선택하여 클릭하면 아래그림과 같은 화면이 뜨며, 특허분류(IPC 및 CPC), 출원번호, 출원인, 공개번호, 등록번호(등록된 경우) 등 서지적 사항을 보여준다.

공개전문·공고전문을 클릭하여 공개전문·공고전문을 출력하거나 파일로 저장하거나 이메일로 보낼 수 있다. 등록사항에서는 해당 문헌의 현재 법적 상태,220) 통합행정정보에서는 특허청에서의 행정처리 경과, 패밀리 정보는 해당 문헌의 해외 패밀리에 관한 정보를 볼 수 있다.

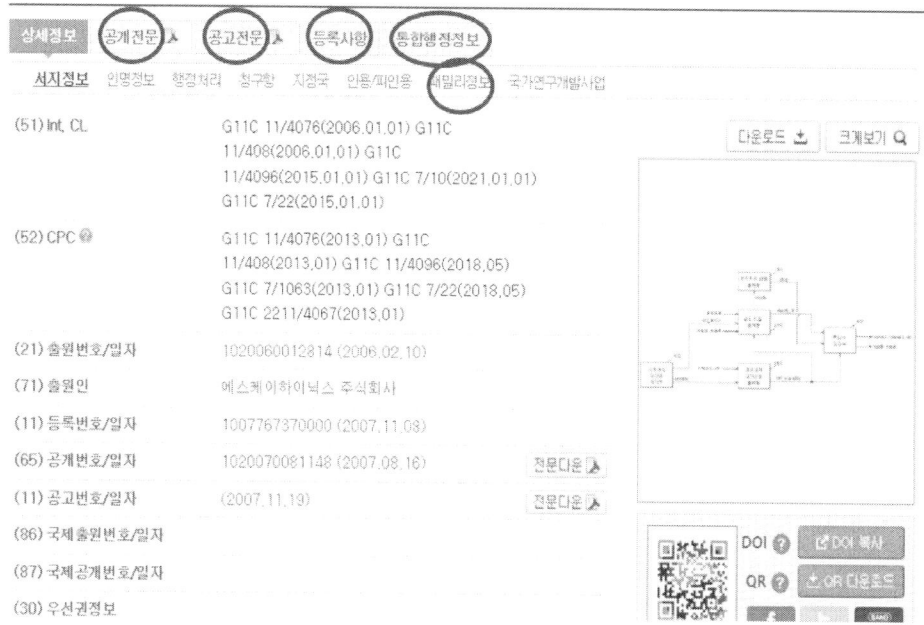

[특정 검색문헌의 초기화면의 예]

① 통합행정정보 검색

통합행정정보 화면에서는 해당 특허출원의 출원 이후 검색 시점까지의 모든 경과(심사관의 거절이유통지서221), 출원인의 의견서·보정서, 등록결정서, 심판사항 등)을 보여준다. '원본보기'를 클릭하면 해당 서류의 구체적인 내용을 확인할 수 있다.

---

220) 현재도 특허권이 유효한 것인지, 등록권자가 누구인지, 존속기간만료일은 언제인지 등에 관한 정보를 알 수 있다.
221) 의견제출통지서와 거절이유통지서는 혼용하여 쓰이나, 거절이유통지서가 보다 보편적인 용어라고 할 수 있다.

반도체 메모리의 액티브 싸이클 제어장치 및 방법
Apparatus and Method for Controlling Active Cycle of Semiconductor Memory

번호	서류명	접수/발송일자
1	특허출원서 일본보기 (Patent Application)	2006.02.10
2	선행기술조사의뢰서 (Request for Prior Art Search)	2006.11.10
3	선행기술조사보고서 (Report of Prior Art Search)	2006.12.05
4	의견제출통지서 일본보기 (Notification of reason for refusal)	2007.04.23
5	명세서등보정서 일본보기 (Amendment to Description, etc.)	2007.06.19
6	의견서 일본보기 (Written Opinion)	2007.06.19
7	등록결정서 일본보기 (Decision to grant)	2007.10.26

[통합행정정보 화면의 예]

② 패밀리정보 검색

패밀리 특허(출원)이란 어느 국가의 최초 출원을 기초로 하여 1년 이내에 우선권을 주장하여 해외 여러 나라에 출원된 특허출원(등록된 특허 포함)의 집합체를 의미한다. 패밀리정보를 클릭하면 아래 화면과 같이 해당 특허출원의 패밀리 특허가 출원된 국가와 각 국가에서의 공개번호 및/또는 등록번호를 보여준다.[222]

문헌번호의 종류는 기본적으로 A는 공개특허공보를, B는 등록특허공보를 의미하지만, 미국의 경우 2000년 후반(2000/11/29) 공개제도가 시행되기 이전에 등록된 문헌들은 등록특허공보가 A로 표기되어 있다.[223] 각 국가별 문헌번호 표기의 구체적인 내용은 패밀리정보 화면 상단의 '국가별 특허문헌코드'를 클릭하여 확인할 수 있다.

---

[222] 화면에서 해당 공개번호 또는 등록번호를 클릭하면 공개공보 또는 등록공보를 볼 수 있다.
[223] 한편 중국의 경우 2010년 이전에는 등록특허공보를 C로 표기하였고, 2010년 이후 B로 표기하고 있다.

[패밀리특허정보 화면의 예]

(예제 4-4)

1. "(우산+양산+파라솔+엄브렐라)*(손잡이+자루+핸들)*(분리+분해+분할+격리+이탈)을 발명의 명칭+요약+청구범위에서 검색하고 검색된 문헌중에서 가장 상단에 위치한 공개문헌과 등록문헌을 각각 클릭하여 공개/공고전문, 통합행정정보, 패밀리정보, 등록사항을 확인해 보세요.

2. 한국 등록특허 1,756,825호를 찾아 아래 내용을 확인하세요.
   - 출원인 및 출원일자
   - 발명의 명칭

- 현재 특허등록이 유효한지의 여부
- 심사진행 과정중 심사관의 거절이유통지 사유
- 해외패밀리 국가 및 각 국가의 공개번호 및/또는 등록번호
- 해외패밀리 국가에서의 심사진행 현황

4-2-3. 키프리스 해외특허 검색

(1) 검색방법

키프리스 홈페이지 초기화면에서 해외특허 → 스마트검색을 클릭하면 스마트검색 화면이 나타난다. 스마트검색 화면의 전체적인 구성은 국내특허 검색을 위한 스마트검색 화면과 동일하다. 다만 검색하기 전에 먼저 화면 상단에서 검색국가를 선택해야 한다. 초기화면에 아래와 같이 미국, 유럽(특허청), PCT, 일본, 중국이 선택되어 있다. 우측 더보기를 클릭하면 영국, 독일, 프랑스, 호주 등 20개국을 선택할 수 있는 화면이 보인다.

국가선택 □전체 ☑미국(US) ☑유럽(EP) ☑PCT(WO) ☑일본(JP) ☑중국(CN) ▽더보기

[해외특허 스마트검색 국가선택 화면]

- AU : 호주
- AT : 오스트리아
- BR : 브라질
- CA : 캐나다
- CH : 스위스
- CN : 중국
- DE : 독일
- DK : 덴마크
- EA : 유라시아(특허청)
- EP : 유럽(특허청)
- ES : 스페인
- FR : 프랑스
- GB : 영국
- IL : 이스라엘
- IN : 인도
- IT : 이탈리아
- JP : 일본
- KR : 한국
- NL : 네덜란드
- PL : 폴란드
- PT : 포르투갈
- RU : 러시아
- SE : 스웨덴
- US : 미국
- TW : 대만
- VN : 베트남
- WO : WIPO

[국가별 코드]

키워드 검색, IPC검색 및 출원인 검색 등의 검색방법은 영문으로 입력하여야 한다는 것을 제외하고는 국내특허문헌 검색과 동일하다. 다만 일본문헌의 경우 영문으로 검색하면 일본문헌의 영문초록에서만 검색된다. 국내특허검색하는 것과 동일하게 한글 검색식으로 검색하면 기계번역으로 일본특허문헌에 대한 full-text(전문) 검색을 할 수 있다.

번호검색은 국가마다 입력방식에 차이가 있다. 예를 들어 미국 등록특허는 문헌번호를 8자리로 입력해야 하므로 문헌번호가 7자리 이하인 경우 앞에 0을 넣어 8자리를 맞춰야 한다(예: 07865276). 일본공개특허의 경우 平09-28762의 검색은 09028762로 8자리 또는 1997028761(平9년은 1997년)로 10자리로 입력해야 한다. 스마트검색 화면의 번호정보 옆에 있는 도우미를 클릭하면 출원번호/공개번호/등록번호 별로 각 국가의 번호입력 방식을 보여준다.

(2) EPO 및 PCT공개공보

유럽(EP)의 선택은 유럽의 개별 국가가 아닌 유럽특허청(EPO)에 출원된 특허의 공개공보와 특허등록공보를, PCT는 PCT공개공보를 검색하는 것을 의미한다. 한편 EPO공개공보와 PCT공개공보는 A1, A2, A3의 3가지 타입이 있다.

A1공보는 해당 EPO 또는 PCT 출원에 대한 선행기술조사보고서(search report)가 함께 공개된 공개공보이고,[224] A2공보는 search report없이 출원명세서만 공개된 공개공보이며, A3공보는 A2공보가 공개된 후 search report만을 별도로 공개한 것을 말한다.

[EPO공개공보 첫페이지(일부) 예]

---

224) Search report는 공개공보의 마지막 페이지 부근에 위치한다.

Category	DOCUMENTS CONSIDERED TO BE RELEVANT		
	Citation of document with indication, where appropriate, of relevant passages	Relevant to claim	CLASSIFICATION OF THE APPLICATION (IPC)
X Y	WO 2010/019810 A1 (COOPER TECHNOLOGIES CO [US]; HOLDER RONALD [US]; RHOADS GREG [US]) 18 February 2010 (2010-02-18) * figures 1-8 *	1-5,9, 10, 12-15, 19,20 6-8,11, 16-18	INV. F21V5/08 G02B3/08 G02B17/08 F21V5/04
X Y	KR 100 936 430 B1 (TAEGYEONG CONSULTANT CO LTD [KR]) 12 January 2010 (2010-01-12) * figures 1-8 *	1-5,9, 10, 12-15, 19,20 6-8,11, 16-18	

[EPO 서치리포트(일부) 예]

(예제 4-5)

1. 미국 등록특허 US7287612를 찾아 특허권자가 누구인지, 패밀리정보, 관련 선행문헌(인용문헌), 예상 권리만료 일자를 확인하세요.
2. 일본 공개특허 평9-128762를 찾아 출원인과 패밀리 정보를 알아보세요.
3. 높이 조절이 가능한 독서대(reading desk or reading table)에 관하여 검색식을 작성하고, 미국, 유럽, PCT, 일본, 중국의 등록특허를 조사해 보세요.
4. Ronald J Barber라는 사람이 미국, 유럽 및 PCT에서 출원한 특허에 대하여 확인해 보세요.
5. 발명의명칭+요약+청구범위에서 검색식 "(umbrella+sunshade+parasol)*(handle+ grip+ knob)*(seperate+isolate+ disconnect+remove+divide+ split +detach)"을 넣고 세계 주요 25개국에 출원된 특허를 검색해 보세요.
6. 우리나라 게임회사 NC SOFT에서 세계 주요 25국에 출원한 특허를 검색해 보세요.

4-3. 위즈도메인 및 구글특허검색

4-3-1. 키프리스와 윕스온·위즈도메인의 비교

우리나라에서 많이 활용되고 있는 유료 특허정보검색DB는 윕스온(WIPSON)과 위즈도메인(WISDOMAIN)이며, 대학교에서도 윕스온 또는 위즈도메인을 아카데믹 버전으로 많이 사용하고 있다.[225] 윕스온과 위즈도메인 모두 미국, 유럽, 일본, 중국, PCT에 대한 full-text(전문) 검색과 80여개 국에 대한 서지사항 및 초록 검색을 제공하고 있다.

키프리스가 국내특허검색과 해외특허검색으로 나누어 각각 스마트검색 화면만을 제공하고 있는데 비하여, 윕스온은 기본검색·번호검색, 검색식을 단계별로 나누어 검색할 수 있는 스텝검색, 한글/영문으로 여러 국가를 통합하여 검색할 수 있는 통합검색 화면을, 위즈도메인도 간단검색, 연산자검색, 항목별 검색, 번호검색, 고급검색 및 스마트검색 화면을 제공하고 있다.

키프리스, 윕스온, 위즈도메인 검색DB는 모두 한국을 비롯하여 미국, 일본, 유럽, 중국 및 PCT 문헌에 대한 full-text(전문) 검색과, 일본문헌에 대하여 기계번역을 통한 한글검색 기능을 제공하고 있다. 그 외 검색결과 정렬기능, 검색이력 보기, 마이폴더 저장 및 온라인 다운로드, 관심특허 메일송부 등의 기능도 공통적으로 가지고 있다.

다만 키프리스는 인용(citation)과 패밀리(family)에 관한 분석정보 제공이 부족하고, 온라인다운로드를 통해 다운받을 수 있는 검색필드(서지사항 등)의 범위가 상당히 제한적이다. 또한 키프리스는 절단연산자의 기능이 없기 때문에 특히 외국문헌의 검색에 있어서 정확성이 다소 떨어진다는 평가가 있다. 따라서 일반적인 특허정보검색에는 키프리스가 적합하지만 특허맵 등 특허정보분석을 위해서는 윕스온이나 위즈도메인을 사용할 필요가 있다.

제공 기능	KIPRIS	WIPSON	WISDOMAIN
주요국 특허에 대한 전문 검색	○	○	○
일본문헌에 대한 한글검색 기능	○	○	○

---

225) 윕스온은 1999년 우리나라 최초로 온라인 특허정보서비스를 개시한 (주)윕스에서 제공하고 있는 유료 특허정보검색DB의 명칭이며, 위즈도메인은 특허검색·분석 및 평가를 사업모델로 하는 (주)위즈도메인에서 제공하는 특허정보검색DB이다.

스텝검색 기능	×	○	△
키워드 추천기능	○	○	△
공개. 등록문헌 중복제거 기능	△	○	○
인용정보(CPP) 제공	△	○	○
패밀리정보(PFS) 제공	△	○	○
검색결과 정렬기능	○	○	○
마이폴더 기능	○	○	○
온라인 다운로드	△	○	○
검색이력 제공	○	○	○
관심특허 온라인제공	○	○	○

○ 동일한 기능을 가진 경우, △ 일부 유사한 기능이 있으나 미흡한 경우
× 동일. 유사한 기능이 전혀 없는 경우

[검색DB의 주요기능 비교표]

4-3-2. 위즈도메인 검색

아래에서는 국민대학교에서 사용하고 있는 위즈도메인(WISDOMAIN) 검색DB를 기준으로 위즈도메인 검색에 대하여 살펴본다.

(1) 위즈도메인의 특징

① 위즈도메인 접속

국민대학교 성곡도서관 → 정보검색 → 데이터베이스 목록에서 'WISDOMAIN 세계특허DB'를 찾아 접속하면 아래와 같은 위즈도메인 초기화면이 나타난다. 처음 접속할 때는 '회원가입'을 한 후 로그인을 한다. 위즈도메인의 검색에는 간단검색, 연산자검색, 항목별검색, 번호검색, 고급검색 및 스마트검색이 있으나, 연산자검색과 항목별검색이 주로 많이 사용된다.

초기화면에는 기본적으로 한국 특허·한국실용이 선택되어 있으며, 외국문헌을 검색하려면 해당 국가를 선택하고 영문으로 검색하면 된다. 다만 일본특

허·실용신안문헌은 한국어로 검색할 수 있으며, 일본특허 또는 일본실용을 선택하고 한국어로 검색식을 넣으면 자동으로 일본어로 번역되어 검색이 된다.

[위즈도메인 초기화면]

② 위즈도메인 검색의 특징

(i) 형태소 검색 및 Stemming 검색 기능

한국특허의 국문검색시 검색 단어의 최소단위까지 형태소 분리되어 검색한다. 예를 들어 '공기조화'를 검색하면 공기와 조화로 분리되어 검색하므로, 공기 조화, 공기조화, 공기조화기, 공기조화장치, 공기조화 시스템 등이 모두 검색된다.

외국특허를 영문으로 검색할 때는 기본적으로 원형을 검색하는 스테밍(stemming) 방식이 적용된다. 따라서 검색하는 단어의 원형과 어미변화된 단어까지 모두 포함하여 검색한다. 예를 들어 'apply'를 검색하면, apply 외에 applied, applying이 모두 검색된다.

(ii) 위즈도메인 연산자

연산자 종류	연산자 표시	사용 예
and 연산자	AND(&)	우산&손잡이 or 우산 손잡이[226]
or 연산자	OR(|)	우산|손잡이 or 우산 OR 손잡이
not 연산자	NOT(!)	우산!손잡이 or 우산 NOT 손잡이
우선연산자	( )	(우산|양산) 손잡이
구문연산자 (일치연산자)	" "	"우산 손잡이"[227]
인접연산자	W/n[228]	우산 W/3 손잡이 or 우산 WITHIN/3 손잡이
〃	N/n[229]	우산 N/3 손잡이 or 우산 NEAR/3 손잡이
〃	O/n[230]	O/3(전기,구동,모터) or ORDER/3(전기,구동,모터)
〃	C/n[231]	C/3(전기,구동,모터) or CONTAINS/3(전기,구동,모터)
절단연산자 (후방절단자)	A*[232]	더치커피*
절단연산자	A?[233]	반?체, 반도??

(2) 위즈도메인 검색방법

① 연산자 검색

연산자검색은 검색하고자 하는 특허필드를 선택한 후 각 필드에 해당하는

---

226) 검색단어 사이를 한 칸을 띄어 검색하면(디폴트검색) AND 연산이 된다.
227) 한글 복합명사가 포함된 구문 검색의 경우 형태소 분석결과에 의한 영향을 피하기 위하여 구문연산자와 인접연산자를 사용하는 것이 좋다. 예를 들어 "더치커피 추출장치"를 검색한다면 O/1("더치커피","추출장치") 또는 ("더치커피" W/2 "추출장치")와 같이 검색하는 것이 좋다.
228) 두 단어가 순서대로 위치하면서 거리가 n 이하인 문헌을 검색한다.
229) 두 단어가 순서에 상관없이 위치하면서 거리가 n 이하인 문헌을 검색한다.
230) 둘 이상의 단어가 순서대로 위치하면서 거리가 n 이하인 문헌을 검색한다.
231) 둘 이상의 단어가 순서에 상관없이 위치하면서 거리가 n 이하인 문헌을 검색한다.
232) 단어의 후방에 사용되어 해당 단어 후방에 다른 글자를 포함하는 모든 문헌을 검색한다. 예를 들어 더치커피*와 같이 검색하면, 더치커피의, 더치커피추출물, 더치커피머신 등을 모두 검색한다.
233) 단어의 앞, 중간, 뒤에 사용되어 한 글자를 대체하여 검색한다. 예를 들어 반?체로 검색하면 반도체, 반사체 등이 검색되고, 반도??로 검색하면 반도체칩, 반도전성 등이 검색된다.

조건과 연산자를 선택하여 검색하는 방식이다. 초기화면에는 명칭·요약·청구범위, 출원인, 국제특허분류라는 3가지 검색항목이 디스플레이되어 있고, [+]버튼을 클릭하여 최대 10개까지 검색필드를 화면에 추가할 수 있다.

키워드검색의 경우 '명칭·요약·청구범위' 검색항목에 검색식을 넣고 검색하면 검색결과가 하단에 나타난다. 위즈도메인에서 키워드검색을 할 때는 통상 키워드 다음에 말단연산자 *를 붙여 검색한다. 국제특허분류(IPC)로 검색할 때에도 해당 IPC 다음에 *를 붙여준다(예: G09G*).

한편 연산자검색에서 최근검색이력, 특허분류조회, 검색어추천 및 출원인 대표명 검색[234] 등의 기능을 활용할 수 있다. 또한 '검색결과필터'를 클릭하여 검색결과를 출원인, IPC, 권리별, 출원연도별로 필터링하여 볼 수 있다.

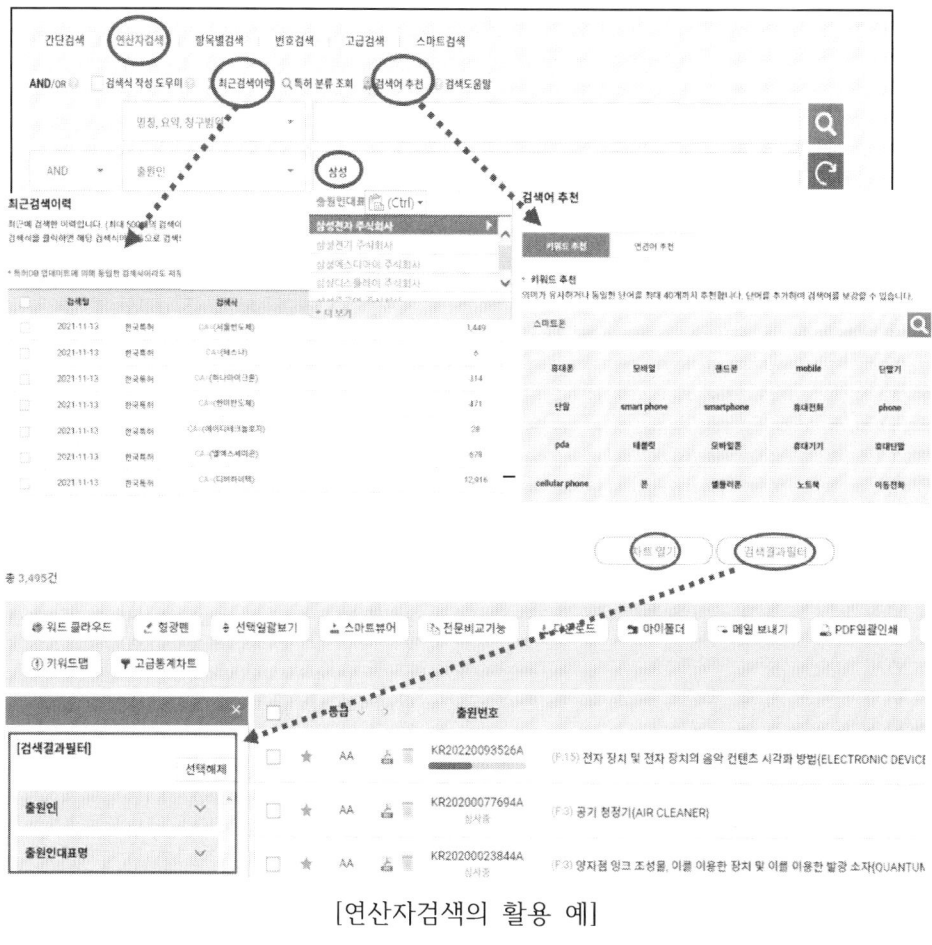

[연산자검색의 활용 예]

---

[234] 출원인 검색항목에 회사명을 입력하면 해당 회사명을 가진 기업들의 이름이 화면에 자동으로 표시된다.

(예제 4-6)

1. 출원인에 '엘지'를 입력하고 엘지계열 회사들의 출원인대표명을 찾아 보세요.
2. 검색어추천 기능을 열고 'AI'를 입력하여 유사단어를 찾아보세요.
3. 'OLED TV'에 관하여 명칭·요약·청구범위 검색항목에서 한국, 미국, 일본, 유럽 및 PCT의 특허를 검색해 보세요.
4. 위 3.의 검색결과에서 '검색결과필터'를 클릭하여 출원인별, IPC별, 출원연도별로 필터링해 보세요.
5. 이차, 전지, 배터리가 순서대로 3단어 이내에 위치하는 특허문헌을 검색해 보세요.
6. 검색이력을 확인해 보세요.

② 항목별 검색

키프리스의 항목별 검색과 유사하며 수십 가지의 다양한 검색항목을 활용할 수 있다.

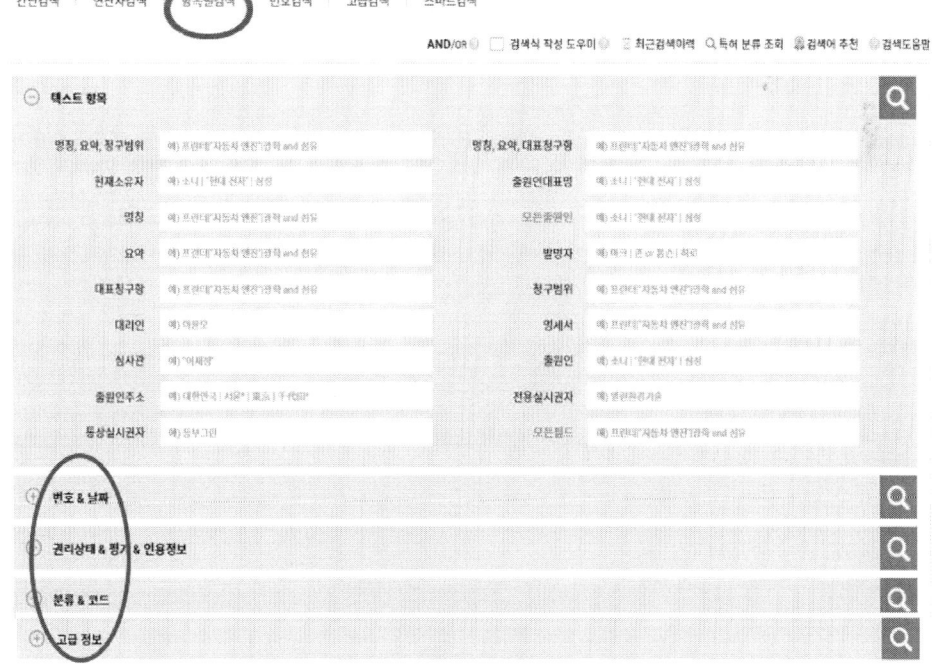

[항목별검색 화면]

〈예제 4-7〉

1. 주분류(IPC)가 'F02M'인 '공기청정기'를 검색해 보세요.
2. 한국 공개특허 2021-152744호를 찾아 출원인명과 청구하고 있는 발명을 확인해 보세요.
3. 카카오(주)가 2019년부터 2023년까지 출원한 특허가 몇 건인지를 확인해 보세요.
4. '자동차용 공기청정기'에 관하여 한국의 특허문헌을 명칭·요약·청구범위과 명세서 검색항목에서 각각 검색하여 비교해 보세요.
5. 위 4.의 검색결과에서 '차트열기'와 '검색결과필터'를 클릭하여 현재 소유자별, 권리현황별, IPC별 등으로 필터링해 보세요.

③ 번호검색

국가별 특허·실용신안문헌을 출원번호, 공개번호 및 등록번호로 검색할 수 있다. 입력해야 하는 국가별 번호형식은 화면 하단 '도움말'을 통해 확인할 수 있다.

[번호검색 화면]

(예제 4-8)

1. 한국등록특허 2,431,691호를 검색하여 특허권자, 존속기간만료일자, 선행기술조사문헌, 출원경과중 심사관의 거절사유, 해외패밀리 국가를 확인해 보세요.
2. 일본 공개특허 1997-128762호를 찾아 출원인, 출원일과 발명의 명칭을 확인해 보세요.
3. 미국등록특허 7,287,612호를 찾아 출원인, 발명의 명칭, 현 권리상태를 확인해 보세요.

(3) 위즈도메인 검색결과의 활용기능

① 검색결과 화면의 표시 및 정렬순서 변경

검색결과 화면에 표시될 내용을 우측 ⚙ 를 클릭하여 나타나는 목록옵션에서 변경하거나 추가할 수 있다. 예를 들어 페이지당 20건이 표시되고 출원번호와 발명의 명칭만 표시되던 화면을 페이지당 200건이 표시되고 출원일도 표시되도록 변경할 수 있다.

한편 검색결과 화면에서 › 를 클릭하여 나타나는 기준들을 선택하여 검색결과 문헌들의 정렬순서를 변경할 수 있다. 예를 들어 특허평가등급순으로 정렬되어 있던 정렬순서를 출원일순을 선택하여 변경할 수 있다.

[검색결과 화면 표시내용의 변경 예]

[검색결과 정렬순서 변경 화면의 예]

② 검색문헌 보기

검색결과에서 한 문헌을 선택하여 클릭하면 출원인, 현소유자, 요약, 청구범위, 명세서, 도면, 진행현황, 등록상황, 심판사항, 패밀리정보, 인용 및 피인용 특허 등의 정보를 볼 수 있는 화면이 나타난다.

한편 검색된 문헌의 공개공보 또는 등록공보를 보기 위해서는 문헌번호 왼쪽의 📄를 클릭하면 공보가 나타나며, 이 화면에서 해당 공보를 파일로 저장하거나 출력하거나 이메일로 전송할 수 있다.

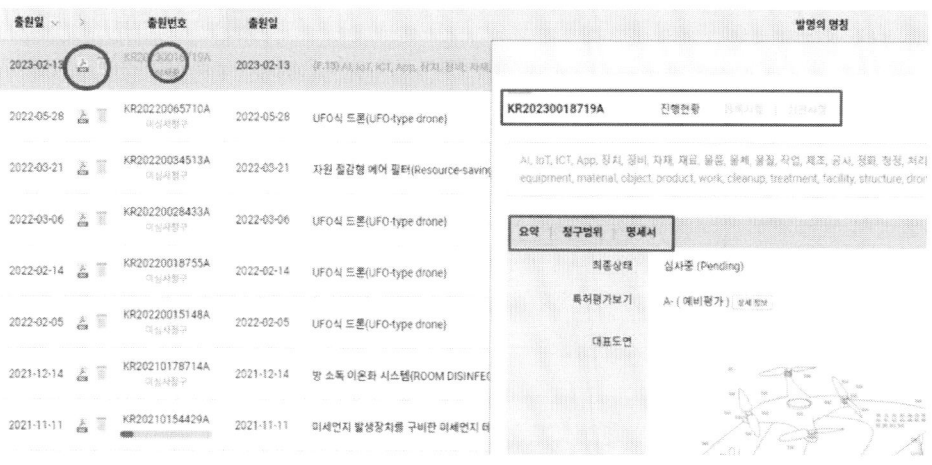

[검색문헌 보기 화면의 예]

(예제 4-8)

1. 명칭·요약·청구범위 검색항목에서 "(자동차*|차*) (공기청정기*|공기정화기*)"로 검색하고 표시되는 검색결과 화면을 확인해 보세요.
2. 위 1.의 검색결과 화면에 출원인과 공개번호가 바로 보이도록 추가해 보세요.
3. 위 1.의 검색결과를 출원일 또는 IPC 순으로 정렬해 보세요.
4. 위 1.의 검색결과 중 하나를 선택하여 패밀리정보와 인용정보를 확인하고, 공개공보 및 등록공보를 찾아 파일로 저장해 보세요.

③ 마이폴더 저장기능

마이폴더는 검색결과를 저장해 놓은 폴더를 의미한다. 검색된 문헌들을 마이폴더에 저장해 놓으면, 다시 검색할 필요없이 언제라도 마이폴더를 열어 동일한 문헌들을 찾아볼 수가 있다.

마이폴더 기능을 활용하기 위해서는 먼저 검색화면 우측 상단에서 마이폴더>내폴더>새로 만들기를 클릭하여 폴더를 형성(예: 자동차용 공기 청정기)해 놓아야 한다. 해당 폴더내에 여러 개의 하부 폴더를 형성할 수 있다. 다음으로 검색결과 화면에서「마이폴더」를 클릭하고 "자동차용 공기청정기" 폴더를 찾아 클릭한 후 하단의 저장을 누르면 검색결과 전체가 이 폴더에 저장된다.

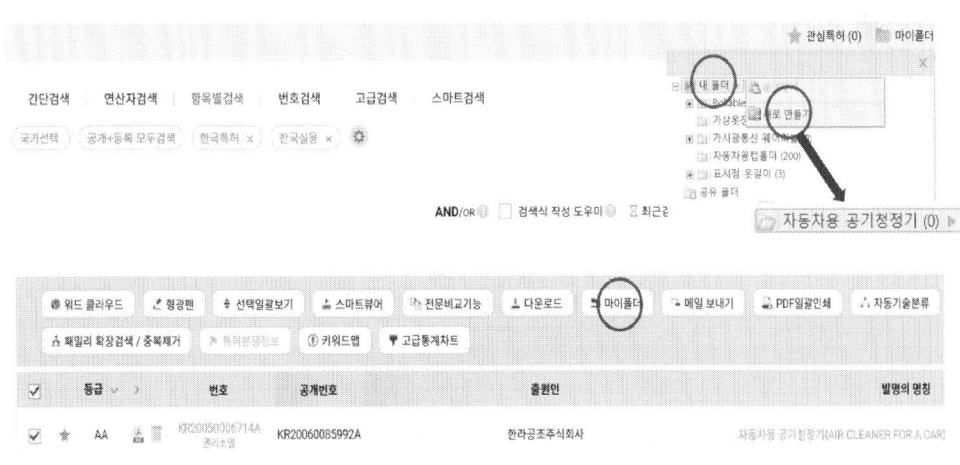

[폴더만들기 화면의 예]

[폴더에 저장하기 화면의 예]

④ 검색결과의 서지사항 다운로드

검색된 문헌들의 서지사항을 다운로드 받기 위해서는「다운로드」를 클릭한 후「선택항목다운로드」를 선택하고 데이터범위를 정한 후「다운로드 항목선택」화면이 나타나면 다운받고자하는 항목들을 선택하고「다운로드」를 클릭하여 엑셀파일로 서지정보를 다운로드받을 수 있다.[235] 특허정보분석(특허맵)의 정량분석, 정성분석을 위해서는 통상「다운로드 항목선택」화면에서 현재소유자, 발명자, 발명자국가, 국제특허분류, 청구항수, 권리현황, 자국피인용특허수, INPADOC패밀리국가수 등을 클릭하여 다운로드 받을 필요가 있다.[236]

---

[235] 한편 다운로드 파일 종류를「선택항목다운로드」가 아니라 요약리포트, 시계열요약서, 대표도면 등으로 선택하여 다운로드받을 수도 있다.
[236] 이때 대표도면, 원문이미지, 요약 등은 통상 굳이 필요없기 때문에 항목선택에서 제외를 해주는게 좋다.

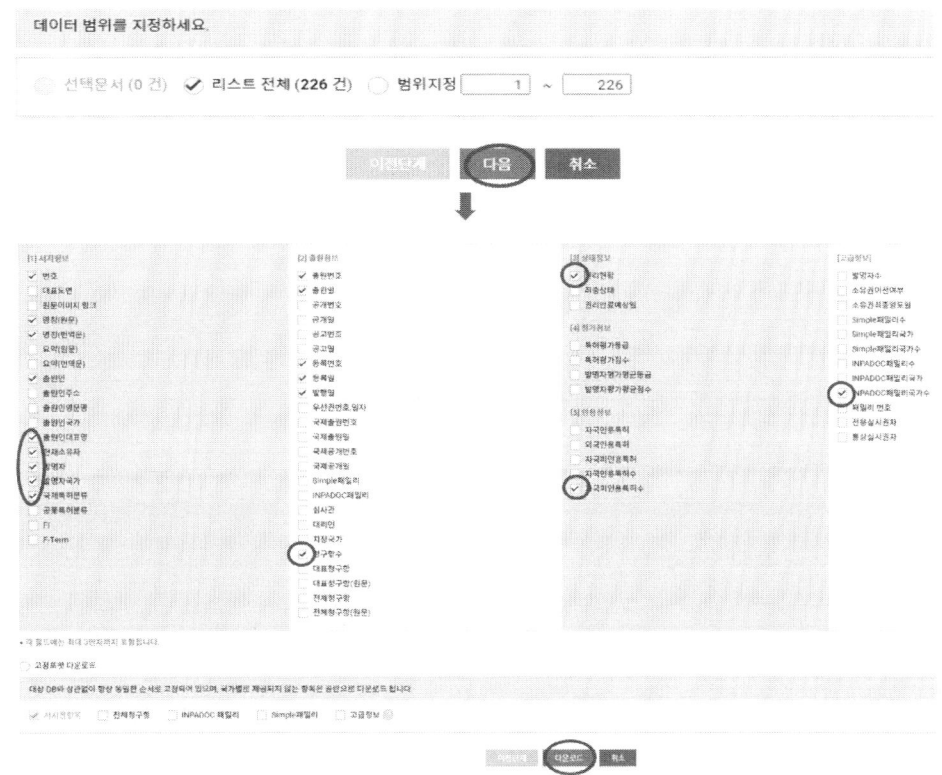

[다운로드항목 선택 화면]

⑤ 기타 기능 활용하기

(i) 형광펜

검색할 때 사용자가 입력한 키워드를 특허전문조회, 선택일괄보기 등에서 색으로 표시해 주는 기능이다.

(ii) 선택일괄조회 및 스마트뷰어

선택일괄조회는 검색결과 리스트에서 선택한 특허들의 대표도면, 서지사항 및 대표 청구항을 일괄로 조회할 수 있는 기능이다. 특허를 선택하지 않고 실행한 경우에는 전체 검색결과를 대상으로 일괄조회한다.

스마트뷰어는 검색결과의 대표도면을 서지사항, 요약과 함께 슬라이드 쇼로 보여주거나 썸네일 이미지로 보여주는 기능이다.

(iii) 전문비교

검색결과 리스트에서 두 개의 특허를 선택하여 양 특허의 전문을 화면에 나

란히 띄워 비교하며 볼 수 있는 기능이다.

(iv) 자동기술분류

검색결과를 IPC, CPC 등 분류별로 표시해 주는 기능으로서, 검색결과의 기술분포를 한 눈에 파악할 수 있도록 해준다. 또한 해당 분류코드에 대한 간단한 설명도 제공한다.

(v) 인용분석(citation) 및 패밀리 확장검색

인용분석은 검색결과 특허군의 자국에 대한 직접 인용, 피인용 특허를 리스트로 제공하는 기능이다. 패밀리 확장검색은 검색결과에서 사용자가 지정한 특허의 모든 패밀리 특허를 검색결과 리스트에 보여주는 기능이다.

(vi) 분쟁정보 및 고급통계차트

분쟁정보는 검색결과 중 분쟁정보가 있는 특허를 사건별로 확인할 수 있는 기능이며, 고급통계차트는 검색결과를 한 눈에 파악할 수 있도록 여러 서지사항별로 그래프로 표시해 주는 기능이다.

(예제 4-9)

1. 위즈도메인 검색화면의 우측상단 마이폴더에 '자동차용 공기청정기'란 폴더를 만들어 보세요.
2. 명칭·요약·청구범위 검색항목에서 "(자동차*|차*) (공기청정기*|공기정화기*)"로 검색한 문헌을 자동차용 공기청정기 폴더에 저장해 보세요.
3. 위 2에서 검색된 문헌의 서지사항(청구항수, 자국피인용특허수, INPADOC패밀리국가수 등 포함)을 엑셀로 다운로드 받아보세요.
4. 위 2에서 검색된 문헌들에 대하여 형광펜, 선택일괄조회, 스마트검색, 자동기술분류, 고급통계차트 등의 기능을 실행해 보세요;

(4) 위즈도메인 해외특허검색

① 해외특허 검색 일반

검색식을 입력하기 전에 국가선택에서 검색하려는 국가를 선택해 주어야 한다. 예를 들어 미국, 유럽, 국제출원(PCT)의 문헌을 검색하려면 아래와 같이 선택한 후 검색항목에 영문 검색식을 입력하여 검색하면 된다.

주요 외국 특허

도움말: 일본특허/실용은 한글검색을 지원합니다.
○ 미국 ○ 미국등록(1975년 이전) ○ 일본특허* ○ 일본실용* ○ 중국특허 ○ 중국실용 ○ 유럽 ○ 국제출원(PCT)

기타 외국 특허

도움말: 일본영문초록은 공개특허만 제공합니다.
○ 일본영문초록(PAJ)** ○ 한국영문초록(KPA) ○ 대만 ○ 독일 ○ 영국 ○ 프랑스 ○ 인도 ○ 러시아 ○ 캐나다 ○ 호주 ○ 싱가폴
○ 멕시코 ○ 기타국가(87개국) 국가코드

검색 옵션

✔ 공개   ✔ 등록   ✔ 공개+등록 중복제거 TIP

확인   취소

[영문검색시 국가선택 화면의 예]

② 일본문헌의 검색

일본문헌은 한글 검색식으로 전문에서 검색할 수 있고, 영문 검색식으로 요약(abstract)에서 검색할 수 있다. 검색식을 입력하기 전에 국가선택에서 한글검색의 경우에는 일본특허(필요시 일본실용도 포함)를, 영문검색의 경우에는 일본영문초록(PAJ)를 선택해 주어야 한다. 한글검색과 영문검색을 각각 실행하고 검색결과를 합친 후 중복되는 문헌을 삭제해 주면 검색의 정확성을 더 높일 수 있다.

[일본문헌 검색시 국가선택 화면]

③ 한글·영문 통합검색

한국과 일본·미국·유럽·PCT 등 외국의 특허문헌을 함께 검색할 수 있다. 국가선택에 해당 국가들을 모두 선택한 후 영문과 한글 검색식을 아래와 같이 함께 넣고 검색하면 해당 국가에서의 모든 검색결과가 함께 표시된다.

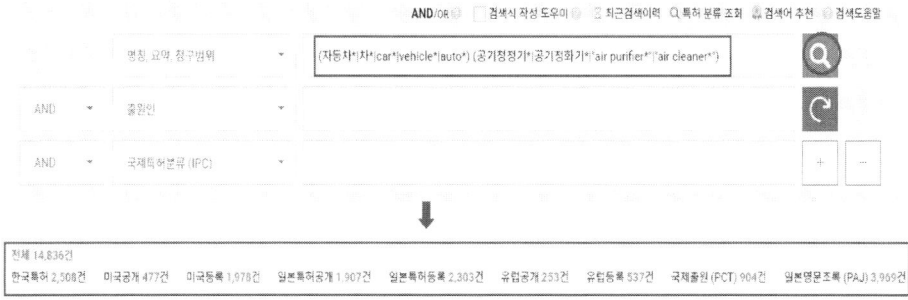

[한글·영문 통합검색 화면]

(예제 4-10)

1. '자동차용 공기청정기'에 대하여 일본의 특허 및 실용신안을 명칭·요약·청구범위 검색항목에서 검색해 보세요.
2. 위 1.의 검색결과에서 일본문헌을 하나 선택하여 그 공보를 확인해 보세요.
3. '자동차용 공기청정기에 관하여 미국, 유럽 및 PCT에서 영문 검색식 [(car*|vehicle*|auto*) ("air purifier"|"air cleaner")]을 입력하여 검색결과를 확인해 보세요.
4. '자동차용 공기청정기'에 대하여 한국, 일본, 미국, 유럽, PCT의 특허를 한글·영문 통합검색으로 검색해 보세요.

4-3-3. 구글 특허검색(Google Patent Search)

구글 특허검색은 구글에서 서비스하고 있는 무료 특허검색DB로서 일반인이 사용하기에 편리하여 전세계적으로 많이 활용되고 있다. 구글특허검색의 초기 화면(https://patents.google.com)은 아래와 같으며,237) 여기에 검색식을 입력하여 검색하면 된다. 구글 특허검색에서 우리나라를 포함한 수십개국의 공개특허 및 등록특허를 검색할 수 있다.238) 구글특허검색의 장점은 검색방법이 매우 간단하며, 검색결과를 빠르게 보여준다는 것이다. 또한 검색결과에서 다른 정보로의 연결이 쉽고, 분쟁정보가 잘 정리되어 있다.

---

237) URL을 입력하거나 Google 검색화면에 google patents를 입력한 후 Google Patents를 찾아 클릭하면 된다.
238) 검색초기 화면의 하단 "around the world"라는 부분을 클릭하면 구글특허검색이 특허문헌을 제공하고 있는 국가가 모두 표시되며, 각 국가를 클릭하면 제공하고 있는 공개특허 및 등록특허의 수가 표시된다.

[구글특허검색 초기 화면]

구글특허검색에서는 별도의 검색항목을 활용하지 않고 초기 검색화면에 키워드, 번호, 출원인 등을 입력하여 검색할 수 있으며, 연산자로 AND, OR, ( ), 구문연산자(" "), 절단연산자(*, ?) 등을 사용할 수 있다. 구글특허검색은 검색식에 기재된 각 검색어(키워드)의 복수형 및 가까운 동의어(synonym)를 포함하여 검색한다.

검색식에 예를 들어 「(car or auto or automobile) and "air purifier"」를 입력하면 아래와 같은 검색결과가 나타난다. 좌측 화면의 Search Field에서 날짜, 발명자, 출원인(특허권자), 특허청, 언어, 등록여부, 법적분쟁여부 등을 선택하여 추가 검색할 수 있으며, 상단의 "sort by"를 클릭하여 검색결과를 최근문헌 또는 오래된 문헌 순으로 정렬할 수 있다.239) 구글특허검색은 정확한 검색 및 특허분석을 하기에 적합하지 않으나, 우리나라 특허를 비롯하여 주요국의 특허를 개괄적으로 빠르게 검색하기에 편리하다.

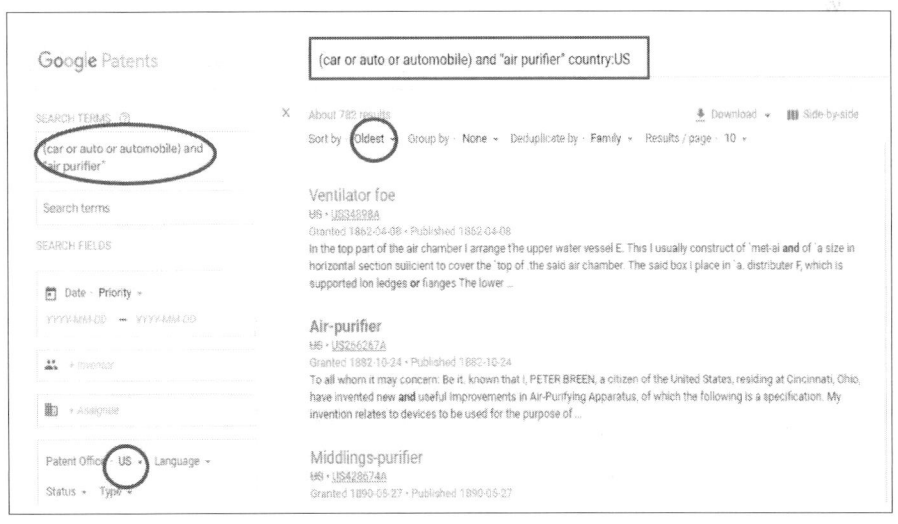

[구글특허검색 검색결과 화면]

---

239) 인터넷에서 "Google Patents' 대신에 'Google Patents Advanced Search'를 선택하면 Search Field가 포함된 검색화면을 열 수 있다.

검색결과에서 특정 문헌을 클릭하면 아래 화면이 나타난다.

[구글특허검색 개별 문헌정보를 보여주는 화면]

위 화면 오른쪽 'Download PDF'를 클릭하면 해당 문헌을 다운로드할 수 있고, 'Find Prior Art'와 'Similar'를 클릭하면 각각 선행기술과 유사특허를 구글알고리즘으로 찾아 보여준다. 패밀리 국가를 클릭하면 그 국가의 패밀리 문헌으로 이동한다. 위 화면의 하단에 명세서 전문과 인용정보, 법적정보가 기재되어 있으며, 마우스 우클릭하고 '한국어로 번역'을 선택하면 화면을 한글 번역문으로 볼 수 있다.

구글특허검색은 번호검색이 매우 편리하다. KR20070012345, KR102431691[240], JP2012-012345,[241] EP1921869, US6199641와 같이 입력하여 해당 문헌을 찾을 수 있고, 20070012345, 6199641 등 문헌번호만을 입력해도 검색이 가능하다.

---

240) 등록번호로 한국문헌을 찾을 때는 등록번호 앞에 10을 넣어주어야 한다.
241) 한국공개특허의 경우 연도+7자리, 일본 공개특허의 경우 연도+6자리를 입력하여야 한다.

(예제 4-11)

1. Alexander Graham Bell의 전화기(telegraphy)에 관한 최초 특허를 구글 특허검색으로 찾아보세요.

2. 구글특허검색에서 아래의 특허문헌을 찾아보세요.
    - 한국등록특허 2,431,691호
    - 일본 공개특허 1997-128762호
    - 미국등록특허 7,287,612호

4-4. 선행기술조사보고서 및 개량발명 도출

4-4-1. 선행기술조사보고서

(1) 선행기술조사보고서 개요

선행기술조사보고서는 조사대상발명(이하 '이건발명'이라 한다)에 대하여 선행기술검색을 통해 신규성·진보성 등 특허요건을 갖추었는지를 판단하고 그 결과를 간략히 보고서 형식으로 작성한 문서를 말한다.

선행기술조사보고서에는 검색범위 및 검색식, 이건발명과 인용문헌의 대비, 검토의견 및 결론 등을 기재한다. 검색범위 및 검색식에는 검색DB, 검색국가, 키워드 및 검색식 등을 기재하며, 이건발명과 인용문헌의 대비에는 이건발명과 가장 근접한 선행문헌의 문헌번호, 발명의 명칭 및 이건발명과 각 선행문헌과의 관련도를 기재한다. 관련도는 X, Y, A로 기재하며 그 의미는 다음과 같다.

X	해당 문헌 하나로 이건발명의 신규성 또는 진보성이 부정된다는 의미이다. X 문헌이 하나라도 있으면 이건발명은 특허를 받을 수 없다고 판단한 것이다.
Y	해당 문헌이 하나 이상의 다른 문헌과 결합하여 이건발명의 진보성을 부정한다는 의미이다. 관련도에 Y를 표시할 때는 그 문헌과 짝을 이루는 다른 Y 문헌이 적어도 하나는 기재되어야 한다. 따라서 Y 문헌이 있는 경우에도 이건발명은 특허를 받을 수 없다고 판단한 것이다.
A	이건발명의 신규성 또는 진보성을 부정할 수 있는 문헌은 아니지만, 이건발명과 관련이 있는 기술로서 참고할만한 문헌이라는 의미이다.

검토의견 및 결론에는 이건발명이 인용문헌들과 대비하여 신규성 또는 진보성이 있거나 없는 이유에 대하여 기술한다.

(2) 선행기술조사보고서 예1

① 이건발명(조사대상발명)

「통상의 텀블러에 있어서, 텀블러 내부의 음료를 가열시킬 수 있도록 착탈식으로 텀블러 하단부에 장착된 가열장치, 내부 음료의 온도를 표시하도록 텀블러 중단부에 형성된 온도표시 디스플레이 및 디스플레이 상에 설치되어 음료의 온도를 세팅할 수 있는 버튼이 달린 온도조절장치를 갖는 텀블러」

도 1   도 2

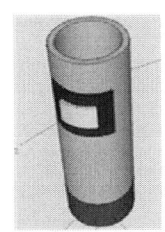 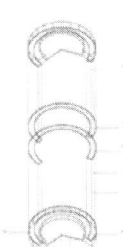

② 간략 선행기술조사보고서

■ 검색DB 및 검색식

검색DB	키프리스(KIPRIS)
검색국가	한국, 일본, 미국, 유럽
키워드	텀블러, 가열, 디스플레이, 온도
검색식(한)	ⓐ (텀블러+tumbler)*(가열+전열+히터)*(LED+LCD+표시판+디스플레이)*(온도+온도조절) ⓑ (텀블러+tumber)*(가열+전열+가온+히트+히터+히팅)
검색식(영)	ⓒ tumbler*(heat+heater+boil+cool+cold+hot)*(led+lcd+display) ⓓ tumbler*coffee

■ 선행기술 검색결과

일련 번호	인용문헌 번호	발명의 명칭	관련도
1	한국공개특허 2018-136280	보온과 보조배터리 기능을 구비한 텀블러	Y
2	한국공개특허 2020-71621	스마트 텀블러	Y
3	한국공개특허 2018-89079	스크린이 부착된 스마트 텀블러	A
4	한국등록특허 1886044	스탠드 기능이 구비된텀블러	A
5	일본등록특허 3178503	가열기능 부착 텀블러	A

> X: 해당문헌 하나로 본 발명의 신규성 또는 진보성이 없는 경우
> Y: 2개 이상의 문헌을 합하면 본 발명의 진보성이 없는 경우
> A: 본 발명의 진보성을 부정할 수는 없지만 참고할만한 문헌인 경우

■ 검토의견 및 결론

인용문헌1에는 텀블러 본체와 가열장치 및 온도설정장치를 내장한 텀블러가 기재되어 있고, 인용문헌2에는 텀블러 본체 하단에 착탈식 가열장치를 장착하고, 텀블러 중단 외피에 온도표시 디스플레이를 형성한 스마트 텀블러가 기재되어 있으므로, 이 분야에 통상의 지식을 가진 자라면 인용문헌1과 인용문헌2를 결합하여 이건발명을 쉽게 발명할 수 있다고 판단된다. 따라서 이건발명은 인용문헌1과 인용문헌2에 의해 진보성이 없다.

인용문헌3 내지 인용문헌5는 가열장치 또는 무드등을 가진 텀블러에 관하여 기재하고 있으나, 온도설정장치 또는 온도표시 디스플레이 등 이건발명의 주요 구성요소를 결여하고 있으므로, 이건발명의 진보성을 부정할만한 문헌은 아니고 참고할만한 문헌이라고 할 수 있다.

(2) 선행기술조사보고서 예2

① 이건발명

「본 발명의 시트조절 의자는 둔부가 접촉되는 시트; 상기 시트가 지지되는 복수 개의 다리; 및 상기 시트에 결합되며 등을 받치는 등받이를 포함하되, 상기 시트의 면적이 조절가능하도록 상기 시트가 슬라이딩 이동하여 서로 겹치거나 빠질 수 있는 복수 개의 시트부로 구성된다. 시트의 뒷면에는 접철면의 이동이 원활하도록 공기구멍이 형성될 수 있으며, 시트의 앞부분과 등받이의 상단부에는 시트 면적의 조절을 용이하게 할 수 있도록 손잡이가 형성될 수 있다. 본 발명의 시트조절 의자는 키, 다리길이 등 사용자의 신체 조건에 대응하여 시트면적을 조절함으로써 편안한 착석상태를 만들 수 있고, 한정된 공간에서 배치할 수 있는 의자의 수를 늘이거나 줄일 수 있다」

도 1   도 2

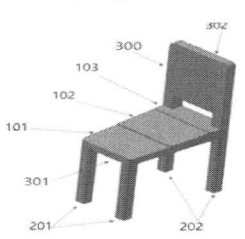
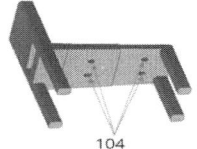

② 간략 선행기술조사보고서

■ 검색DB 및 검색식

검색DB	키프리스
검색국가	한국, 일본, 미국, 유럽
키워드	의자, 시트, 면적, 조절
검색식(한글)	(의자+걸상+체어+벤치)*(시트+씨트+씨이트+좌석+착석면+seat)*(면적+길이+폭+넓이+사이즈)*(조절+조정+조작+변경+콘트롤+컨트롤)
검색식(영문)	(chair+bench+stool+armchair)*seat*(size+space+length+width)*(control+adjust)

■ 선행기술 검색결과

일련번호	인용문헌 번호	발명의 명칭	관련도
1	한국공개실용신안 2014-0035680	접철식 좌석의자	A
2	한국공개실용신안 2006-0008977	등받이 조절 및 볼바퀴가 달린 의자	A
3	한국공개특허 2013-0080635	길이조절 의자	A
X: 해당 문헌 하나로 본 발명의 신규성 또는 진보성이 없는 경우 Y: 2개 이상의 문헌을 합하면 본 발명의 진보성이 없는 경우 A: 본 발명의 진보성을 부정할 수는 없지만 참고할만한 문헌인 경우			

■ 검토의견 및 결론

인용문헌 1에는 등받이를 시트에서 접거나 펼 수 있는 의자에 관하여, 인용문헌 2에는 등받이를 의자 전후로 이동할 수 있는 의자에 관하여 기재되어 있으나, 시트를 서로 겹치거나 뺄 수 있도록 복수 개의 시트부로 나누어 시트의 면적을 조절할 수 있는 본 발명의 구성은 나타나 있지 아니하다. 따라서 인용문헌 1과 2는 본 발명의 진보성을 부정할 수는 없고 참고할 만한 문헌이라고 할 수 있다.

인용문헌 3에는 의자 넓이를 좌우로 넓히고 좁힐 수 있는 의자에 관하여 기재되어 있으나, 본 발명과는 전체적인 구조와 작용효과가 상이하다. 따라서 인용문헌 3도 본 발명이 특허를 받는데 장애가 될만한 문헌은 아니고 참고할 만한 문헌이라고 할 수 있다.

4-4-2. 선행기술검색을 통한 개량발명의 도출

(1) 개량발명의 형태

선행기술 조사결과를 개량발명 도출에 활용할 수 있으며, 개량발명은 통상 아래중 하나의 형태에 해당한다. 개량발명을 도출한 후에는 개량발명에 대하여 선행기술검색을 행하여 유사한 선행기술이 있는 지를 다시 확인한다.

- 구성요소 추가형 : A+B+C → A+B+C+D+E
- 구성요소 변경형 : A+B+C → A+B'+C
- 구성요소 삭제형 : A+B+C+D → A+B+C
- 혼합형   : A+B+C → A+B'+C'+D

(2) 스마트텀블러에 대한 개량발명 도출 예

① 스마트텀블러와 선행문헌의 대비

앞서 선행기술조사보고서의 검색대상인 스마트텀블러와 선행문헌을 구성요소별로 대비하면 다음과 같다.[242]

---

[242] ○는 동일한 구성요소가 있는 경우, ×는 없는 경우, △는 대응되는 구성요소가 있는 경우이다.

	구성요소1	구성요소2	구성요소3	구성요소4	기타 구성요소
이건발명	텀블러본체(A)	착탈식 가열장치(B)	온도표시디스플레이(C)	온도설정장치(D)	
선행문헌1 한국공개특허 2018-136280	○	△ (착탈식이 아님)	×	○	배터리로 가열
선행문헌2 한국공개특허 2020-71621	○	○	○	×	하루누적 음용량 측정기능
선행문헌3 한국공개특허 2018-89079	○	△	○	×	광센서로 음료용량 측정
선행문헌4 한국등록특허 1886044	○	× (착탈식 아님)	△ (무드등 용도)	×	LED를 무드등으로 사용
선행문헌5 일본등록특허 3178503	○	○	×	△ (온도감지 센서내장)	전기히터/팬으로 가열 또는 냉각

[이건발명과 선행문헌의 구성요소 대비표]

② 개량발명의 도출

선행문헌들의 구성요소2를 참고하여 이건발명의 구성요소B(전열장치)의 가열수단을 전열코드 없이도 일정시간 가열할 수 있도록 충전배터리로 변경하고, 선행문헌에 있는 기타 구성요소중 "광센서를 장착하여 하루 음용량을 디스플레이에 표시하고, 야외에서 디스플레이를 밝게 하여 조명등으로 사용할 수 있는 구성"을 이건발명에 추가하여 개량발명을 아래와 같이 도출할 수 있다.

「이건발명은 뚜껑과 본체를 갖는 통상의 텀블러에 있어서, 내부 음료의가열을 위한 탈부착식 충전배터리와 내부 음료의 온도를 세팅할 수 있는 온도조절장치 및 온도 및 음용량 등을 표시하는 디스플레이를 갖는 새로운 형태의 텀블러이다. 충전배터리는 텀블러의 하단부에 설치되며, 온도조절버튼은 디스플레이 상단에 설치되어 버튼을 누르면 디스플레이에 설정하고자 하는 온도가 표시되며 계속 눌러 설정온도를 높이거나 낮출 수 있다. 디스플레이는 텀블러의 중단부에 설치되며 평상시 내부음료의 온도와 하루의 음용량을 표시하고 있다가 온도조절버튼이 눌려지면 설정온도를 표시한다. 또한 디스플레이의 상단에는 디스플레이를 밝게 하여 조명등으로 사용할 수 있도록 변경시키는 조명버튼이 형성되어 있다」

4-5. 특허정보분석

4-5-1. 특허정보분석의 의의

특허정보분석이란 연구개발, 특허관리, 경영기획 등에 활용할 목적으로 특정 분야의 특허정보 전체를 정리·가공 및 분석하는 것을 말한다.[243] 특허정보는 최신기술의 동향, 출원인 정보, 권리정보 등의 방대한 정보를 포함하고 있어서, 최근 기업간 기술경쟁이 치열하고 특허분쟁이 격화하는 상황을 맞아 특허정보분석의 필요성을 커지고 있다.

특허정보분석은 그 활용목적에 따라 아래와 같이 나눌 수 있다.

- 경영정보적 활용을 위한 분석: 관련분야의 기술변화 파악, 신시장 개척 경쟁업체의 동향 파악, 자사의 연구개발 경쟁력 조사 등 용도
- 기술정보적 활용을 위한 분석: 주로 신상품 개발·기획단계에서 활용하는 것으로서, 새로운 연구개발 분야의 선정 또는 중복연구 방지 등 용도
- 권리정보적 활용을 위한 분석: 특허권리범위 파악, 특허망 구축, 특허분쟁 방지 등 용도

특허정보분석은 통상 아래의 프로세스를 거친다.

[특허정보분석 프로세스]

---

243) 특허정보분석은 특허맵, IP-R&D란 용어와 거의 같은 의미로서 혼용되어 많이 사용되고 있다.

4-5-2. 특허정보분석 프로세스

(1) 특허검색 단계
특허검색 단계는 검색대상에 대하여 기술분류표를 작성한 후 검색식을 작성하여 검색을 하는 단계를 말한다. 기술분류표는 검색대상 기술의 특성에 따라 구성별·재료별·처리방법별·용도별·기능별 등 다양한 분류방법으로 작성할 수 있다.

(2) 데이터 가공단계
데이터 가공 단계는 특허검색을 통해 검색된 문헌들에 대한 유효특허 선별[244], 선별된 유효특허에 대한 중복특허 제거, 출원연도·간략IPC 필드 생성, 출원인명칭 정리[245] 등 정량분석을 위해 필요한 데이터를 정리하는 단계이다.

(3) 정량분석 단계
정량분석은 엑셀의 피벗테이블을 활용하여 시각적으로 이해하기 쉽도록 유효특허 데이터로 차트를 만드는 것을 말한다. 예를 들면 국가별·연도별 출원동향, 기술분야별 출원인·출원건수 동향, 주요출원인 주력기술 및 공백기술 현황 등의 일반 분석차트와 국가·기업별 특허활동지수, 국가·기업별 시장확보지수(PFS), 국가·기업별 인용도지수(CPP) 등 심층 분석차트가 있다.

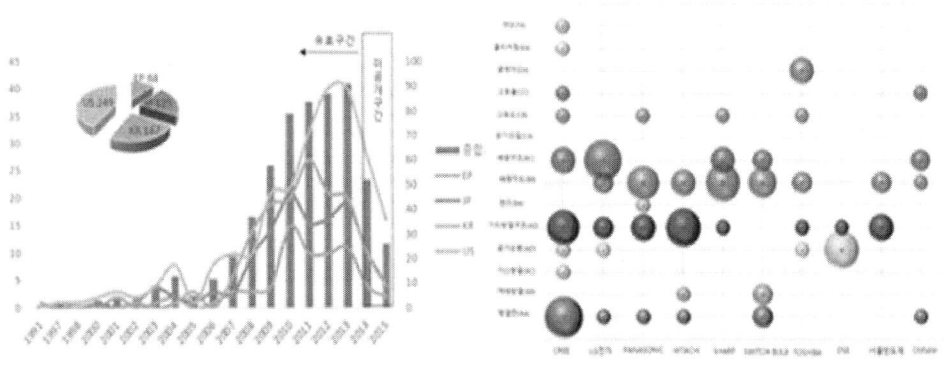

[국가별·연도별 출원동향 및 주요출원인 주력기술 차트의 예]

---

244) 검색된 문헌들을 하나씩 검토하여 찾고자 하는 기술과는 관련없는 문헌(노이즈라고도 한다)을 제거하는 과정으로서, 노이즈 제거라고도 한다.
245) 특히 국가별 다른 언어로 표현된 출원인 명칭을 국가에 관계없이 한글 또는 영문으로 일치시켜 주어야 한다.

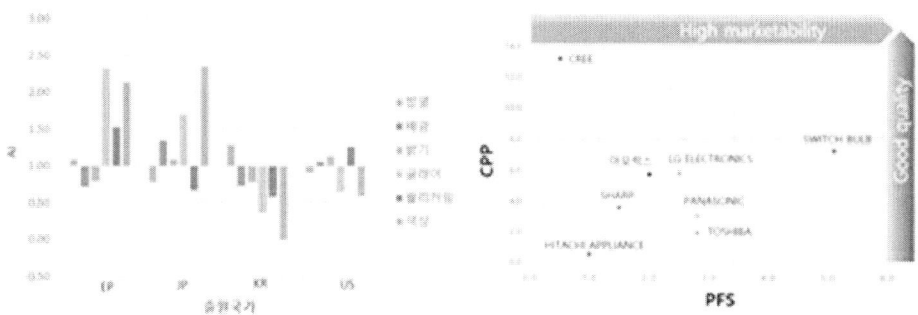

[특허활동지수 차트 및 출원인 CPP/PFS 차트의 예]

(4) 정성분석 단계

정성분석은 핵심특허 선정, 기술흐름도 작성, 회피설계, 공백기술선정 및 신규출원전략 수립 등을 포함한다.

특허번호	발명의 명칭	출원일 (등록일)	출원인	존속기간 만료예정일
US7144135	LED lamp heat sink	2003-11-26 (2006-12-05)	Philips Lumileds Lighting Co.	2024-08-09
US6939009	Compact work light with illumination uniformity	2004-07-01 (2005-09-06)	Optics 1 Inc.	2024-07-01
US7976137	Uniform intensity LED lighting system	2008-03-27 (2011-07-12)	Cree. Inc.	2028-04-02
JP5218751	Bulb type lamp	2008-07-30 (2013-03-15)	Toshiba	2018-07-30

[핵심특허 목록의 예]

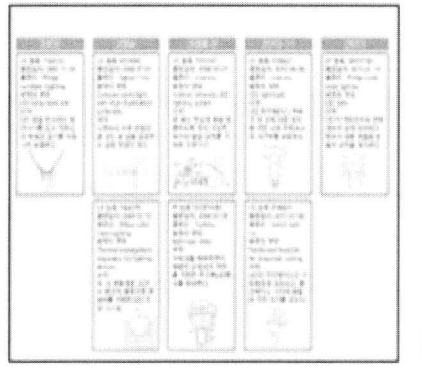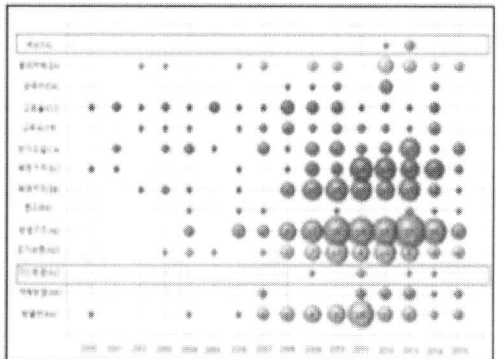

[기술흐름도 및 연도별 기술분류 매트릭스의 예]

출원번호	출원인	MMO	변복조	대역폭 확장	채널 부호화
2006-552948	Qualcomm	○	○		
2006-552941		○	○		
2006-401979		○	○		
2003-027921		○	○		○
2003-026360		○	○		
2002-103616		○	○		
2006-419856	Motorola	○	○		
1997-780420		○			○
2003-749175	Intel	○			
2004-759473		○	○		
2006-7020219			○		
2004-973549	Broadcom	○			
2006-527854		○		○	

[특허망과 구성요소별 매트릭스의 예]

핵심특허	개량발명
(청구항 1) A. 전기적 트레이스, B. 패턴화된 기판, C. 같은 평면상에 존재하지 않는 LED D. 열전도성 물체와 기판을 연결하는 커넥터, E. 외부 연결 방열판을 포함하는 LED전구 (청구항 8~10항) F. 내부에 공간을 만들어 개구부를 통해 공기순환을 할 수 있는 LED전구	(청구항 1) A ~ D. 과 동 E. 쉘 내부에 위치한 방열판 F. 쉘 내부의 방열판과 외부를 연결하는 속이 빈 원통형 방열판을 포함하며, 원통형 방열판의 내부를 통해 공기순환이 원활이 이루어지며, 외부면을 통해서도 방열효과가 이루어지는 것을 특징으로 하는 LED전구

[신규출원 아이디어의 예]

학습 문제 - 4장

1. 키프리스 검색을 통해 아래 특허문헌들을 찾아보고 (1) 발명의 명칭, (2) 출원인, (3) 심사과정, (4) 최종 심사 처리결과, (5) 해외 패밀리 국가 및 그 번호, (6) 해당 국가에서의 처리결과를 알아보라.

   1-1) 한국 특허공개공보 2013-52749호

   1-2) 한국 등록특허공보 776737호

   1-3) 미국 등록특허공보 10642359호

2. PCT 공개공보 2014/042467호를 찾아서 출원인과 발명의 명칭 및 서치 리포트(선행기술조사보고서)의 내용을 확인하라.

3. 우리나라 팹리스 회사의 하나인 '어보브 반도체'에 관한 해외출원 현황을 검색하여 (1) 현재까지의 총 해외출원 건수, (2) 미국출원이 몇 건인지와 미국출원중 가장 많이 출원한 기술분류(IPC), (3) 유럽(EP)출원이 있다면 해당 유럽출원의 영문명칭, (4)) 유럽출원에 대하여 유럽특허청이 발행한 서치리포트가 있다면 그 서치리포트의 내용을 알아보라.

4. 우리나라 게임회사인 엔씨소프트에 대한 출원인 검색을 통해 아래 사항을 보라.

   4-1) 연도별 출원현황과 기술분류(IPC)별 출원현황

   4-2) 기술분류별 출원현황에서 가장 출원이 많은 3개 IPC의 기술내용

   4-3) 연도별 출원현황과 기술분류별 출원현황을 엑셀로 다운로드 받아 차트 (가로막대차트와 세로막대차트)로 작성해 보라.

   4-4) 연도별 및 기술분야별 해외출원동향

5. 아래 "스마트폰 연동 베개시스템" 발명에 대하여 선행기술을 검색하고 아래 박스와 같은 선행기술조사보고서를 작성하라.

   <스마트폰 연동 베개시스템>
   본 발명은 사용자의 기상 운동을 유도하도록 할 수 있는 자이로 센서를 활

용한 스마트폰 연동 베개시스템에 관한 것으로서, 현대인의 기상 알람 및 신체적 건강 촉진에 관한 시스템이다. 보다 상세하게는 스마트폰 앱이 블루투스 연동되어 미리 맞추어 놓은 시간에 알람 기능을 수행하고 사용자가 베개를 들고 일어나 온몸으로 크게 스트레칭을 할 때 알람이 해제된다.

본 발명의 스마트폰 연동 베개시스템은 사람의 후두부가 접촉되는 베개 몸체, 베개 몸체내에 설치되는 센서부와 통신부로 형성되고 베개와 연동되는 스마트폰 애플리케이션으로 구성된다. 센서부는 사용자의 움직임을 인식하는 자이로 센서를 포함하고 통신부는 센서부의 정보를 스마트폰으로 송신하는 블루투스모듈을 포함하여 몸체 내에 형성된다.

본 발명의 스마트폰 연동 베개 시스템은 촉각에만 집중한 기존의 숙면용 베개를 차별화시켜 스마트 알람 기능뿐 아니라 동작 미션 수행을 통한 알람 해제로 사용자의 건강관리도 도울 수 있다.

도1은 베개 몸체의 구성을 나타낸 3D 측면도이다.

도2는 스마트폰 연동 베개 시스템의 구성도이다.

100 : 베개 몸체　　101 : 머리 안착부　　102 : 몸체 하단부
103 : 측부　　　　　200 : 센서부　　　　　300 : 통신부
400 : 모바일 어플리케이션

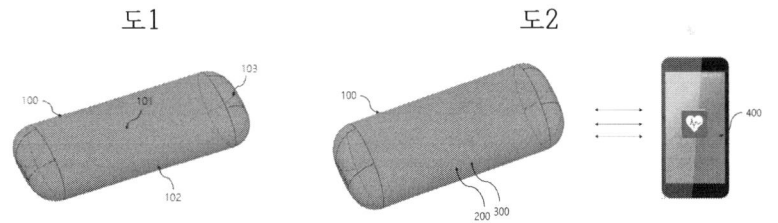

도1　　　　　　　　도2

■ 검색DB 및 검색식

검색DB	
검색국가	
키워드	
검색식(한)	
검색식(영)	

■ 선행기술 검색결과

일련 번호	인용문헌 번호	발명의 명칭	관련도

6. PC, 스마트폰에서 정보통신망을 통해 유통되는 음란 및 폭력정보 등의 해 정보인 유해정보, 유해사이트 및 유해영상 등을 차단하는 기술에 대하여 아래와 같이 특허정보분석을 해보라.

- 최근 기술개발동향(정량분석)
- 주요 출원인 핵심특허 선정등 정성분석
- 검색국가 : 한국, 미국, 일본, 유럽

7. 아이디어 창출후 선행기술검색과 특허출원에 대한 다음 설명중 맞지 않는 것은?
   ① 아이디어가 어느 정도 구체화되면 키프리스를 활용한 선행기술 검색을 하는 것이 필요하다.
   ② 아이디어에 대하여 키프리스로 선행기술 검색을 하여 보면 동일·유사한 선행기술이 이미 있는 경우가 많으므로, 가능한 다양한 형태의 아이디어를 생각해 두는 것이 좋다.
   ③ 키프리스 검색을 통하여 발견한 선행기술들을 통하여 아이디어를 개량하거나 구체화할 수도 있다.
   ④ 아이디어에 대한 선행기술 검색결과는 특허청구범위 등 명세서 작성에도 유용하게 활용될 수 있다.
   ⑤ 아이디어 창출과정을 통해 만들어진 아이디어를 특허출원하기 위해서는 발명의 시제품 또는 모형이 반드시 필요하다.

8. 다음 중 특허정보에서 조사할 수 있는 정보가 아닌 것은?
   ① 해외출원현황
   ② 특허청에서의 행정처리 경과

③ 발명완성일자
④ 국제특허분류코드(IPC)
⑤ 등록일자

9. 다음 중 특허정보조사의 필요성에 관한 설명으로 맞지 않는 것은?
   ① 1년 이내의 특허출원된 기술까지 확인할 수 있으므로 최신의 기술트랜드 가능하다.
   ② 출원하고자 하는 기술에 대한 특허등록 가능성을 확인해 볼 수 있다.
   ③ 출시하고자 하는 제품의 특허분쟁 가능성에 대한 사전분석을 할 수 있다.
   ④ 특허정보검색을 통하여 개발하고자 하는 기술에 대하여 개량발명을 도출하는데 도움을 받을 수 있다.
   ⑤ 경쟁회사가 출원하거나 등록받은 특허들에 대한 정보를 파악하여 향후 발생할 수 있는 경쟁회사와의 분쟁에 대한 대응전략을 수립할 수 있다.

10. 다음중 키프리스 검색DB에 대한 설명으로 맞지 않는 것은?
    ① 키프리스에서 찾은 특허문헌 리스트에서 특정 문헌 하나를 선택하면, 해당 문헌의 공개공보 및 등록공보 외에 등록정보, 통합행정정보, 패밀리정보 등을 확인할 수 있다.
    ② 키프리스에서는 절단연산자의 기능은 제공하지 않는다.
    ③ 키프리스는 자동절단기능을 제공하므로, 전화기를 검색하면 유선전화기, 무선전화기 및 전화기 제조법 등이 모두 검색된다.
    ④ 키프리스에서는 동의어·유사어 검색이나 온라인 다운로드 등의 부가서비스가 제공되지 않는다.
    ⑤ 키프리스에서 국내특허문헌 뿐아니라 미국, 일본, 영국, 독일 등 해외특허문헌 검색이 가능하다.

11. 다음 특허정보분석에 관한 설명중 옳지 않은 것은?
    ① 특허정보분석이란 특정 분야의 특허정보 전체를 정리·분류·가공 및 분석하여, 국가별·출원인별·기술별 동향 및 권리관계 등을 도표나 그림으로 쉽게 파악할 수 있도록 작성하는 것을 말한다.
    ② 특허정보분석은 특허맵(patent map)라는 용어로 혼용되어 많이 사용되는데, 지리적 상황을 쉽게 파악할 수 있도록 그림이나 기호로 표기한 지도에 빗대어 일컫는 용어이다.
    ③ 특허정보분석에는 해당 기술분야에 대한 전문지식과 특허정보 검색 및 가공 능력, 그리고 특허요건 및 침해판단 등 여러 전문지식을 필요로 한다.

④ e특허나라 사이트(http://biz.kista.re.kr/patentmap)에는 다양한 기술분야에 대한 특허정보분석 보고서가 공개되어 있으므로, 유사한 기술분야의 보고서를 찾아서 키워드의 선정이나 기술분류 작성 등에 도움을 받을 수 있다.
⑤ 특허정보분석에서 가장 먼저 해야 하는 일은 키워드를 선정하여 검색식을 작성하는 것이다.

12. 다음 중 특허맵 작성 과정을 바르게 나열한 것은?

㉠ 정성분석	㉡ 데이터 가공
㉢ 검색대상 및 검색범위선정	㉣ 정량분석
㉤ 검색식 작성 및 검색	㉥ 기술분류표 작성

① ㉡-㉢-㉤-㉥-㉣-㉠
② ㉢-㉤-㉥-㉡-㉣-㉠
③ ㉢-㉡-㉤-㉥-㉣-㉠
④ ㉡-㉢-㉥-㉤-㉠-㉣
⑤ ㉢-㉥-㉤-㉡-㉣-㉠

제5장
특허출원서류 및 전자출원

05

5-1. 특허출원서류

5-1-1. 특허출원 개요

발명을 완성함과 동시에 발명자는 특허를 받을 권리를 취득하지만, 특허권을 부여받기 위해서는 특허청에 특허출원을 하여야 한다. 특허출원을 위해서는 출원서에 명세서, 도면(도면이 필요없는 발명의 경우 생략 가능) 및 요약서를 첨부하여 제출하고, 소정의 수수료를 납부하여야 한다.

(1) 특허출원서

특허출원서에는 ㉠ 특허출원인의 성명 및 주소(법인인 경우에는 그 명칭 및 영업소의 소재지), ㉡ 특허출원인의 대리인이 있는 경우에는 그 대리인의 성명 및 주소나 영업소의 소재지[246], ㉢ 발명의 명칭, ㉣ 발명자의 성명 및 주소, ㉤ 특허고객번호 등의 서지사항이 기재되며, 출원인의 필요에 따라 우선권주장·심사청구·공지예외주장·조기공개신청 등의 여부가 기재된다(법 제42조제1항).

(2) 청구범위 유예제도 및 외국어 출원제도

특허출원을 할 때에 명세서의 내용중 발명의 설명만 기재하고 청구범위는 제출하지 아니할 수 있으며, 이후 출원일부터 1년 2개월이 되는 날까지 청구범위를 적은 명세서를 보정서를 통해 제출하여야 한다(법 제42조의2).

한편 특허출원을 할 때에 명세서 및 도면(도면중 설명부분)을 국어가 아닌 영어로 작성하여 제출할 수 있으며, 이후 출원일부터 1년 2개월이 되는 날까지 해당 명세서 및 도면의 국어번역문을 제출하여야 한다.

출원인이 청구범위를 적지 않은 명세서를 제출하거나 명세서를 영어로 작성하여 출원한 후 출원일부터 1년 2개월 이내에 이를 보정하는 명세서·국어번역문을 제출하지 아니한 경우, 1년 2개월 기간이 끝나는 다음 날에 해당 특허출원은 취하된 것으로 본다.[247]

청구범위를 적지 않은 명세서를 제출하거나 명세서를 영어로 작성하여 출원한 특허출원은 보정서 또는 국어번역문을 제출하기 전까지는 심사청구를 할

---

[246] 대리인이 특허법인인 경우에는 그 명칭, 사무소의 소재지 및 지정된 변리사의 성명을 기재한다.
[247] 법 제42조의2 제3항 및 법 제42조의3 제4항.

수 없다.

(3) 특허수수료 납부

특허출원할 때에는 출원료, 심사청구료(출원과 동시에 심사청구하는 경우)를 납부하여야 하고, 등록결정서를 받고 특허권을 설정등록할 때 최초 3년분 등록료를 납부해야 한다. 대학생에 해당하는 만 19세 이상 만 30세 미만의 개인과 만 65세 이상의 개인은 출원료·심사청구료·3년분등록료의 85%를 감면받으며, 일반 개인 및 중소기업은 70%를 감면받는다[248]

(4) 특허출원의 자진 보정

출원인은 특허출원후 심사관이 특허결정의 등본을 송달하기 전까지 또는 최초 거절이유통지서를 송달받기 전까지 특허출원서에 첨부한 명세서 또는 도면을 보정할 수 있다. 거절이유통지서를 송달받은 이후에는 의견서 제출기간에 역시 명세서 또는 도면을 보정할 수 있다.

명세서 또는 도면에 대한 보정은 원칙적으로 특허출원서에 최초로 첨부한 명세서 또는 도면에 기재된 사항의 범위내에서 하여야 하며, 신규사항(new matter)를 포함하는 보정은 허용되지 아니한다.

5-1-2. 명세서

(1) 명세서의 의의

명세서(specification)는 특허를 받고자 하는 발명의 기술적 내용을 문장을 통하여 명확하고 상세하게 기재한 서면으로서 발명의 설명(description)과 청구범위(claims)로 구성된다(법 제42조 제2항). 발명의 설명에는 배경기술과 발명의 목적·구성·효과 및 실시예 등 발명에 관한 구체적인 내용을 기재하며, 특허청구범위에는 발명의 구성을 위주로 발명의 설명에 기재된 내용 중 보호받고자 하는 사항을 명확하고 간결하게 기재한다.

특허법상의 발명은 제품이 아니라 기술적 사상의 창작이므로, 명세서에는 미래에 개발될 수 있는 제품까지 포함하여 가능한 한 다양한 형태를 기재하는 것이 좋다. 기술분야 별로 기출원된 모범명세서 샘플은 특허청 특허로(http://

---

[248] 기초생활보장법 수급자, 국가유공자 및 가족, 장애인, 만 19세 미만인자 등은 출원료, 심사청구료 및 최초 3년분 등록료 전액(100%)이 면제된다.

www.patent.go.kr)에서 다운받아 볼 수 있다.

명세서는 공개되어 제3자가 이용할 수 있는 기술문헌의 역할을 담당하는 한편, 특허를 받은 후에는 발명의 내용과 권리범위를 나타내는 권리서의 역할을 한다.

(2) 발명의 설명

발명의 설명은 특허출원한 발명의 내용을 구체적으로 기재하는 부분으로서, 청구범위의 해석에 도움을 주는 해설서의 역할을 담당한다.

① 기재요건 일반

발명의 설명은 그 발명이 속하는 기술분야에서 통상의 지식을 가진 자(통상의 기술자)가 그 발명을 쉽게 실시할 수 있도록 명확하고 상세하게 적고, 그 발명의 배경이 되는 기술을 기재하여야 한다(법 제42조 제3항). 그 발명이 속하는 기술분야에서 통상의 지식을 가진 자란 "그 출원이 속하는 기술분야에서 보통 정도의 기술적 이해력을 가진 자(평균적 기술자)를 의미한다(95후95).

'쉽게 실시'란 평균적 기술자가 해당 분야의 기술상식과 명세서 및 도면의 기재에 의하여 특수한 지식을 부가하지 않고 과도한 시행착오나 반복실험이 없이 그 발명을 정확하게 이해하고 재현하는 것을 말한다(2004후3362).[249]

실시의 대상이 되는 발명은 청구항에 기재된 발명을 가리키는 것으로 발명의 설명의 기재에 오류가 있다고 하더라도 그러한 오류가 청구항에 기재되어 있지 아니한 발명에 관한 것이거나 청구항에 기재된 발명의 실시를 위하여 필요한 사항 이외의 부분에 관한 것이라면 제42조 제3항 제1호에 위반되었다고 할 수 없다(2012후2586).

배경기술은 발명을 이해하는데 도움이 되고 선행기술조사 및 심사에 유용한 종래의 기술을 말한다. 배경기술의 기재는 일반적인 발명의 설명 기재요건에 비하여 엄격하지 않다. 심사기준상 위반되는 유형은 ㉠ 배경기술을 전혀 적지 않은 경우, ㉡ 출원발명에 관한 배경기술이 아닌 경우, ㉢ 기재가 불충분하여 배경기술을 적은 것으로 볼 수 없는 경우 등이다.[250]

---

[249] 물건의 발명이라면 구성요소(즉 부품)들과 그들의 결합관계를 명확하고 상세하게 기재하여야 하며, 구성요소들이 시중에서 쉽게 구할 수 없고 제조·개조·결합해야 하는 것이라면 그 제조·개조·결합 방법에 관하여 기재할 필요가 있다. 방법의 발명이라면 그 방법을 구성하는 각 단계들이 각각 어떤 순서로 어떤 역할을 하는 지가 기재될 필요가 있다. 물건의 발명이든지 방법의 발명이든지 발명의 설명에는 해당 발명의 용도가 적어도 하나는 기재되어야 한다.

[250] 기존의 기술과 전혀 다른 신규한 발명인 경우에는, 인접한 기술분야의 종래기술을 기재하거나, 적절한 배경기술을 알 수 없다는 취지를 기재함으로써 배경기술의 기재를 대신할 수 있다. 특허청, 앞의 기준, 2316~2317면.

② 발명의 설명 기재순서

발명의 설명은 발명의 명칭, 기술분야, 발명의 배경이 되는 기술, 발명의 내용(해결하고자 하는 과제, 과제의 해결수단 및 발명의 효과 순으로 기재), 도면의 간단한 설명(도면이 있는 경우), 발명을 실시하기 위한 구체적인 내용, 부호의 설명의 순으로 기재한다.

(i) 발명의 명칭 및 기술분야

발명의 명칭은 너무 막연하거나 장황한 기재를 피하여 발명의 내용을 간략히 나타낼 수 있도록 기재한다(예: 내연기관의 점화전, 회전식 원통형 냉장고). 복수의 청구항으로 물건과 방법을 함께 청구하고 있을 때는 "… 물건과 방법"으로 기재한다.

기술분야는 특허를 받으려고 하는 발명의 기술분야를 명확하고 간결하게 기재한다(예: 본 발명은 …을 하기 위한 …에 관한 …이다).

(ii) 배경이 되는 기술

배경기술에는 출원인이 알고 있는 범위에서 발명의 이해, 조사 및 심사에 유용하다고 생각되는 종래기술을 기재하며, 통상 종래기술의 문제점이나 불편한 점을 함께 기재한다. 이때 종래기술이 심사관의 거절이유로 사용될 수도 있다는 점을 고려하여 공개되어 있는 사항에 대해서만 기재하도록 한다.

배경기술로 공개된 특허문헌을 기재하는 경우에는 발행국, 공보명, 공개번호, 공개일 등을 기재하고(예: 2019. 9. 11. 공개된 한국공개특허 10-2019-0104756호), 비특허문헌의 경우 저자, 간행물명(논문명), 발행처, 발행연월일을 기재한다.

(iii) 발명의 내용

발명의 내용에는 "해결하고자 하는 과제, 과제의 해결수단, 발명의 효과"가 기재되며, 이는 각각 발명의 목적, 구성 및 효과에 대응한다고 할 수 있다. 해결하고자 하는 과제에는 출원발명이 종래 기술의 문제점을 해결하여 어떠한 발명을 제공하고자 하는지(즉, 발명의 목적)를 기재한다.

과제의 해결수단은 종래 기술의 문제점을 어떤 수단으로 해결하였는지를 구성을 위주로 기재하며, 출원발명의 가장 핵심적인 내용이라고 할 수 있다. 특허청구범위에 기재된 내용이 통상 과제의 해결수단이 되기 때문에 특허청구범위에 기재된 내용을 기초로 하여 서술식으로 기재한다. 발명의 효과는 과제의 해결수단을 통해 얻어지는 출원발명의 특유한 효과를 기재한다.

(iv) 도면의 간단한 설명

도면의 간단한 설명은 각 도면이 어떤 도면인지를 아래와 같이 간단히 설명하는 내용이 기재된다.

- 도 1은 본 발명에 의한 시트조절의자의 사시도
- 도 2는 본 발명에 의한 시트조절의자의 평면도
- 도 3은 도 2의 A부를 발췌하여 확대한 단면도

(v) 발명을 실시하기 위한 구체적인 내용

통상 발명의 설명 중에서 가장 내용이 긴 부분으로서, 통상의 기술자가 그 발명이 어떻게 실시되는지를 쉽게 알 수 있도록 그 발명의 실시를 위한 구체적인 내용을 가급적 여러 형태로 기재한다. 발명을 여러 형태로 구현한 도면이 있다면, 각 도면 별로 그 실시 형태를 상세하게 기재한다.

발명을 실시하기 위한 구체적인 내용으로서 발명의 구성 자체만 아니라 그 기능에 대해서도 기재할 필요가 있다. 개개의 기술적 수단(구성요소)들이 어떤 기능을 하는지와 이들이 어떻게 결합되어 그 과제를 해결하는지를 기재한다. 필요한 경우 [실시예] 란을 만들어 발명의 구체적인 실시예(필요한 경우 비교예도 함께)를 적으며, 통상 출원발명이 실시예에 한정되지 않는다는 내용을 넣는다. 수치를 한정하여 기재하는 경우에는 수치한정의 이유를 기재하여야 하고, 시험데이터의 경우 시험방법, 측정기구, 시험조건 등을 기재한다.

[전자문서SW 전자문서작성기의 발명의 설명 화면]

(vi) 부호의 설명

부호의 설명은 도면의 주요부를 나타내는 도면부호에 대한 설명을 말하며 아래와 같이 기재한다.

부호의 설명(예)		
100 : 받침대	200 : 본체	300 : 회전부재
210 : 흡입구	211 : 보호커버	400 : 전원장치
220 : 임펠러	221 : 모터	222 : 샤프트축
230 : 송풍관	231 : 에어파이프	
240 : 배출구	241 : 방향조절부재	

(3) 청구범위

① 기재요건 일반

특허발명의 보호범위는 특허청구범위에 적혀 있는 사항에 의해 정해지므로(특허법 제97조), 특허청구범위에 기재된 발명만이 신규성, 진보성, 선원 등 특허요건 판단의 대상이 되며, 특허를 받은 후에는 특허발명의 보호범위가 된다. 따라서 명세서 중에서 가장 신중을 기하여 작성해야 하는 부분이 특허청구범위이다.

청구범위에는 청구항이 하나 이상 있어야 하며, (i) 발명의 설명에 의해 뒷받침되고, (ii) 명확하고 간결하게 기재되어야 하며, (iii) 보호받으려는 사항을 명확하게 할 수 있도록 발명을 특정하는데 필요하다고 인정되는 구조·방법·기능·물질 또는 이들의 결합관계를 적어야 한다.

(i) 발명의 설명에 의해 뒷받침될 것

청구범위에 기재된 발명과 대응되는 사항이 발명의 설명에 기재되어 있는지에 의해 판단하며, 출원시 기술수준에 비추어 발명의 설명에 개시된 내용을 청구범위에 확장 또는 일반화할 수 있다면 발명의 설명에 의해 뒷받침된다고 볼 수 있다(2014후2061).

(ii) 명확하고 간결하게 기재할 것

청구범위는 타인이 실시하면 침해가 성립되는 울타리나 경계선과 같은 기능을 하는 것이어서 사용되는 용어와 문맥이 모두 명확하도록 기재되어야 하며, 기재요건 판단은 발명의 설명보다 훨씬 엄격하게 본다. 임의부가적 사항 또는 선택적 사항이 기재된 경우, 비교의 기준이나 정도가 불명확한 표현이 사용된 경우, 부정적 표현이 사용된 경우, 상한이나 하한의 기재가 없거나 0을 포함하는 수치한정 등은 원칙적으로 발명의 구성이 불명확한 것으로 본다.[251]

또한 청구범위의 각 청구항은 아무리 길더라도 하나의 문장으로 작성되어야 한다.

(iii) 구조·방법·기능·물질 또는 이들의 결합관계를 적을 것

특허청구범위의 청구항의 기재는 단순히 구성요소들을 나열하는 것이 아니라, 구성요소들 사이의 결합(연결)관계가 나타나도록 기재하여야 한다. 예를 들어, "카메라고정부, 구동부, 제어부, 센서부, … 를 포함하는 삼각대"와 같이 기재해서는 안되며, "카메라고정부를 제어하는 구동부, 구동부에 명령을 내리는 제어부, 촬영 장치와 수평과의 경사데이터를 확보할 센서부, …를 포함하는 삼각대"와 같이 기재해야 한다.

---

[251] 소망에 따라, 필요에 따라, 주로, 주성분으로, 적당량의, …이 아닌, 이상, 이하, 바람직하게는 등이 해당한다. 다만, 이러한 표현을 사용하더라도 그 의미가 발명의 설명에 의해 명확히 뒷받침되며 발명의 특정(特定)에 문제가 없다고 인정되는 경우에는 불명확한 것으로 취급하지 않는다. 특허청, 앞의 기준, 2408~2411면.

발명은 구체적으로 특정된 제품이 아니라 기술적 사상의 창작이므로, 발명의 설명에 다양한 실시예를 기재하고 특허청구범위에는 실시예를 포괄할 수 있는 상위개념을 기재한다면, 구체적으로 구현되는 여러 제품을 포괄할 수 있는 넓은 범위의 특허청구범위가 될 수 있다.

② 물건청구항과 방법청구항

특허청구범위에는 물건청구항(product claim)과 방법청구항(process claim)이 있다. 물건청구항은 물리적인 구조(physical structure)를 갖고 있는 물건을 청구하고 있는 청구항이고, 방법청구항은 방법을 청구하고 있는 청구항인데 단순방법 청구항과 물건을 제조하는 방법의 청구항으로 나뉜다. 방법청구항에는 필연적으로 시간적인 경과가 있다는 점에서 물건청구항과 차이가 있다.

물건의 청구항과 방법의 청구항의 구별은 통상 청구항의 말미에 기재된 발명의 명칭이 물건인지 방법인지가 기준이 된다. 물건 청구항과 방법 청구항의 구별이 중요한 이유는 특허를 받은 후 효력범위에서 차이가 있기 때문이다. 한편 출원발명이 물건청구항 또는 방법청구항 형식으로 기재되었는지 여부에 따라 해당 출원발명을 물건발명 또는 방법발명이라고 칭한다.

③ 다항제 기재방식

청구범위에는 보호받고자 하는 사항을 기재한 청구항을 1 또는 2 이상 기재할 수 있으며, 대부분의 출원발명은 청구범위에 2 이상의 청구항을 기재하고 있다. 청구범위의 청구항은 독립항(independent claim)과 종속항(dependent claim)으로 구분되며, 독립항은 다른 청구항을 인용하지 않은 독립형식의 청구항이고, 종속항은 독립항 또는 다른 종속항을 인용하는 형식으로 기재된 청구항을 말한다.

독립항은 넓은 권리범위를 갖도록 구성요소를 적게 하여 기재하고, 종속항은 독립항 또는 다른 종속항의 구성을 ㉠ 더욱 한정하거나 ㉡ 구성을 부가하여 구체화하는 형태로 기재한다. 아래의 예에서 청구항1은 독립항이고, 청구항2와 청구항4는 한정하는 종속항이며, 청구항3은 부가하는 종속항이다.

청구항1) A, B, C를 포함하는 ⋯장치
청구항2) 제1항에 있어서, C가 C'인 ⋯장치
청구항3) 제1항에 있어서, D를 더 갖는 ⋯장치
청구항4) 제1항 내지 제3항 중 어느 하나의 항에 있어서, B가 B'인
 ⋯장치

종속항은 여러 청구항을 인용할 수 있고, 그 인용하는 청구항수 만큼의 여러 발명을 청구하고 있는 것이다. 또한 종속항은 인용하는 청구항의 모든 기재사항을 포함하면서 종속항에 기재된 내용을 추가적으로 갖는 것이어서, 인용하는 청구항의 보호범위보다 더 좁은 보호범위를 가진다.

④ 특수한 형식의 청구항

(i) 수단(means) 또는 단계(steps) 형식의 청구항

특허청구범위의 구성요소를 "…수단"이나 "…단계" 형식으로 기재한 청구항을 말하며, 수단은 물건발명, 단계는 방법발명에 사용한다. 아래 청구항1에서 "동력발생수단"이 이에 해당한다.

청구항1) 원통형상의 밀폐용기(10); 상기 밀폐용기의 내부 하단에 위치하는 동력발생수단(20); 및 상기 밀폐용기의 내부 상단에 위치하며, 동력발생 수단과 축으로 결합되는 스크롤 압축부(30); 를 포함하는 압축기

이와 같이 특허청구범위의 구성요소를 "…수단"이나 "…단계" 형식으로 기재하려면, 발명의 설명에는 그 수단 또는 단계의 여러 구체적인 형태가 기재되어야 하며, 등록받은 이후 권리범위를 해석할 때는 발명의 설명에 기재된 구체적인 수단이나 단계를 참작하여 해석한다.

(ii) 젭슨청구항

젭슨청구항이란, 아래의 예와 같이 공지기술을 청구항의 전제부에 기재하고 발명의 개량부분을 특징부로 기재하는 형식의 청구항이다. 젭슨청구항은 발명의 특징이 되는 개량부분이 어디인지를 쉽게 알 수 있기 때문에 개량발명에 많이 사용된다.[252]

청구항1) 일정 길이로 형성되는 몸체부, 상기 몸체부의 일단에 형성되는 그립, 상기 몸체부의 타단부에 구비되는 날개형상의 공기저항부 및 공기저항부의 단부에 구비되는 헤드부를 이루어진 골프스윙 교정연습기에 있어서(전제부), 상기 헤드부 내부에는 스윙 궤도 방향을 따라 피리부재가 구비되어, 상기 헤드부가 정상적인 스윙궤도를 따라 원호상으로 회전할 때에 연속적인 피리소리가 발생되는 것을 특징으로 하는 골프스윙 교정연습기(특징부).

---

[252] 한편 전제부에 기재한 구성이 공지기술에 불과하더라도, 전제부와 특징부를 포함하여 청구항에 기재된 모든 구성요소들이 유기적으로 결합된 전체가 특허발명의 필수적 구성요소이다. 따라서 전제부에 기재한 구성요소를 제외한 특징부의 구성요소만으로 선행기술과 대비하거나 권리범위해석을 해서는 안된다. 대법원 2001.6.15. 선고 2000후617 판결.

(iii) 마쿠쉬 청구항(Markush claim)

주로 화학발명에서 사용되는데 유사한 성질 또는 기능을 갖는 물질들을 "…으로 이루어진 군에서 선택된 물질"의 형태로 기재하는 청구항의 기재형식을 말한다.

청구항2) 제1항에 있어서, 패드층의 재료가 TiN, 규화물, 폴리실리콘 및 폴리카보네이트로 이루어진 그룹으로부터 선택되는 것을 특징으로 하는 집적회로 제조방법

⑤ 종속항의 기재방법(특허법시행령 제5조)

특허법시행령 제5조의 규정에 따라 2 이상의 청구항을 인용하는 종속항에 있어서 각 항을 인용할 때는 택일적으로 기재하여야 한다.

청구항3) 제1항 및 제2항에 있어서, …인 선풍기   ✗
청구항4) 제1항 내지 제3항에 있어서, …인 선풍기   ✗
청구항3) 제1항 또는 제2항에 있어서, …인 선풍기   ○
청구항4) 제1항 내지 제3항 중 어느 하나의 항에 있어서, …인 선풍기   ○

또한 2 이상의 항을 인용하는 청구항은 2 이상의 항을 인용한 다른 청구항을 인용할 수 없다. 아래의 예에서 청구항4는 2 이상의 항을 인용하고 있는 제3항을 포함하여 2 이상의 항을 인용하고 있으므로 특허법시행령 제5조에 위배된다.

청구항1) …인 선풍기
청구항2) 제1항에 있어서, …인 선풍기
청구항3) 제1항 또는 제2항에 있어서, …인 선풍기
청구항4) 제2항 또는 제3항에 있어서, …인 선풍기   ✗

(4) 도면 및 요약서

도면은 발명의 내용을 이해하기 쉽도록 명세서를 보조하는 역할을 하며, 발명에 따라 정면도, 평면도, 사시도, 단면도, 분해도, 절개도, 확대도 등을 2D, 3D 외에 실물 사진으로도 제출할 수 있다. 그외 전기전자 관련 발명의 경우 블록도, 흐름도, 회로도, 그래프 등을 기재할 수 있으며, 화학 관련 발명의 경우 공정도, 화학구조식 등이 기재될 수 있다.

도면은 원칙적으로 흑백으로 작성하여야 하지만, 발명의 내용을 표현하기 위하여 필수적인 경우에는 그레이스케일이나 컬러이미지의 도면을 사용할 수 있다. 도면은 반드시 제출해야 되는 것은 아니며, 구체적인 형상을 갖고 있지

않은 발명의 경우에는 발명의 성격에 따라 생략할 수 있다.

요약서는 발명의 내용을 일견하여 파악할 수 있도록 400자 이내로 간략히 적은 부분이다. 요약서는 주로 특허정보검색을 위한 기술정보로 사용되며, 명세서의 내용을 보완하거나 그 해석을 돕는 용도로 사용할 수 없다(법 제43조).

요약서에는 [요약]과 [대표도]를 기재한다. [요약]에는 명세서중 발명의 목적, 구성 및 효과에 해당하는 기술분야, 해결수단, 발명의 효과를 요약하여 400자 이내로 간략하게 기재한다. [대표도]는 도면중에서 대표가 되는 도면을 「도 1」과 같이 기재하면 된다.

[요약서]

[요약]
 본 발명은 둔부가 접촉되는 시트를 조절할 수 있는 착석면의 조절이 가능한 시트조절의자에 관한 것이다. 본 발명의 시트조절의자는 둔부가 접촉되는 시트; 시트가 지지되는 복수의 다리; 및 시트에 결합되며 등을 받치는 등받이를 포함하되, 시트의 둔부에 대한 접촉면적이 조절가능하도록 시트가 복수부분으로 구성된다. 본 발명은 사용자의 신체조건에 대응하여 시트면적을 조절하여 편안한 착석상태를 만들 수 있다.
[대표도]
 도 1

[요약서 작성사례]

5-1-3. 청구항의 기재형식 및 작성사례

아이디어의 창출부터 명세서의 작성까지는 통상 아이디어 구상 → 선행기술 검색 → 아이디어구체화 → 청구범위 작성 → 발명의 설명 및 도면 작성의 순서를 거치게 된다. 특허청구항의 기재형식에 대하여 별도로 정해진 법률상의 요건이 있는 것은 아니지만, 실무상으로는 통상 작성되는 형식이 있다.

(1) 청구항의 기재형식

① 독립항의 기재형식
독립항은 통상 하나의 청구항을 전제부, 본문부, 연결부 및 종결부로 하여 작

성한다.

> (청구항1) 실린더형 청소기기로서,
> 섀시;
> 상기 섀시에 연결된 복수의 전방 플로어(floor) 맞물림 조향 부재들;
> 상기 섀시에 연결된 후방 플로어 맞물림 롤링 어셈블리; 및
> 상기 조향 부재들을 조향하기 위한 제어 기구;를 포함하는 실린더형 청소기기

위 예에서 '실린더형 청소기기로서'가 전제부이고, 구성요소들을 나열한 "섀시 … 제어기구"까지가 본문부를 이루고 있으며, '포함하는'이 연결부이고, 청구항의 말미에 기재된 '실린더형 청소기기'가 종결부이다.

전제부는 청구항의 도입 부분으로서 흔히 명세서의 서두에 나오는 발명의 명칭이 전제부로 사용된다. 본문부(body)는 청구하는 발명에 대하여 구성요소들을 언급하고 이들 기술구성들이 구조적으로, 물리적으로 또는 기능적으로 어떻게 연결되어 발명을 이루는지를 기재하는 부분이다.

연결부(transition)는 연결하는 문구를 말하며 전환부 또는 전이부라고도 한다. 통상 "포함하는(comprising)"이라는 형식의 연결부가 사용되며, 청구항에 기재된 구성요소 외에 추가의 구성요소를 갖는 발명도 해당발명에 포함되는 것으로 해석된다. 종결부는 청구항의 말미에 기재되는 부분으로서 통상 발명의 명칭을 가져와 기재하면 된다.

② 종속항의 기재형식

종속항은 인용하는 독립항 또는 다른 종속항의 구성요소를 한정하거나, 또는 구성요소를 부가하는 형식으로 기재하며, 종속항의 말미는 인용하는 독립항 또는 종속항의 종결부와 일치하도록 기재한다. 아래의 예에서 청구항2와 청구항3은 한정하는 종속항, 청구항4는 부가하는 종속항이라고 할 수 있다.

> (청구항2) 제1항에 있어서,
> 상기 롤링어셈블리는 주 몸체 및 상기 주 몸체에 회전가능하게 연결된 복수의 플로어 맞물림 롤링요소들로 이루어지는 실린더형 청소기기.
> (청구항3) 제2항에 있어서,
> 상기 롤링요소들은 구형의 외부표면을 갖는 실린더형 청소기기.
> (청구항4) 제1항 및 제2항에 있어서,
> 상기 조향부재는 그 하단에 분리장치의 기저부를 지지하기 위한 지지부를 갖는(포함하는) 실린더형 청소기기.

(2) 구성요소표를 통한 청구항 작성 사례

아이디어 초안으로부터 청구범위를 바로 작성하기는 쉽지 않기 때문에 주구성요소, 부구성요소, 한정사항 및 선행기술과의 대비 등을 기재한 구성요소표를 먼저 작성하고, 이를 바탕으로 하여 독립항부터 종속항까지 기재해 나가는 것이 좋다.

한편 선행기술검색 결과는 청구범위 및 발명의 설명 작성에 큰 영향을 미칠 수 있다. 아래 2건의 사례에서 주구성요소가 공지되었는지의 여부에 따라 청구범위 작성이 달라질 수 있음을 알 수 있다.

① 모형물과 모바일앱을 이용한 자세교정시스템

(i) 발명의 개요

본 발명은 사용자가 앉는 시트 하단에 설치된 센서를 통해 수집된 사용자의 앉는 자세를 ㉠ 자세모사 모형이 시각적으로 따라하여 보여주고, ㉡ 스마트폰의 앱화면으로 일정 기간동안의 사용자 자세에 관한 정보를 사용자에게 제공하는 자세교정 시스템에 관한 발명이다.

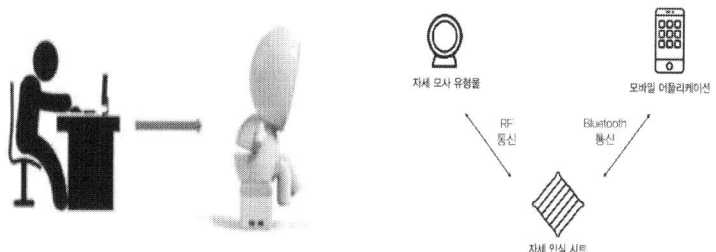

[모형물을 이용한 자세교정시스템 개략도]

(ii) 구성요소표

주구성요소	부구성요소	한정사항
A 자세인식 시트	A-1. 자세인식센서 A-2. 제어부(MCU) A-3. 통신모듈	- 자세인식센서는 시트 하단에 설치된 복수개 압력센서와 카메라로 구성 - 제어부는 자세인식센서에서 받은 자세정보를 통신모듈을 통해 자세모사모형과 스마트폰 앱으로 전달 - 통신모듈은 블루투스모듈 또는 wifi모듈
B 자세모사 모형	B-1. 자세모사 제어기 B-2. 모터 B-3. 통신모듈	- 자세모사 모형은 상부몸체, 두 다리를 포함하는 하부몸체 및 받침대로 구성 - 자세인식시트에서 보내온 정보에 따라 자세모사 제어기가 모터를 작동하여 사용자의 자세 모사
C 모바일 애플리케이션		- 사용자의 자세에 관한 실시간 및 축적된 정보를 모바일 앱으로 보여줌
선행기술 과의 대비	위 주구성요소 A+B+C를 포함하는 선행기술 없음	

[자세교정시스템 구성요소표]

(iii) 특허청구범위

(청구항1) 모형물과 모바일앱을 이용한 자세교정시스템에 있어서, 센서를 통해 사용자의 앉은 자세를 인식하는 자세인식시트; 자세인식시트에서 보내주는 자세정보에 따라 사용자의 자세를 모사하는 자세모사모형; 및 사용자의 실시간 및 축적된 정보를 사용자가 소지한 통신디바이스의 앱화면으로 보여주는 모바일 애플리케이션;을 포함하는 모형물과 모바일앱을 이용한 자세교정시스템.

(청구항2) 제1항에 있어서, 자세인식시트는 압력센서 및 카메라로 이루어진 센서부, 센서부로부터 받은 센싱값으로 사용자의 자세정보를 획득하고 통신모듈을 통해 이를 자세모사모형 및 모바일애플리케이션으로 전달하는 제어부를 포함하는 (것을 특징으로 하는) 모형물과 모바일앱을 이용한 자세교정시스템.

② 착석면의 넓이 조절이 가능한 다단 접철식 의자

(i) 발명의 개요

아래는 착석면을 다단으로 형성하여 착석자의 신장이나 공간의 광협에 따라 착석면을 조절할 수 있는 다단 접철식 간이의자에 관한 발명의 시제품 사진과 일실시예의 도면이다.

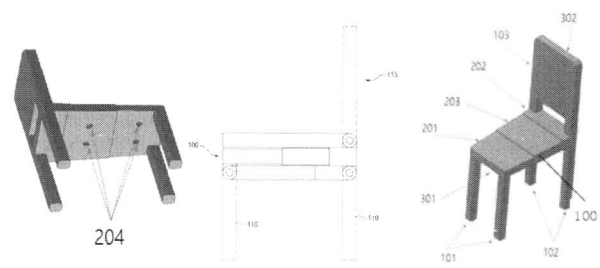

[착석면의 넓이조절이 가능한 다단 접철식의자 개략도]

(ii) 구성요소표

주구성요소	부구성요소	한정사항
A 시트	A-1. 전면시트부 A-2. 중간시트부 A-3. 후면시트부 A-4. 공기구멍 A-5. 힌지(경첩)	- 시트는 시트부들이 슬라이딩 이동하여 서로 겹치거나 빠져서 시트길이를 조정 - 공기구멍은 시트의 뒷면에 형성되어 접철면의 이동이 원활하도록 하는 역할 - 힌지는 시트와 등받이의 연결부에 위치하여 등받이와 시트를 포갤 수 있도록 형성
B	등받이	
C 다리	C-1. 앞다리 C-2. 뒷다리 C-3. 힌지(경첩)	- 앞다리는 전면시트부, 뒷다리는 후면시트부에 고정 - 힌지는 다리와 시트의 연결부에 위치하여 다리와 시트를 포갤 수 있도록 형성
선행기술과의 대비	주구성요소 A+B+C로 구성된 의자는 선행기술에 공지	

[자세교정시스템 구성요소표]

(iii) 특허청구범위

본 발명은 선행기술검색에서 '시트+다리+등받이' 등 주구성요소로만 구성된 시트조절의자는 공지이기 때문에(특허받을 수 없기 때문에) 부구성요소나 한정사항 중 일부를 구성요소로 가져와 주구성요소와 함께 청구항1을 작성하여야 한다. 아래 청구항1은 주구성요소에 "상기 시트의 두부에 대한 접촉면적이 조절가능하도록 상기 시트가 슬라이딩 이동하여 서로 겹치거나 빠질 수 있는 복수의 시트부로 구성된다"는 한정사항을(위 밑줄 친 부분)을 덧붙여 작성되었다.

(청구항1) 두부가 접촉되는 시트(100).
  상기 시트에 지지되는 다리(110) 및
  상기 시트에 결합되며 등을 받치는 등받이를 포함하되,
  <u>상기 시트의 두부에 대한 접촉면적이 조절가능하도록 상기 시트가 슬라이딩 이동하여 서로 겹치거나 빠질 수 있는 복수의 시트부로 구성되는</u> 시트조절의자.
(청구항2) 제1항에 있어서, 상기 시트의 뒷면에는 접철면의 이동이 용이하도록 하기 위한 공기구멍이 형성된 시트조절의자

[예제 5-1]
아래 '주방용 칼'에 대하여 구성요소표와 2~3개의 청구항을 작성하세요.

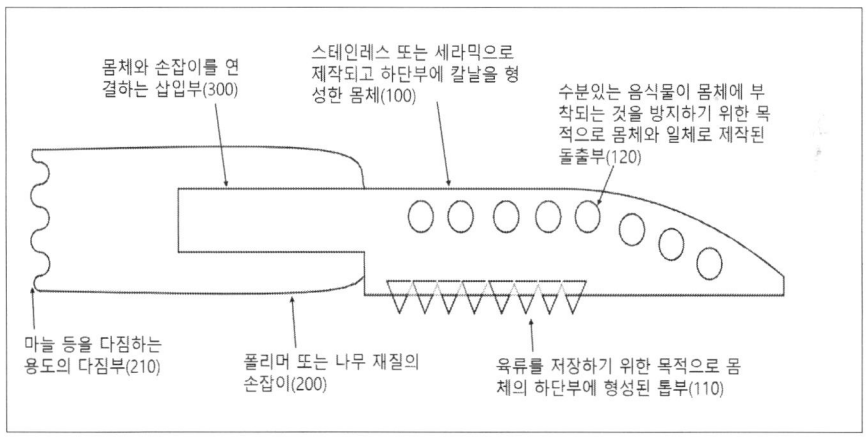

5-1-4. 3W-1B-1D & C 양식

(1) 3W-1B-1D & C 양식의 의의

통상 특허명세서는 청구범위를 먼저 작성한 후 이를 기초로 하여 발명의 설명을 기재하고 도면을 작성해 나가게 된다. 발명의 설명은 발명의 명칭, 배

경기술, 해결하고자 하는 과제, 과제의 해결수단, 발명의 효과, 도면이 간단한 설명, 발명실시를 위한 구체적인 내용, 부호의 설명 순으로 문단을 나누어 작성해야 한다.

그러나 초보자가 위의 양식대로 명세서를 작성하는 것이 어렵기 때문에, 아래와 같이 3W(What·Why·How), 1B(Benefit), 1D(Drawings) & C(Claims)의 양식을 작성하고, 이를 기초로 하여 특허명세서를 작성하는 것이 편리하다. 3W-1B-1D & C 양식은 '발명실시를 위한 구체적인 내용'을 제외하고는 특허명세서 양식과 대응된다.

① **What**

출원하고자 하는 발명이 무엇에 관한 발명인지를 기재하는 것으로서, 명세서에서 '기술분야'에 해당한다.

② **Why**

출원하고자 하는 발명을 창출하게 된 이유를 적는 부분이다. 통상 발명을 창출하게 되는 이유는 종래 기술에 문제점이 있거나 개선해야 할 부분이 있기 때문이므로, 종래 기술에 대한 기재와 함께 종래기술의 문제점(개선할 부분)이 무엇인지를 적는다.

③ **How**

출원하고자 하는 발명이 어떠한 수단 및 구성요소들로 이루어져 있는 지에 관한 것으로 명세서 작성에서 가장 핵심적인 부분이라고 할 수 있으며, 명세서 양식에서 과제의 해결수단에 해당한다. How(과제의 해결수단)을 가장 쉽게 기재하는 방법은 Claims(청구범위)를 작성한 후 해당 청구범위를 서술식으로 풀어서 기재하는 것이다.

④ **Benefit**

출원하고자 하는 발명의 작용효과를 기재하는 부분으로서, 명세서에서 '발명의 효과'에 해당한다.

⑤ **Drawings**

도면은 물건을 어디에서 바라보는 지에 따른 정투상도법을 적용하여 사시도 및 육면도를 그리게 된다. 발명의 내부 구성이 복잡하다면 단면도, 분해도 등을 기재하는 것이 좋다.

이 때 각 도면마다 사시도인지, 평면도인지, 단면도라면 어느 부분의 단면도인지를 기재한다. 또한 도면에는 발명의 각 주요 구성요소를 지시선으로 연결하여 도면부호를 기재하고, 각 구성요소의 명칭이 무엇인지 함께 기재한다. Drawings는 명세서에서 도면, 도면의 간단한 설명 및 부호의 설명에 해당한다.

⑥ Claims

Claims는 명세서의 특허청구범위에 해당한다. 특허청구범위의 각 청구항(a claim)은 청구항1, 청구항2와 같이 표시한다.

3W-1B-1D & C 양식	특허명세서 양식
WHAT	기술분야
WHY	배경이 되는 기술
	해결하고자 하는 과제
HOW	과제의 해결수단
BENEFIT	발명의 효과
DRAWINGS	도면의 간단한 설명
	부호의 설명
	도면
	발명실시를 위한 구체적 내용
CLAIMS	특허청구범위

[3W-1B-1D & C 양식과 특허명세서 양식의 비교]

(2) 3W-1B-1D & C 양식 작성예1

- **발명의 명칭**
  시트조절 의자{Chair with adjustable seat}

- **발명의 설명 : 3W 1B 1D**

  What(기술분야)
  본 발명은 의자에 관한 것으로서, 보다 상세하게는 둔부가 접촉되는 시트를 조절할 수 있는 착석면의 조절이 가능한 시트조절의자에 관한 것이다.

  Why(종래기술의 문제점, 해결하고자 하는 과제)
  의자는 사람이 걸터앉는데 사용하는 가구의 일종으로서, 시트, 등받이 및 다리를 포함한다. 그런데 기존의 의자는 착석시 사용자의 키나 다리길이에 관계없이 동일하게 만들어져서 사용자에 따라서는 장시간 착석시 불편함을 느끼는 경우가 많았다.

본 발명의 시트조절 의자는 사용자가 키나 다리길이 등 신체조건에 대응하여 시트면적을 조절할 수 있도록 시트가 복수 개의 시트부로 구성된 시트조절의자를 제공하고자 하는 것이다.

How(과제의 해결수단)

본 발명의 시트조절 의자는 둔부가 접촉되는 시트; 상기 시트가 지지되는 복수 개의 다리; 및 상기 시트에 결합되며 등을 받치는 등받이를 포함하되, 상기 시트의 면적이 조절가능하도록 상기 시트가 슬라이딩 이동하여 서로 겹치거나 빠질 수 있는 복수 개의 시트부로 구성된다. 예를 들어 상기 복수 개의 시트부가 3개의 시트부로 구성된 경우, 전면시트부, 중간시트부 및 후면시트부로 이루어지며, 상기 복수 개의 다리 중 한쌍은 전면시트부에, 다른 한쌍은 후면시트부에 고정된다.

상기 시트의 뒷면에는 접철면의 이동이 원활하도록 하나 이상의 공기구멍 구멍이 형성될 수 있으며, 다리와 등받이는 상기 시트에 접철 가능하게 힌지로 연결될 수 있다. 시트의 앞부분과 등받이의 상단부에는 시트 면적의 조절을 용이하게 할 수 있도록 손잡이가 형성될 수 있다.

Benefit(발명의 효과)

본 발명의 시트조절 의자는 키, 다리길이 등 사용자의 신체 조건에 대응하여 시트면적을 조절함으로써 편안한 착석상태를 만들 수 있고, 한정된 공간에서 배치할 수 있는 의자의 수를 늘이거나 줄일 수 있다.

Drawing(도면) 및 도면부호

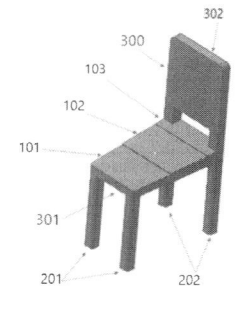 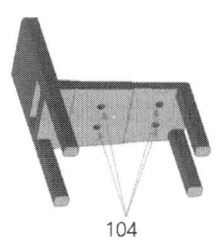

100: 시트   200: 다리   300: 등받이
101: 전면시트부   102: 중간시트부   103: 후면시트부
104: 공기구멍   201: 앞다리   202: 뒷다리
203: 힌지   301: 전면손잡이   302: 후면손잡이

- **특허청구범위**

청구항1)
  시트조절 의자에 있어서,
  둔부가 접촉되는 시트;
  상기 시트를 지지하는 복수 개의 다리;
  상기 시트와 결합하여 등을 받치는 등받이;를 포함하되, 둔부가 접촉하는 상기 시트의 면적이 조절가능하도록 상기 시트가 슬라이딩 이동하여 서로 겹치거나 빠질 수 있는 복수 개의 시트부로 구성되는 시트조절 의자.

청구항2)
  제1항에 있어서, 상기 시트는 전면시트부와 중간시트부 및 후면시트부를 포함하되, 상기 복수 개의 다리중 한쌍은 전면시트부에, 다른 한쌍은 후면시트부에 고정되는 시트조절 의자.

청구항3)
  제1항 또는 제2항에 있어서, 상기 시트의 뒷면에는 접철면의 이동이 원활하도록 공기구멍이 형성된 시트조절 의자.

청구항4)
  제3항에 있어서, 시트와 등받이의 연결부 및 다리와 시트의 연결부에 등받이와 다리를 완전히 접어 시트에 포갤 수 있도록 힌지를 형성한 것을 특징으로 하는 시트 조절 의자.

(2) 3W-1B-1D & C 양식 작성 예2

- **발명의 명칭**
  가열 및 온도표시 기능을 갖는 텀블러

- **발명의 설명 : 3W 1B 1D**

  What(기술분야)
  본 발명은 텀블러에 관한 것으로서, 특히 탈부착식 충전배터리로 텀블러 내의 음료 온도를 가열할 수 있고, 텀블러 외측에 디스플레이를 설치하여 음료의 온도를 표시하는 신개념 텀블러에 관한 것이다.

Why(종래기술의 문제점, 해결하고자 하는 과제)

종래 통상의 텀블러는 단순히 커피 등 음료를 보관하는 용도로만 사용되어 왔기 때문에, 사용자가 텀블러내 음료의 온도를 확인하거나 조절할 수 없는 문제가 있었다.

본 발명은 텀블러 내부 음료의 온도를 육안으로 확인할 수 있고, 필요한 경우 음료를 가열하여 원하는 온도로 높일 수 있는 텀블러를 제공하고자 한다.

How(과제의 해결수단)

본 발명은 몸통과 뚜껑을 갖는 텀블러 본체, 온도설정버튼에 설정된 온도에 맞게 음료를 가열하는 가열장치, 음료의 온도를 측정하는 센서부, 센서부에서 측정한 정보를 디스플레이부에 전달하고 온도설정장치에 설정된 온도로 가열토록 가열장치를 가동시키는 제어부, 텀블러의 외측에 장착되며 디스플레이 상에 음료의 온도를 표시하는 음료온도표시부와 온도를 설정하는 버튼을 갖고 있는 디스플레이부를 포함하는 가열 및 온도표시 기능을 갖는 텀블러에 관한 것이다. 본 발명 텀블러의 가열장치는 탈부착이 가능한 배터리를 통해 전원공급이 이루어진다.

Benefit(발명의 효과)

본 발명은 텀블러 외부의 디스플레이를 통해 텀블러 내부 음료의 온도를 확인할 수 있고, 필요한 경우 음료를 원하는 온도로 가열하거나 보온을 유지시킬 수 있다.

Drawing(도면) 및 도면부호

도 1   도 2

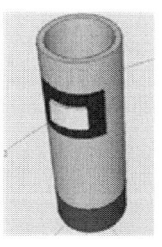 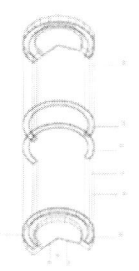

10: 텀블러 본체   11: 텀블러 뚜껑   12: 텀블러 몸통
20: 가열부   21: 가열기   22: 배터리
30: 온도측정 센서부   40: 제어부   50: 디스플레이부

■ **특허청구범위**

(청구항1)
　가열 및 온도표시기능을 갖는 텀블러에 있어서, 몸통과 뚜껑을 갖는 텀블러 본체;
　온도설정버튼의 설정된 온도에 맞게 음료를 가열하는 가열장치;
　음료의 온도를 측정하는 센서부;
　센서부에서 측정한 정보를 디스플레이부에 전달하고, 온도설정 장치에 설정된 온도로 가열토록 가열장치를 가동시키는 제어부;
　텀블러의 외측에 장착되며 디스플레이 상에 각각 음료온도 표시부와 온도를 설정하는 버튼을 갖고 있는 디스플레이부; 를 포함하는 가열 및 온도표시 기능을 갖는 텀블러.

(청구항2) 제1항에 있어서, 가열장치는 탈부착이 가능한 배터리에 의해 전원이 공급되는 것을 특징으로 하는 가열 및 온도표시 기능을 갖는 텀블러.

5-2. 전자출원

5-2-1. 전자출원 개요

전자출원은 출원인이 특허청을 방문하거나 우편송달하지 않고, 정보통신망을 이용하여 특허출원 서류를 제출할 수 있는 제도를 말한다. 우리나라는 1999년 온라인 전자출원시스템을 도입한 이후 전자출원 비율이 지속적으로 확대되어 2022년 기준으로 전체출원의 대략 99.4%(특허기준)가 온라인을 통한 전자출원으로 이루어지고 있다.[253] 전자출원을 선택하면 이후 특허청과의 모든 연락은 '특허로'라는 사이트(www.patent.go.kr)를 통해 온라인(인터넷)으로 이루어진다.

전자출원은 (i) 어느 때나 출원서류의 제출이나 확인이 가능하고, (ii) 출원서 및 명세서가 특허청의 공식 소프트웨어로 작성됨에 따라 출원서류의 형식적 결함이 매우 적으며, (iii) 출원서류의 전자화가 불필요하여 효율적인 관리가 가능하다는 장점이 있다.

전자출원 단계는 전자출원 준비단계와 전자출원단계로 나눌 수 있다. 전자출원 준비단계는 최초로 전자출원을 할 때에만 거치는 단계로서, 특허고객번호를 부여받고 공인인증서를 등록하며 전자출원소프트웨어를 다운로드받아 설치하는 과정을 말한다. 전자출원 단계는 다운로드받은 소프트웨어 중 전자문서작성기와 서식작성기를 이용하여 명세서와 출원서를 작성하고 특허청에 온라인 출원하는 과정이다.

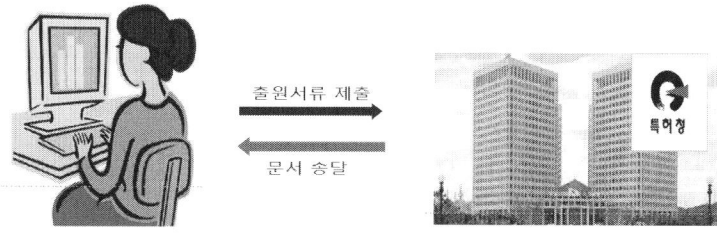

---

253) 대리인이 있는 특허출원의 전자출원 비율은 100%이고, 대리인이 없는 개인출원의 전자출원 비율은 87.4%이다(출처: 특허청홈페이지 지식재산통계서비스). 서면으로 출원하면 특허청이 해당 출원명세서를 전자화하기 위해 필요한 경비를 출원인에게 부담시키기 때문에 온라인 출원에 비하여 출원수수료를 더 내야 한다.

5-2-2. 전자출원 준비단계

(1) 특허고객번호 부여신청

전자출원 준비단계의 첫번째 절차는 특허고객번호 부여신청이다. 특허출원뿐아니라 실용신안, 디자인 또는 상표 출원인이 되기 위해서는 특허고객번호를 부여받아야 한다.

특허고객번호 부여신청을 위해서는 먼저 출원인의 인감 또는 서명을 jpg 파일(사이즈 4×4cm, 파일용량 100KB 이하)로 준비하여야 한다.[254] 이후 특허로 홈페이지 상단 [특허고객등록] → [특허고객등록] → [특허고객번호부여신청]을 클릭하여 나타난 화면에서, 통합설치 프로그램 다운로드, 발급확인, 실명인증을 거치고 [다음]을 클릭하면 특허고객번호 부여신청서 화면이 나타난다.

[특허로 홈페이지 초기화면]

① 특허로 통합설치프로그램 다운로드

아래 화면에서 [다운로드]를 클릭하여 특허로통합설치 프로그램을 컴퓨터에 다운로드한다.

---

254) 컴퓨터 그림판에 서명한 후 저장하거나, 흰종이에 서명한 후 스마트폰으로 촬영하고 이미지를 저장하여 jpg 파일을 만들 수 있다.

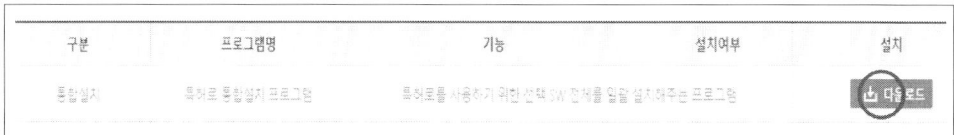

② 특허고객번호 발급확인

아래 [발급확인/실명인증] 화면에서 주민등록번호를 입력하고 [발급확인]을 클릭하여 기존에 특허고객번호를 발급받은 사실이 있는 지를 확인한다. 특허고객번호를 이미 발급받은 경우에는 그 번호를 알려주며 특허고객번호를 추가로 발급받을 수 없다는 메세지가 뜬다.

[발급확인/실명인증 화면]

③ 실명인증

주민등록번호와 국영문 성명을 입력하고 [실명인증]을 클릭하여 휴대폰으로 본인인증 절차를 진행한다. 실명인증을 거친 후 화면 하단의 [다음]을 클릭하면 특허고객번호 부여신청서 화면이 나타난다.

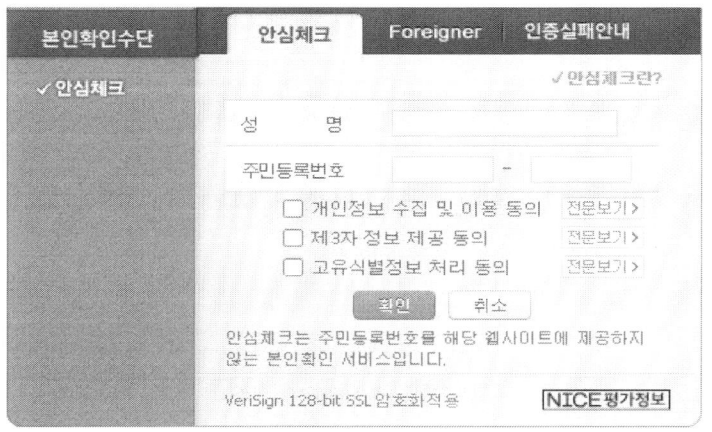

[실명인증 화면]

④ 특허고객번호 부여신청서 작성

출원인구분, 주민등록번호, 국문명칭 및 영문명칭은 특허고객번호 부여신청서에 이미 기재되어 있다. [인감도장/서명이미지 첨부]란에 저장해둔 인감 또는 서명이미지 파일을 가져와 첨부한다. 국내주소를 기재하고 [주소자동변경]은 "가능"으로 하고, 송달주소는 통상 기재하지 않는다.[255] 기재사항 중 * 표시가 있는 항목은 필수 기재사항이므로 반드시 기재해야 한다.

---

255) [송달주소]는 우편물을 국내주소와 다른 곳으로 송달받고자 하는 경우에만 기재한다.

계속하여 국내시도를 선택하고 [전화번호], [휴대폰] 및 [이메일]을 기재한 후, [수취방법]은 온라인수령으로, [단독출원가능여부]는 가능으로, [전자등록증]은 신청으로 클릭한다.256) 또한 [행정정보사용 이용동의]를 동의로 하고, [생략한 첨부서류]에 "주민등록등본"을 선택한 후 하단의 [신청] 버튼을 누르면 특허고객번호 부여신청이 완료된다.

---

256) 단독출원이 불가능한 경우는 미성년자의 출원이나 한정치산자의 출원 등 특수한 경우만 해당되며, [출원번호]는 전자출원 제도가 시행되기 전인 1999년 이전에 출원한 건이 있는 경우에만 기재한다.

특허고객번호 신청을 한 후 [접수번호] → [신청결과조회] → [수리·통지서보기] → [실명확인]을 한 후 특허고객번호통지서를 확인할 수 있다. 특허고객번호는 업무시간에 관계없이 통상 신청후 수분 내에 자동으로 발급되며 [4-2020-034567-3]과 같은 형식을 갖는다.[257]

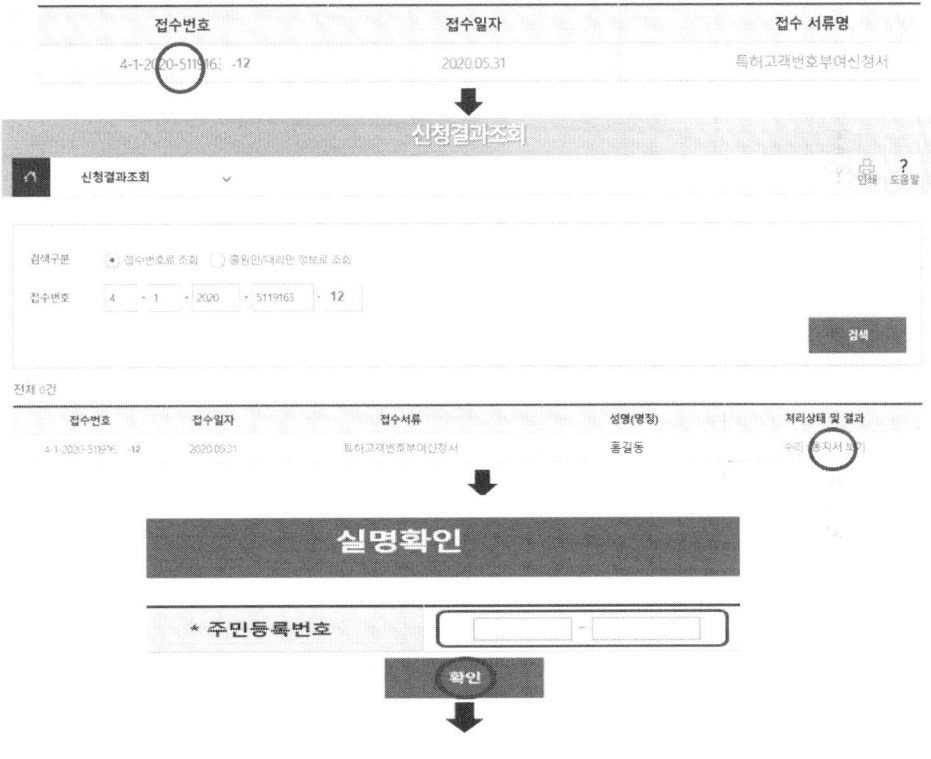

---

257) 4는 개인출원을 의미하며(1은 법인출원, 2는 국가기관 및 지방자치단체에 부여된다), 2020은 발급연도, 034567-3은 일련번호이다.

(2) 인증서 등록 및 전자출원 소프트웨어 설치

① 인증서 사용등록

특허로 홈페이지 오른쪽 상단의 [인증서관리] → [인증서사용등록]을 클릭하여 특허고객번호를 입력하고 인증서를 등록할 수 있다. 전자출원용으로 등록할 수 있는 공인인증서는 아래와 같다.

- 공인인증서 발급기관에서 발급한 전자거래범용 공인인증서
- 공인인증서 발급기관에서 발급한 은행용 공인인증서[258]
- 한국무역정보통신에서 발급한 특허청전용 공인인증서

[인증서등록 화면]

② 전자출원소프트웨어 다운로드

전자출원소프트웨어는 특허로 홈페이지 하단 [전자출원소프트웨어 다운로드]→[통합설치]에서 초보자용을 선택하여 다운로드받는다. 다운로드가 완료되면 통합명세서작성기, 통합서식작성기 및 통지서열람기가 아래와 같이 바탕화면에 설치된다.

통합서식작성기

통합명세서작성기

통지서열람기

---

258) 일반적으로 사용되는 은행 인터넷뱅킹용 공인인증서를 말한다.

5-2-3. 전자출원단계

(1) 명세서 작성 및 저장

① 명세서작성기에서 명세서 작성하기

통합명세서작성기 소프트웨어를 열고 [국내출원 새문서] → [특허/실용신안문서] → [특허명세서등(국어)]를 선택한다. 이때 식별항목을 선택하는 화면이 나타나면 [도면]만 선택되어 있는 것을 확인하고 확인을 클릭한다.

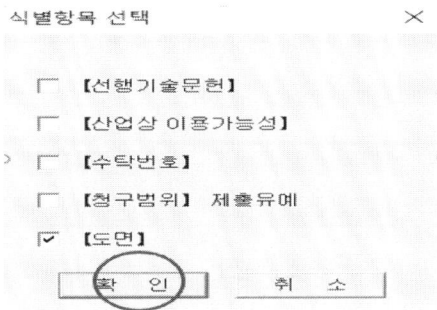

전자문서작성기 화면이 열리면 아래 사항에 유의하며 각 항목에 미리 작성하여 둔 명세서의 내용을 입력한다.

- [발명의 명칭]에서 한글명칭 옆에 영문명칭을 기재해야 하며, 이 때 영문명칭 좌우에 반드시 중괄호 { }를 사용해야 한다.

- [발명의 내용]의 우측 또는 하단에는 아무 것도 기재하지 않는다.[259]

- 전자문서작성기 초기 화면에는 청구항1과 도면1만 기재되어 있다. 청구항과 도면을 추가하려면 홈페이지 초기화면 상단에서 [입력] → [식별항목] → [청구항] 또는 [도]를 선택하고 추가를 누르면 입력할 수 있도록 새로운 청구항 번호 또는 도면번호가 나타난다.

- [요약서]의 [대표도]에는 대표가 되는 도면의 도면번호(예: 도 1)를 기재한다.

- [도면]을 입력할 때는 상단 메뉴에서 [틀] → [이미지]를 선택하고[260] 컴퓨터에 저장해둔 이미지 파일을 불러와 입력한다.

---

[259] [발명의 내용]은 [해결하고자 하는 과제], [과제의 해결수단] 및 [발명의 효과]를 포괄하는 항목이다. [발명의 내용]에는 아무것도 기재하지 않고, [해결하고자 하는 과제], [과제의 해결수단] 및 [발명의 효과] 각각에 내용을 기재한다.
[260] 마우스 우클릭한 후 이미지를 선택하여도 된다.

② 명세서 작성 사례 - 시트조절의자

【 발명의 설명 】

【발명의 명칭】

시트조절의자{Seat Controlling Chair}

【기술분야】

본 발명은 의자에 관한 것으로서, 보다 상세하게는 둔부가 접촉되는 시트면적을 조절할 수 있는 착석면의 조절이 가능한 시트조절의자에 관한 것이다.

【발명의 배경이 되는 기술】

의자는 둔부와 허리를 접촉시켜 앉을 수 있도록 구성한 물건으로서, 의자는 착석을 위한 본체, 등받이 및 다리를 포함한다. 의자는 여러 목적으로 사무실, 학교, 식당, 공연장, 극장 등 다양한 장소에서 사용된다.

그런데 야외 공연장이나 실내에서 사용되는 의자는 통상 사용자의 키와 다리 길이에 관계없이 시트의 면적이 일정하기 때문에 사용자에 따라 장시간 착석 시 불편을 느끼는 경우가 많다. 또한 공연 관람이나 행사장과 같은 장소에서 기존의 의자는 항상 일정한 면적을 차지하기 때문에 한정된 공간에서 배치할 수 있는 의자의 숫자를 조절할 수 없다.

【발명의 내용】

【해결하고자 하는 과제】

본 발명은 사용자의 신체 조건에 대응하여 시트면적을 조절하여 편안한 착석 상태를 만들 수 있으며, 사용 인원에 따라 배치 정도를 조절할 수 있는 시트조절의자를 제공하고자 한다.

【과제의 해결수단】

본 발명의 시트조절의자는 둔부가 접촉되는 시트; 시트가 지지되는 복수 개의 다리; 및 시트에 결합되며 등을 받치는 등받이를 포함하되, 시트의 둔부에 대한 접촉면적을 조절 가능하도록 시트가 이동가능한 복수 개의 시트부로 구성된다.

상기 시트는 프런트 시트부와 리어 시트부를 포함하며, 프런트 시트부와 리어 시트부는 등받이의 전방에서 전후로 상호 슬라이드 이동가능하게 결합되고 복수 개의 다리는 프런트 시트부의 저면부에 한 쌍이 고정되며, 리어 시트부에 다른 한 쌍이 고정되어 위치될 수 있다.

상기 리어 시트부는 프런트 시트부가 이동 가능하게 결합되는 리어 본체 및 등받이가 결합되며 다른 한 쌍의 다리가 고정되는 등받이 홀더를 포함할 수 있다. 또는 상기 시트는 복수의 시트부를 슬라이드 이동 가능하게 연결하는 연결바를 더 포함하며, 각 시트부의 뒷면에는 공기의 출입이 가능한 하나 이상의 홀이 마련될 수 있다. 또한 다리와 등받이에는 시트와 접철가능하도록 힌지가 형성될 수 있다.

【발명의 효과】

본 발명의 시트조절의자는 사용자의 신체 조건에 대응하여 시트면적을 조절하여 편안한 착석상태를 만들 수 있으며, 사용 인원에 따른 배치 정도를 조절할 수 있는 시트조절의자를 제공할 수 있다.

【도면의 간단한 설명】

도 1은 본 발명의 시트조절의자의 개략적인 사시도이다.

도 2는 도 1의 저면도이다.

도 3은 복수개 시트부의 연결상태도이다.

도 4는 힌지에 의해 시트를 접을 수 있는 실시예를 보여주는 정면도이다.

【발명을 실시하기 위한 구체적인 내용】

이하 첨부된 도면에 도시된 실시예에 따른 본 발명의 다양한 실시예들을 설명한다. 도 1 및 도 2는 본 발명 시트조절의자의 기본적인 구성을 나타낸다. 도 1 및 도 2에 따른 본 발명의 시트조절의자는 둔부가 접촉되는 시트(100), 시트(100)가 지지되는 복수 개의 다리(110), 시트(100)에 결합되며 등을 받치는 등받이(120)를 포함하며, 시트(100)의 둔부에 대한 접촉면적을 조절 가능하도록 시트(100)가 복수 개의 시트부로 구성된다.

시트(100)는 앞쪽과 뒤쪽 부분에 프런트 시트부(101)와 리어 시트부(102)를 포함한다. 프런트 시트부(101)와 리어 시트부(102)는 등받이(115)의 전방에서 전후로 상호 슬라이드 이동 가능하게 결합된다. 이에 따라 사용자는 시트(100)의 뒷쪽을 고정한 상태에서 앞쪽을 당기어 시트(100) 면적을 조절할 수 있다. 이러한 프런트 시트부(101)와 리어 시트부(102)는 중공 사각 단면이며, 상호 삽입된 상태에서 슬라이드 이동되도록 구성된 것이다. 프런트 시트부(101)는 리어 시트부(102)에 삽입된 상태에서 전방으로 이동될 수 있다.

리어 시트부(102)는 프런트 시트부(101)가 이동 가능하게 결합되는 리어본체(105)와 등받이(120)가 결합되어 다른 한 쌍의 다리(110)가 고정되는 등받이 홀더(106)를 포함할 수 있다. 리어본체(105)와 등받이홀더(106)는 상호 이동가능하게 구성될 수 있다. 즉 리어본체(105)가 등받이홀더(106)에 삽입되어 결합될 수 있다.

본 발명의 다른 실시예에 따른 시트조절의자는 프런트 시트부(101), 리어 시트부(102) 외에 다단의 시트부로 구성될 수 있다. 복수 개의 다리는 프런트 시트부(101)의 저면부에 한 쌍이 위치 고정되며, 리어 시트부(102)에 다른 한 쌍이 위치 고정될 수 있다. 이러한 복수 개의 다리(110)는 프런트 시트부(101), 리어 시트부(102)의 이동에 따라 위치가 이동되어 시트(100)를 안정적으로 지지할 수 있다.

한편 시트(100)에는 공기의 출입이 가능하도록 하나 이상의 홀(108)이 마련될 수 있다. 홀(108)은 다단으로 구성된 시트(100)가 면적 조절을 위해 이동될 때 내부로 또는 외부로 공기의 출입을 허용함으로써 시트(100)의 다단 변화를 자연스럽게 돕는다. 시트(100)의 전단부와 등받이(120)의 상단부에는 손잡이(116, 117)가 마련될 수 있다. 사용자는 시트(100)의 앞과 뒤로 배치되는 손잡이를 잡고 시트(100)의 면적을 용이하게 조절할 수 있다.

도 3은 복수 개 시트부의 연결상태도이다. 도 3을 참조하면 시트(100)는 복수 개의 시트부를 슬라이드 이동 가능하게 연결하는 연결바(109)를 더 포함한다. 연결바(109)는 시트(100)가 단계적으로 변화되어 면적이 바뀔 때 시트(100)를 구성하는 부분들을 연결하며, 시트(100)의 면적이 넓어진 상태에서 시트부 간의 결합구조를 보강한다.

도 4는 본 발명의 또 다른 실시예에 따른 시트조절의자의 정면도이다. 도 4를 참조하면 다리(100)와 등받이(120)는 시트(100)에 접철가능하게 구성될 수 있다. 다리(110)와 등받이(120)가 시트(100) 측으로 접혀지므로 의자 전체는 컴팩트한 구조로 변화되어 이동되거나 보관될 수 있다. 이러한 다리(110)와 등받이(120)의 접철 구조에 의해 의자의 운반과 보관이 용이하게 된다. 상기의 시트(100)와 등받이(120)뿐만 아니라 다리(110) 또한 길이의 조절이 가능한 텔레스코픽 구조로 구성될 수 있음을 밝혀 둔다.

이상과 같이 본 발명의 각 실시예에 대하여 설명하였으나, 이를 기초로 해당 기술분야에서 통상의 지식을 가진 자라면 청구범위에 기재된 본 발명의 사상에서 벗어나지 않는 범위내에서 구성요소의 부가, 변경, 삭제 등에 의해 본 발명을 다양하게 수정 및 변경할 수 있을 것이며, 이 또한 본 발명의 권리범위에 포함된다 할 것이다.

【부호의 설명】

100: 시트　　　　　　　　　101: 프런트 시트부
102: 리어 시트부　　　　　　105: 리어 본체
109: 연결바　　　　　　　　110: 다리
106: 등받이 홀더　　　　　　108: 홀
120: 등받이　　　　　　　　121: 등받이 홀더
131, 132, 133: 힌지

【청구범위】

【청구항 1】

　둔부가 접촉되는 시트;

　상기 시트가 지지되는 복수 개의 다리;

　상기 시트에 결합되며 등을 받치는 등받이;를 포함하되,

　상기 시트의 둔부에 대한 접촉면적이 조절가능하도록 상기 시트가 복수 개의 시트부로 구성되는 시트조절의자.

【청구항 2】

　　제1항에 있어서, 상기 시트는 프런트 시트부와 리어 시트부를 포함하며, 프런트 시트부와 리어 시트부는 등받이의 전방에서 전후로 상호 슬라이딩 이동 가능하도록 결합되며, 복수 개의 다리는 프런트 시트부의 저면부에 한 쌍이 위치 고정되며, 리어 시트부에 다른 한 쌍이 고정되는 시트조절의자.

【청구항 3】

　　제2항에 있어서, 상기 리어 시트부는 프런트 시트부가 이동 가능하게 결합되는 리어 본체; 및 등받이가 결합되며 다른 한 쌍의 다리가 고정되는 등받이 홀더를 포함하는 시트조절의자.

【청구항 4】

　　제1항 내지 제3항 중 어느 하나의 항에 있어서, 상기 시트는 복수 개의 시트부를 슬라이드 이동 가능하게 연결하는 연결바를 갖는 시트조절의자.

【청구항 5】

　　제4항에 있어서, 상기 시트부에는 공기의 출입이 가능하도록 하나 이상의 홀이 형성된 시트조절의자.

【청구항 6】

　　제5항에 있어서, 상기 다리와 등받이에는 상기 시트와 접철 가능하도록 힌지가 형성된 시트조절의자.

【요약서】

【요약】

　　본 발명의 시트조절의자는 둔부가 접촉되는 시트; 시트가 지지되는 복수 개의 다리; 및 시트에 결합되며 등을 받치는 등받이를 포함하되, 시트의 둔부에 대한 접촉 면적이 조절 가능하도록 시트가 복수 개의 시트부로 구성되며 슬라이딩 이동가능하도록 결합된다. 본 발명의 시트조절의자는 사용자의 신체 조건이나 공간의 면적에 따라 시트면적을 조절할 수 있다.

【대표도】

　　도 1

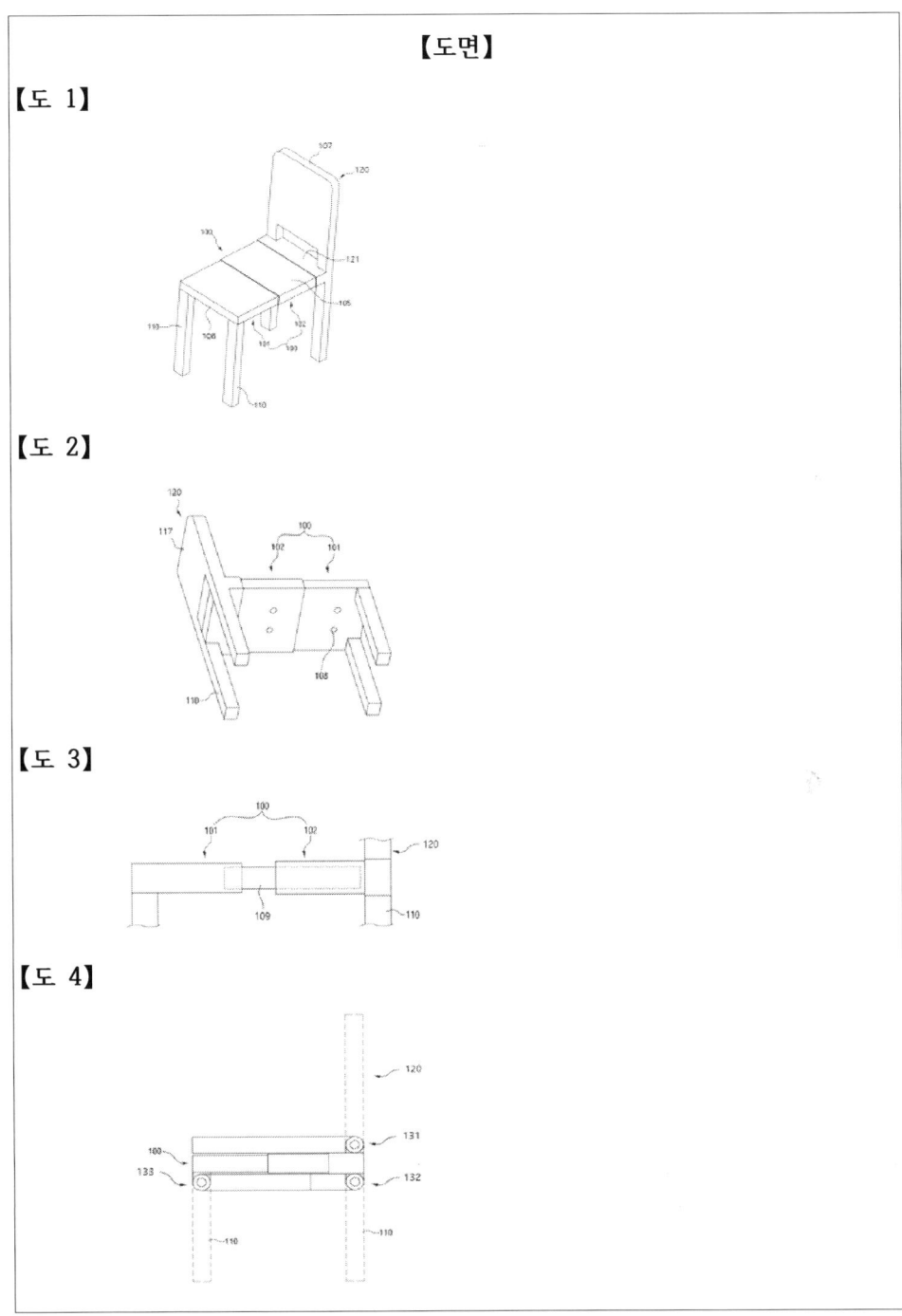

③ 전자문서작성기에서 명세서 저장하기

  (i) 수정이 가능한 HLT 파일 저장
    전자문서작성기 화면에서 명세서 작성이 완료되면 전자문서작성기 화면 왼쪽 상단의 🖫를 클릭하여 명세서 파일을 *.HLT 파일로 저장해 둔다.
    *.HLT 포맷의 파일은 컴퓨터에서 수정이 가능한 파일로서, 추후 재출원하거나 출원후 보정서 작성을 위하여 필요하다. 반면에 전자문서작성기 화면 상단에서 [제출파일]을 클릭한 후 생성되는 *.HLZ 포맷의 특허청 제출용 파일은 수정이 되지 않는다.

  (ii) 특허청 제출용 HLZ 파일 저장
    전자문서작성기 화면에서 [홈]메뉴로 돌아와 상단 [제출파일]을 클릭하고 명세서를 출원표준포맷(XML)로 변환시켜 특허청에 송부될 파일(*.HLZ)을 생성하여 컴퓨터에 저장한다. 이때 작성된 문서에 오류가 있다는 메시지가 뜨면 오류를 수정한 후 다시 XML 저장을 한다.
    XML 변환이 성공적으로 이루어지면 특허청 제출용 명세서 파일 포맷인 *.HLZ 형식으로 저장할 수 있는 대화상자가 나타나게 되며, 원하는 파일명을 입력하고 [확인] 버튼을 누르면 특허청 제출용 파일인 *.HLZ 파일이 저장된다. 파일저장이 완료되면 명세서 작성기를 종료한다.

(2) 서식작성기로 출원서 작성하기

① 명세서 첨부하기
    통합서식작성기 소프트웨어를 열고 [국내출원서식]→[특허출원서]를 클릭하여 나타나는 서식작성기 화면에서 상단의 [명세서] 메뉴를 클릭하여 아래 그림과 같은 화면이 나타나면 [파일첨부]→[입력]을 클릭하여 저장해둔 명세서 파일(*.HLZ)을 가져와 첨부하고 명세서 첨부하기 화면은 닫는다.[261]
    심사청구를 하겠느냐는 화면이 나타나면 출원과 동시에 심사청구를 하는 경우에는 [예]를, 아니면 [아니오]를 클릭한다.

---

[261] 이 때 요약서에 관한 안내 메세지가 나타나면 '예'를 클릭한다.

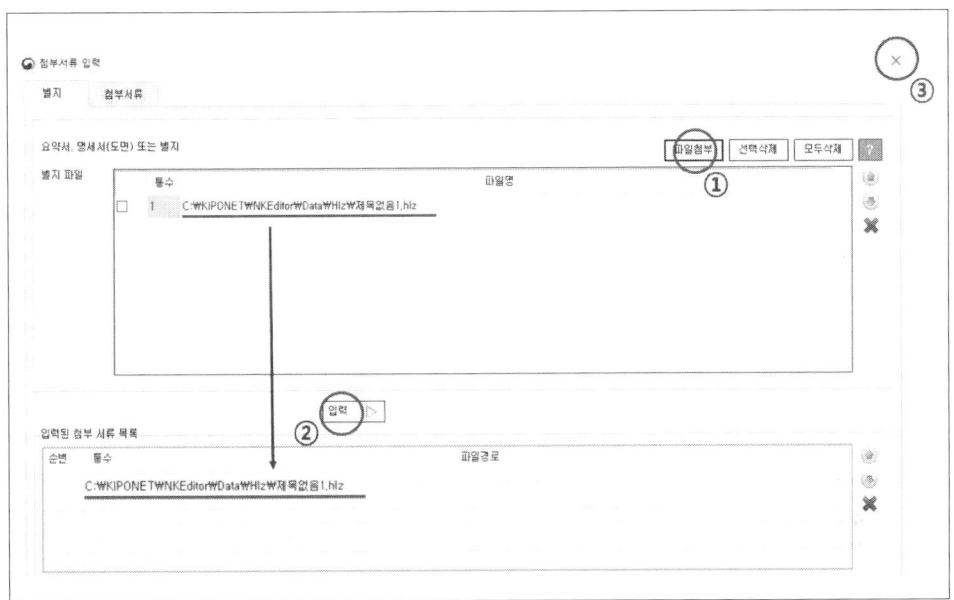

[명세서 첨부하기 화면]

② 서식작성기 초기화면 작성하기

명세서를 첨부한 후 서식작성기 화면에서 아래 사항에 유의하여 내용을 입력한다. 발명의 국문명칭과 영문명칭은 명세서를 첨부하면 자동으로 기재된다.

- 화면 상단의 [참조번호] 항목은 통상의 경우 기재하지 않는다. [참조번호]는 한 출원인이 여러 건을 한꺼번에 출원하면서 구분하여 일련번호를 적을 때 활용한다.

- 출원인이 2인 이상인 경우 출원인 우측의 [+] 표시를 클릭하면 새로이 특허고객번호와 성명을 입력할 수 있는 화면이 나타난다. 이때 출원인 중 합의하여 선정된 대표자를 [출원인대표자]로 클릭한다. 출원인대표자를 선택하지 않은 경우에는 가장 먼저 기재된 출원인이 출원인대표자가 된다.262)

- 발명자와 출원인이 같은 경우 발명자 우측의 [출원인과 동일]을 클릭하면 출원인과 동일한 특허고객번호와 성명이 발명자에 표시된다.

---

262) 출원인 사이에 발명 창출에 대한 기여도가 차이가 커서 출원인의 지분이 동일하지 않은 경우에는 각 출원인 별로 지분을 기재할 수 있다. 이 때 지분약정서를 첨부서류로 제출하여야 한다. 지분에 대한 기재가 없는 경우에는 모두 같은 지분을 갖게 된다.

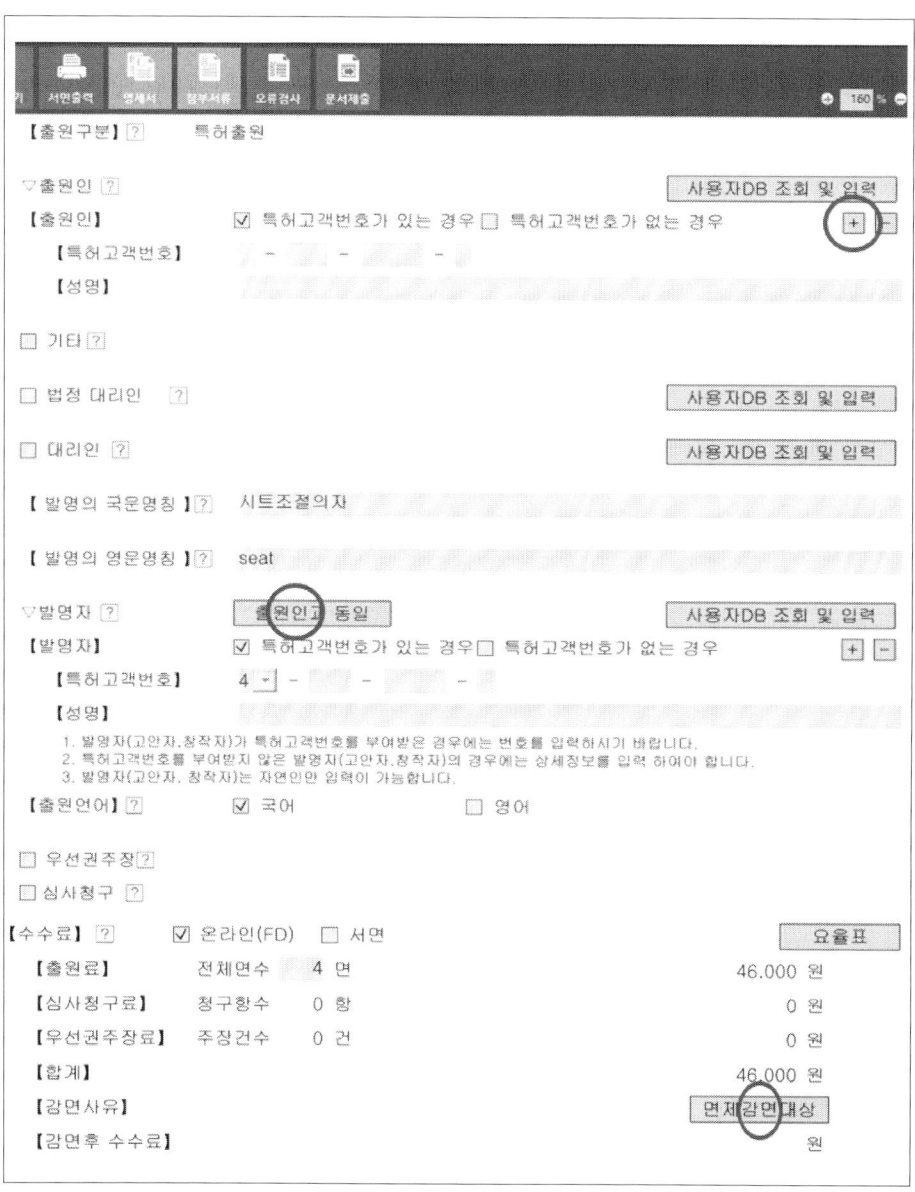

[특허출원용 서식작성기 화면]

③ 수수료 감면받기

수수료를 감면받기 위하여 서식작성기 화면 하단의 [수수료] → [면제감면 대상]을 클릭하여 아래 화면이 나타나면 [수수료 감면] → [19세 이상 30세 미만인 자]를 선택한다.263) 출원인이 여러 명인 경우 [19세 이상 30세 미만인

자]를 선택한 상태에서 우측 [+]버튼을 클릭하고 출원인수 만큼 반복 클릭해준다.

다음으로 확인을 누른 후 서식작성기 초기화면으로 돌아가서 [감면후 수수료]가 6,900원(심사청구를 하지 않은 경우)으로 표시되는 것을 확인한다.

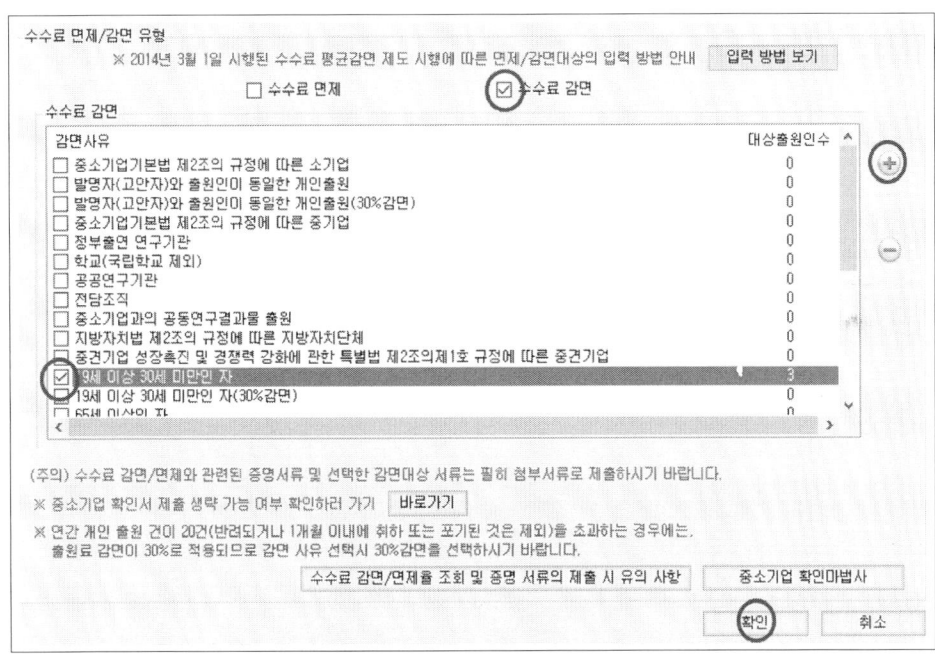

[수수료 감면신청 화면]

④ 제출문서 생성 및 온라인 출원

출원서 작성이 완료되었으면 상단 메뉴중 [저장]을 클릭하여 문서를 저장한다. 다음으로 상단 [문서제출] → [제출문서 생성] 버튼을 눌러 나타나는 명세서의 내용을 확인한 후 이 화면을 닫아준다.264)

전자서명 화면이 나타나면 [서명]을 클릭하고 인증서로 로그인하여 서명한다. 출원인이 여러 명인 경우 모든 출원인이 출원절차를 진행하는 컴퓨터에 인증서 등록을 하고 각각 로그인하여 서명한다. 이후 계속 절차를 진행하여 [온라인 제출]을 클릭하면 특허청에 온라인으로 특허출원서가 제출된다.

---

263) 이때 다른 감면사항이 클릭되어 있다면 이를 해제한다.
264) 문서제출을 누른 후 "위임장 첨부 또는 포괄위임번호의 입력"과 '요약서'에 관한 안내 메세지가 뜨면 [예]를 클릭한다.

⑤ 모의출원서로 출원서 작성 연습하기

통합서식작성기SW에서 출원서 작성과정을 모의로 연습해 볼 수 있다. 통합서식작성기 화면을 열고 우측 [작업선택]→[모의전자출원 시작]을 클릭하면 모의전자출원이 진행된다.

모의전자출원에서는 실제 출원절차와 동일한 절차를 거치되 특허청에 실제로 제출되지는 않는다. 모의전자출원에서는 출원인과 특허고객번호가 모의로 기재되어 있으며, 출원인 서명절차를 진행할 때 나타나는 인증서에 아무 숫자나 8자리(예: 12345678)을 입력하면 된다.

(3) 수수료 납부 및 출원번호 확인하기

특허출원 수수료는 온라인으로 납부할 수 있는데, 특허로 홈페이지 초기화면에서 [수수료 관리]→[온라인 납부]를 클릭하여 계좌이체, 신용카드 또는 휴대폰 요금으로 납부할 수 있다.[265] 수수료는 출원일 다음날까지 납부해야 한다.[266]

출원번호통지서는 특허로 홈페이지 초기화면 [신청/제출]→[제출결과조회]를 클릭하여 접수번호 또는 특허고객번호로 확인할 수 있다.

---

[265] 영수증을 출력하여 은행에서 납부할 수도 있다. 온라인제출결과안내 화면에서 수수료 금액을 클릭하면 은행납부용 영수증을 출력할 수 있다.
[266] 다만 납부마감일이 공휴일인 경우에는 그 다음날까지 납부하면 된다.

```
출 원 번 호 통 지 서

출 원 일 자    2019.12.12
특 기 사 항    심사청구(무) 공개신청(무)
출 원 번 호    10-2019-0161234
출원인 성명    박선○ (4-2019-012345-4)
발명자 성명    박선○
발명의 명칭    조명이 움직이는 히든 램프

특    허    청    장
```

[출원번호통지서 예]

(4) 공동출원의 경우의 전자출원 프로세스

- 출원인 모두가 특허고객번호를 발급받고 공인인증서를 준비한다.

- 대표출원인이 전자출원SW중 명세서작성기로 명세서, 도면 및 요약서를 작성하고 자신의 컴퓨터(노트북)에 파일(*.HLZ)로 저장한다.

- 조원 전원이 일정 장소에 모인 후

  - 특허로(http://www.patent.go.kr) 사이트에 접속하여 대표출원인의 컴퓨터에 출원인 전원의 공인인증서를 등록한다.

  - 대표출원인의 컴퓨터에서 서식작성기를 열고 명세서 파일(*.HLZ)을 업로드하고 출원인 및 발명자 기재, 출원수수료 감면 등 절차를 진행한다.

  - 출원인 서명 화면에서 출원인 모두가 공인인증서[267]로 서명 절차를 진행한 후 온라인 제출한다.

  - 대표출원인이 온라인으로 수수료를 납부 후 다른 출원인들과 수수료를 정산한다.

  - 특허로 초기화면 제출결과조회[268]에서 출원번호통지서를 확인한다.

---

267) 대표출원인을 제외한 다른 출원인들은 각자의 공인인증서를 담은 USB를 준비해 올 것.
268) 특허로에서 제출결과 조회를 할 때 대표출원인이 아닌 다른 출원인이 검색하면 검색이 안될 수 있는 점에 유의할 것.

학습 문제 - 5장

1. 아래 발명은 "시각장애인을 위한 텀블러"에 관한 발명이다. 아래 발명에 대하여 다음 물음에 답하라.

    1-1) "주구성요소, 부구성요소 및 한정사항"으로 구성되는 구성요소표를 만들고, 이를 바탕으로 3~4개의 청구항을 가진 특허청구범위를 작성하라.

    1-2) "3W-1B-1C & D" 양식의 명세서 초안을 작성한 후, 이를 기초로 하여 특허출원 명세서를 작성하라.

    1-3) 전자출원SW "통합명세서작성기"로 *.hlt 파일과 *.hlz 파일을 만들어 저장한 후, 전자출원SW "통합서식작성기"의 모의전자출원 기능으로 본 발명에 대한 모의 전자출원을 실시하라.

본 발명은 텀블러에 관한 것으로서, 텀블러 내용물의 온도를 감지하여 사용자, 특히 시각 장애인들에게 온도 정보를 알려주는 기능이 있는 텀블러에 관한 것이다. 텀블러는 통상 액체로 이루어진 내용물을 담아 사용자가 내용물을 마시기 위해 사용한다. 하지만 텀블러 내용물이 일정 온도 이상일 경우 사용자는 마시는 과정에서 화상을 입을 수 있다. 비록 일부 텀블러에 관한 발명품은 온도 정보를 알려주는 기능은 있으나 시각 장애인의 경우 이러한 기능을 사용하는 것에 한계가 있다. 본 발명품은 온도 정보를 소리, 더 나아가서는 점자로 표현하여 이러한 문제점을 해결하고자 한다.

　본 발명품은 내용물을 담을 수 있는 텀블러, 내용물의 온도를 측정하는 온도센서, 센서부로부터 받은 온도 정보로 점자표시장치와 알림장치를 작동시키는 MCU로 이루어진 제어부, 텀블러 속에 들어 있는 내용물이 일정 온도 이상일 때 경고음을 발생시키고 텀블러를 진동시키는 알림장치 그리고 온도 정보를 점자로 표시하는 점자 표시장치 등으로 구성되어 있다.

　텀블러는 일반적인 텀블러의 형태로서 내용물을 담을 수 있고 지속적인 사용을 위해 충전 장치가 있다. 그리고 텀블러 하단에 위치한 온도센서에는 온도 측정 장치가 있어서 텀블러 내용물의 온도 정보를 알 수 있다. 이때 제어부는 MCU를 통해 알림장치와 점자표시장치를 구동시킬 수 있도록 한다. 알림장치는 소리 알림장치와 진동장치로 구성되어 있어서 사용자가 화상을 입을 수 있다고 판단되는 온도 이상이면 소리 알림장치를 통해 경고음을 울리고 진동장치를 이용하여 본체를 진동시켜 사용자에게 위험을 알린다. 마지막으로 점자표시장치는 제어부의 MCU와 연결되어 있는 모터, 점자가 표시된 모터 그리고 전원부로 구성되어 사용자에게 온도 정보를 점자로 표현하는 기능을 한다.

　예를 들어, 텀블러에 내용물이 들어 있으면 온도센서는 내용물의 온도를 측정한다. 측정된 온도 정보는 제어부의 MCU로 전달되고 MCU는 전달받은 온도 정보에 따라 모터를 구동시킨다. 구동하는 모터는 점자가 표시된 모터와 맞물려 텀블러 표면에 점자가 나타나도록 한다. 이때, 스위치를 이용하여 점자표시 구동을 실행 또는 중단시킬 수 있다. 또한 사용자가 화상을 입을 수 있다고 판단되는 온도 이상일 때 본 발명품은 알림를 통해 경고음을 울리고 본체를 진동시킨다.

점자로 표현된 온도 정보는 '차가운 상태', '미지근한 상태', '뜨거운 상태' 그리고 '매우 뜨거워서 주의가 필요한 상태'로 이루어져 있다. 만약 내용물이 20℃ 미만인 경우 차가운 상태라고 점자로 표현된다. 20℃ 이상 40℃ 미만인 경우, 미지근한 상태라고 점자로 표현되고 40℃ 이상 60℃ 미만인 경우, 뜨거운 상태라고 점자로 표현된다. 마지막으로 60℃ 이상의 경우 매우 뜨거운 상태라고 표현되며 이때는 사용자가 화상을 입을 수 있다고 판단되어 소리 알림 장치를 통해 경고음을 울리고 텀블러 본체를 진동시킨다. 본 발명품은 텀블러 내용물의 온도 정보를 점자와 소리로 알려줘서 시각 장애인들이 편리하게 온도 정보를 알 수 있고 더 나아가 화상까지 방지할 수 있다.

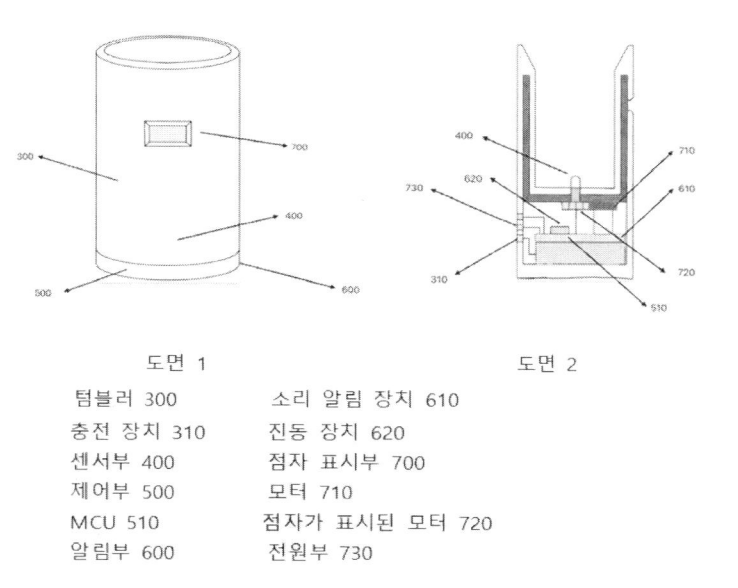

도면 1   도면 2

텀블러 300	소리 알림 장치 610
충전 장치 310	진동 장치 620
센서부 400	점자 표시부 700
제어부 500	모터 710
MCU 510	점자가 표시된 모터 720
알림부 600	전원부 730

2. 다음 중 발명의 설명의 기재순서가 차례대로 바르게 연결된 것은?
   ① 발명의 명칭→기술분야→배경기술→해결하고자하는 과제→과제의 해결수단→발명의 효과→도면의 간단한 설명→발명을 실시하기위한 구체적인 내용→부호의 설명
   ② 발명의 명칭→기술분야→배경기술→해결하고자하는 과제→과제의 해결수단→도면의 간단한 설명→부호의 설명→발명을 실시하기 위한 구체적인 내용→발명의 효과
   ③ 발명의 명칭→배경기술→기술분야→도면의 간단한 설명→해결하고자하는 과제→과제의 해결수단→발명의 효과→발명을 실시하기위한 구체적인 내용→부호의 설명
   ④ 발명의 명칭→도면의 간단한 설명→기술분야→배경기술→도면의 간단한 설명→발명을 실시하기 위한 구체적인 내용→해결하고자 하는 과제→과제의 해결수단→발명의 효과
   ⑤ 기술분야→발명의 명칭→배경기술→해결하고자 하는 과제→과제의 해결수단→발명의 효과→도면의 간단한 설명→발명을 실시하기 위한 구체적인 내용→부호의 설명

3. 다음은 특허청구범위에 대한 설명이다. 이들 중 맞지 않는 것은?
   ① 특허청구범위의 각 청구항은 발명의 설명에 의해 뒷받침되어야 하고, 발명이 명확하고 간결하게 기재되어야 하며, 발명을 특정하는데 필요하다고 인정되는 구조·방법·기능·물질 또는 이들의 결합관계가 기재되어야 한다.
   ② 원칙적으로 특허청구범위에 기재된 발명만이 신규성, 진보성, 선원 등 특허요건 심사의 대상이 된다.
   ③ 특허청구범위에 "소망에 따라, 필요에 따라, 주로, 적당량의, 많은, 높은, 대부분의, 약"등의 표현들이 기재되면 원칙적으로 특허청구범위가 불명확한 것으로 본다.
   ④ 특허청구범위에는 구성들이 단순히 나열되어 있어서는 안되고, 이들 구성 간의 결합관계가 충분히 기재되어 있어야 한다.
   ⑤ 특허출원 시에 반드시 특허청구범위를 기재하여야 한다.

4. 특허청구범위의 청구항 기재에 관한 다음 설명중 맞지 않는 것은?
   ① 독립항은 다른 청구항을 인용하지 않은 청구항이고, 종속항은 독립항 또는 다른 종속항을 인용한 청구항을 말한다.
   ② 종속항은 인용하는 청구항의 구성을 더욱 한정하거나 또는 추가적인 구

성을 부가하는 형태로 기재한다.
③ 특수한 기재형식의 청구항으로서, 수단 또는 단계 형식의 청구항, 젭슨청구항, 마쿠쉬 청구항 등이 있다.
④ 하나의 종속항이 여러 청구항을 인용하고 있는 경우는, 그 하나의 종속항이 인용하고 있는 청구항의 수 만큼의 여러 발명을 청구하고 있는 것이다.
⑤ 종속항은 인용하는 청구항의 모든 기재사항을 포함하면서 종속항에 기재된 내용을 추가적으로 갖는 것이어서, 통상 인용하는 청구항의 보호범위보다 상대적으로 더 넓은 보호범위를 가진다.

5. 특허출원 절차에 관한 다음 설명 중 가장 옳은 것은?
① 특허출원은 반드시 온라인을 통한 전자출원으로 하여야 한다.
② 특허출원시 제출하는 명세서에는 반드시 선행기술조사 결과를 기재하여야 한다.
③ 특허출원을 위해서 출원인코드가 있으면 편리하며, 특허출원이 접수되면 출원번호통지서가 즉시 발급된다.
④ 특허출원시에는 특허출원서에 첨부되는 명세서를 영어로 작성하여 제출할 수 있다.
⑤ 특허수수료는 어떤 경우에도 반환되지 않는다.

6. 특허수수료에 관한 다음 설명중 맞지 않는 것은?
① 특허출원후 등록받기 위해서는 특허출원료, 심사청구료, 최초 3년분 등록료를 납부해야 한다.
② 온라인으로 특허출원하는 경우 감면이 없다면 출원료는 46,000원이다.
③ 심사청구료는 청구항 수에 따라 달라지며, 출원료 보다는 훨씬 비싸다.
④ 대학생에 해당하는 만 19세 이상 만 30세 미만의 개인(발명자와 출원인이 같은 경우)은 출원료, 심사청구료 및 3년분 등록료의 70%를 감면받는다.
⑤ 특허출원료는 특허출원한 날의 다음날까지 납부하여야 한다.

7. 다음 중 청구항의 기재방법에 맞게 작성된 청구항은?
① (청구항1) 제2항에 있어서, …인 냉장고
② (청구항3) 제1항 및 제2항에 있어서, …인 냉장고
③ (청구항4) 제1항 내지 제3항에 있어서, …인 냉장고
④ (청구항3) 제1항과 제2항에 있어서, …인 냉장고
⑤ (청구항6) 제1항 또는 제2항 있어서, …인 냉장고

8. 전자출원을 위한 통상의 절차가 순서대로 맞게 작성된 것은?
   ① 공인인증서 등록→전자출원소프트웨어 설치→특허고객번호 신청→서식작성기로 출원서 작성→전자문서작성기로 명세서 작성→온라인 제출→특허수수료 납부→특허출원번호통지서 확인
   ② 공인인증서 등록→특허고객번호 신청→전자출원소프트웨어 설치→서식작성기로 출원서 작성→전자문서작성기로 명세서 작성→온라인 제출→특허수수료 납부→특허출원번호통지서 확인
   ③ 특허고객번호 신청→공인인증서 등록→전자출원소프트웨어 설치→전자문서작성기로 명세서 작성→서식작성기로 출원서 작성→온라인 제출→특허수수료 납부→특허출원번호통지서 확인
   ④ 특허고객번호 신청→공인인증서 등록→서식작성기로 출원서 작성→전자문서작성기로 명세서 작성→전자출원소프트웨어 설치→온라인 제출→특허수수료 납부→특허출원번호통지서 확인
   ⑤ 특허고객번호 신청→전자출원소프트웨어 설치→전자문서작성기로 명세서 작성→서식작성기로 출원서 작성→공인인증서 등록→온라인 제출→특허수수료 납부→특허출원번호통지서 확인

【 저자소개 】

홍 정 표

- 서울시립대학교 공학사
- 연세대학교 산업대학원 공학석사
- 미국 사우스캐롤라이나주립대학교 Law School J. D.(Juris Doctor)
- 기술고등고시 제21회 합격
- 특허청 심사관, 심판관, 심사국장, 특허심판원장
- 변리사, 미국변호사
- 現) 국민대학교 산학협력중점교수 / 현장실습지원센터장

저 서

- 「특허판례연구(공저)」, 박영사
- 「특허법주해(공저)」, 박영사
- 「직무발명제도 해설(공저)」, 박영사
- 「영업비밀보호법(공저)」, 박영사
- 「지식재산 창출·활용을 위한 발명과 특허」, Infinity Books
- 「지식재산개론」, 도서출판에듀컨텐츠휴피아

【수정판】
발명과 특허의 창출과 활용

초 판 1쇄 발행 2024년 3월 25일
수정판 1쇄 발행 2024년 11월 30일

저　자	홍 정 표 · 著
발 행 처	도서출판 에듀컨텐츠휴피아
발 행 인	李 相 烈
등록번호	제2017-000042호 (2002년 1월 9일 신고등록)
주　소	서울 광진구 자양로 28길 98, 동양빌딩
전　화	(02) 443-6366
팩　스	(02) 443-6376
e-mail	iknowledge@naver.com
web	http://cafe.naver.com/eduhuepia
만든사람들	기획·김수아 / 책임편집·이진훈 정민경 하지수 황수정 박정현 디자인·유충현 / 영업·이순우
I S B N	978-89-6356-470-8 (13500)
정　가	17,000원

> 이 책은 저작권법에 따라 보호받는 저작물이므로 무단전재와 무단복제를 금지하며, 책 내용의 전부 또는 일부를 이용하려면 반드시 저작권자의 서면 동의를 받아야 합니다.